CB079697

CRIMES DE TRÂNSITO

Anotações e interpretação jurisprudencial da parte criminal da Lei n. 9.503, de 23-9-1997

www.editorasaraiva.com.br/direito
Visite nossa página

Outros livros publicados pelo Autor

1) *Código de Processo Penal comentado*, 1. ed., 2016;
2) *Crimes ambientais*, 4. ed., Saraiva, 2017;
3) *Crimes contra a dignidade sexual*, 2. ed., 2015;
4) *Crimes contra a ordem tributária, econômica e relações de consumo*, 1. ed., Saraiva, 2017;
5) *Curso de execução penal*, 15. ed., Saraiva, 2017;
6) *Curso de processo penal*, 3. ed., Saraiva, 2017;
7) *Estatuto do Desarmamento*, 4. ed., Saraiva, 2012;
8) *Execução penal – Coleção Saberes do Direito*, 1. ed., 2012;
9) *Lei de Execução Penal anotada*, 6. ed., 2017;
10) *Prisões cautelares*, 2. ed., Saraiva, 2012;
11) *Tóxicos*, 11. ed., Saraiva, 2017.

Renato Marcão

Membro do Ministério Público do Estado de São Paulo. Doutorando em Ciências Jurídico-Criminais pela Universidade de Coimbra. Mestre em Direito Político e Econômico. Professor convidado no curso de pós-graduação em Ciências Criminais da Estácio/CERS e em diversas Escolas Superiores do Ministério Público e da Magistratura. Membro da *Association Internationale de Droit Pénal* (AIDP), do Instituto Brasileiro de Ciências Criminais (IBCCrim), do Instituto de Ciências Penais (ICP) e do Instituto Brasileiro de Execução Penal (IBEP).
E-mail: rmarcao@terra.com.br

CRIMES DE TRÂNSITO

Anotações e interpretação jurisprudencial da parte criminal da Lei n. 9.503, de 23-9-1997

6ª edição

Revista, ampliada e atualizada
de acordo com as Leis n. 13.281/2016 e 13.290/2016

2017

saraiva jur

ISBN 978-85-472-2115-7

DADOS INTERNACIONAIS DE CATALOGAÇÃO NA PUBLICAÇÃO (CIP)
ANGÉLICA ILACQUA CRB-8/7057

Marcão, Renato

Crimes de trânsito : anotações e interpretação jurisprudencial da parte criminal da Lei n. 9.503, de 23-9-1997 / Renato Marcão. – 6. ed. – São Paulo : Saraiva, 2017.

1. Crime de trânsito - Brasil 2. Crime de trânsito - Brasil - Leis e legislação I. Título.

17-0933 CDU 343.346.5(81)(094)

Índice para catálogo sistemático:

1. Brasil : Crimes de trânsito : Leis : Direito penal 343.346.5(81)(094)

SOMOS EDUCAÇÃO | saraiva jur

Av. das Nações Unidas, 7.221, 1º andar, Setor B
Pinheiros – São Paulo – SP – CEP 05425-902

SAC
0800-0117875
De 2ª a 6ª, das 8h às 18h
www.editorasaraiva.com.br/contato

Presidente Eduardo Mufarej
Vice-presidente Claudio Lensing
Diretora editorial Flávia Alves Bravin

Conselho editorial
Presidente Carlos Ragazzo
Consultor acadêmico Murilo Angeli Dias dos Santos

Gerência
Planejamento e novos projetos Renata Pascual Müller
Concursos Roberto Navarro
Legislação e doutrina Thaís de Camargo Rodrigues

Edição Eveline Gonçalves Denardi
Sergio Lopes de Carvalho

Produção editorial Ana Cristina Garcia (coord.)
Luciana Cordeiro Shirakawa
Rosana Peroni Fazolari

Arte e digital Mônica Landi (coord.)
Claudirene de Moura Santos Silva
Guilherme H. M. Salvador
Tiago Dela Rosa
Verônica Pivisan Reis

Planejamento e processos Clarissa Boraschi Maria (coord.)
Juliana Bojczuk Fermino
Kelli Priscila Pinto
Marília Cordeiro

Fernando Penteado
Tatiana dos Santos Romão

Novos projetos Laura Paraíso Buldrini Filogônio

Diagramação e revisão Know-How Editorial

Comunicação e MKT Elaine Cristina da Silva
Produção gráfica Marli Rampim
Impressão e acabamento Edições Loyola

Data de fechamento da edição: 18-8-2017

Dúvidas? Acesse www.editorasaraiva.com.br/direito

Nenhuma parte desta publicação poderá ser reproduzida por qualquer meio ou forma sem a prévia autorização da Editora Saraiva. A violação dos direitos autorais é crime estabelecido na Lei n. 9.610/98 e punido pelo art. 184 do Código Penal.

CL 604338 CAE 622399

"I've got you under my skin
I've got you deep in the heart of me
So deep in my heart, that you're really a part of me
I've got you under my skin"
(**I've got you under my skin** – *Frank Sinatra*).

Abreviaturas

AC – Acórdão
ADI – Ação Direta de Inconstitucionalidade
AE – Agravo em Execução
Ag. – Agravo
AgRg em Pet – Agravo Regimental em Petição
AI – Agravo de Instrumento
AMB – Associação dos Magistrados Brasileiros
Ap. – Apelação
ApCrim/ACrim/ACR/ACr – Apelação Criminal
APen/APn – Ação Penal
art.(s.) – artigo(s)
BMJ – *Boletim Mensal de Jurisprudência*
Boletim IBCCrim – *Boletim do Instituto Brasileiro de Ciências Criminais*
C. – Colendo
Câm. – Câmara
Câm. Crim. Extr. – Câmara Criminal Extraordinária
Câm. Esp. – Câmara Especial
Câm. Esp. Crim. – Câmara Especial Criminal
Câm. Ún. – Câmara Única
Caocrim. – Centro de Apoio Operacional Criminal
CComp – Conflito de Competência
CCrim – Câmara Criminal
CEAF – Centro de Estudos e Aperfeiçoamento Funcional
CF – Constituição Federal
CGJ-SP – Corregedoria Geral de Justiça de São Paulo
CJ – Conflito de Jurisdição
CNComp – Conflito Negativo de Competência
CP – Código Penal
CPar – Correição Parcial

CPP – Código de Processo Penal
CT – Carta Testemunhável
CTB – Código de Trânsito Brasileiro
Dec. – Decreto
Des.(a.) – Desembargador(a)
DJ – *Diário da Justiça*
DJU – *Diário da Justiça da União*
DO – *Diário Oficial*
DOE – *Diário Oficial do Estado*
DOESP – *Diário Oficial do Estado de São Paulo*
DOMG – *Diário Oficial de Minas Gerais*
DORJ – *Diário Oficial do Rio de Janeiro*
DOU – *Diário Oficial da União*
Dr. – Doutor
ECA – Estatuto da Criança e do Adolescente
EDecl – Embargos de Declaração
EDiv – Embargos de Divergência
EDRESP – Embargos de Declaração em Recurso Especial
EI – Exceção de Incompetência
EInfrs. – Embargos Infringentes
ENInfrs. – Embargos de Nulidade e Infringentes
Gr. Câm. – Grupo de Câmaras
Gr. Câm. Crim. – Grupo de Câmaras Criminais
HC – *Habeas Corpus*
IBCCrim – Instituto Brasileiro de Ciências Criminais
inc.(s.) – inciso(s)
Inq. – Inquérito
IP – Inquérito Policial
j. – julgado
JC – *Jurisprudência Catarinense*
JM – *Jurisprudência Mineira*
JSTF – *Julgados do Supremo Tribunal Federal*
JSTJ – *Jurisprudência do Superior Tribunal de Justiça*
JTACrimSP/JUTACrimSP – *Julgados do Tribunal de Alçada Criminal de São Paulo*

JTACrSP *– Jurisprudência do Tribunal de Alçada Criminal de São Paulo*
JTACSP *– Jurisprudência do Tribunal de Alçada Civil de São Paulo*
JTAMG *– Julgados do Tribunal de Alçada de Minas Gerais*
JTARS *– Julgados do Tribunal de Alçada do Rio Grande do Sul*
JTASP *– Julgados do Tribunal de Alçada de São Paulo*
JTFR *– Julgados do Tribunal Federal de Recursos*
JTJ *– Jurisprudência do Tribunal de Justiça*
JTRF *– Jurisprudência do Tribunal Regional Federal*
Julgados *– Julgados do Tribunal de Alçada Criminal de São Paulo*
LCP – Lei das Contravenções Penais
LEP – Lei de Execução Penal
LICPP – Lei de Introdução ao Código de Processo Penal
LINDB – Lei de Introdução às Normas do Direito Brasileiro
LOMN – Lei Orgânica da Magistratura Nacional
LONMP – Lei Orgânica Nacional do Ministério Público
LSN – Lei de Segurança Nacional
Ltda. – Limitada
Min. – Ministro
MP – Ministério Público
MS – Mandado de Segurança
m.v. – maioria de votos
n. – número
OAB – Ordem dos Advogados do Brasil
p. – página(s)
Pet. – Petição
Pet. RHC – Petição em Recurso em *Habeas Corpus*
Prof. – Professor
RAg – Recurso de Agravo
RAgCrim – Recurso de Agravo Criminal
RAp. – Recurso em Apelação
RBCCrim *– Revista Brasileira de Ciências Criminais*
RCNPCP *– Revista do Conselho Nacional de Política Criminal e Penitenciária*
RCrim – Recurso Criminal
RE – Recurso Extraordinário

Rec. – Recurso
RECrim – Recurso Extraordinário Criminal
Reg. – Regimento
rel.(a.) – relator(a)
Rep. – Representação
REPM – *Revista da Escola Paulista da Magistratura*
Res. Normativa – Resolução Normativa
REsp – Recurso Especial
Rev. – Revisão
RevCrim – Revisão Criminal
Revista AJURIS – *Revista da Associação dos Juízes do Rio Grande do Sul*
Revista APMP – *Revista da Associação Paulista do Ministério Público*
RF – *Revista Forense*
RG – Registro Geral
RHC – Recurso em *Habeas Corpus*
RI – Regimento Interno
RJ – *Revista Jurídica*
RJDTACrimSP – *Revista de Jurisprudência e Doutrina do Tribunal de Alçada Criminal de São Paulo*
RJTAMG – *Revista de Julgados do Tribunal de Alçada de Minas Gerais*
RJTJESP – *Revista de Jurisprudência do Tribunal de Justiça do Estado de São Paulo*
RMS – Recurso em Mandado de Segurança
RO – Recurso de Ofício
ROHC – Recurso Ordinário em *Habeas Corpus*
ROMS – Recurso Ordinário em Mandado de Segurança
RSE – Recurso em Sentido Estrito
RSent – Reexame de Sentença
RSTJ – Recurso do Superior Tribunal de Justiça
RT – *Revista dos Tribunais*
RTJ – *Revista Trimestral de Jurisprudência*
RTJE – *Revista Trimestral de Jurisprudência dos Estados*
RTJRS – *Revista Trimestral de Jurisprudência do Rio Grande do Sul*
S. – Seção
S. Crim. – Seção Criminal
STF – Supremo Tribunal Federal

STJ – Superior Tribunal de Justiça
T. – Turma
TA – Tribunal de Alçada
TACrimMG – Tribunal de Alçada Criminal de Minas Gerais
TACrimSP – Tribunal de Alçada Criminal de São Paulo
TAMG – Tribunal de Alçada de Minas Gerais
TAPR – Tribunal de Alçada do Paraná
TARJ – Tribunal de Alçada do Rio de Janeiro
TARS – Tribunal de Alçada do Rio Grande do Sul
TASC – Tribunal de Alçada de Santa Catarina
TASP – Tribunal de Alçada de São Paulo
TCrim – Turma Criminal
TEsp – Tribunal Especial
TFR – Tribunal Federal de Recursos
TJ – Tribunal de Justiça
TJAC – Tribunal de Justiça do Acre
TJAL – Tribunal de Justiça de Alagoas
TJAP – Tribunal de Justiça do Amapá
TJBA – Tribunal de Justiça da Bahia
TJCE – Tribunal de Justiça do Ceará
TJDF – Tribunal de Justiça do Distrito Federal
TJES – Tribunal de Justiça do Espírito Santo
TJGO – Tribunal de Justiça de Goiás
TJMA – Tribunal de Justiça do Maranhão
TJMG – Tribunal de Justiça de Minas Gerais
TJMS – Tribunal de Justiça do Mato Grosso do Sul
TJMT – Tribunal de Justiça de Mato Grosso
TJPA – Tribunal de Justiça do Pará
TJPB – Tribunal de Justiça da Paraíba
TJPE – Tribunal de Justiça de Pernambuco
TJPR – Tribunal de Justiça do Paraná
TJRJ – Tribunal de Justiça do Rio de Janeiro
TJRN – Tribunal de Justiça do Rio Grande do Norte
TJRO – Tribunal de Justiça de Rondônia

TJRR – Tribunal de Justiça de Roraima

TJRS – Tribunal de Justiça do Rio Grande do Sul

TJSC – Tribunal de Justiça de Santa Catarina

TJSE – Tribunal de Justiça de Sergipe

TJSP – Tribunal de Justiça de São Paulo

TP – Tribunal Pleno

TRCrim – Turma Recursal Criminal

TRF – Tribunal Regional Federal

v. – volume

VEP – Vara das Execuções Penais

v.g. – *verbi gratia*

v.u. – votação unânime

v.v. – voto vencido

Índice

Lei n. 9.503, de 23 de setembro de 1997

Capítulo XIX
DOS CRIMES DE TRÂNSITO

Seção II
DOS CRIMES EM ESPÉCIE

Crimes de Trânsito

Lei n. 9.503, de 23 de setembro de 1997

Capítulo XIX
Dos Crimes de Trânsito

Seção II
Dos Crimes em Espécie

Do Homicídio Culposo

Art. 302. *Praticar homicídio culposo na direção de veículo automotor:*

Penas – detenção, de dois a quatro anos, e suspensão ou proibição de se obter a permissão ou a habilitação para dirigir veículo automotor.

§ 1º *No homicídio culposo cometido na direção de veículo automotor, a pena é aumentada de 1/3 (um terço) à metade, se o agente:*

I *– não possuir Permissão para Dirigir ou Carteira de Habilitação;*

II *– praticá-lo em faixa de pedestres ou na calçada;*

III *– deixar de prestar socorro, quando possível fazê-lo sem risco pessoal, à vítima do acidente;*

IV *– no exercício de sua profissão ou atividade, estiver conduzindo veículo de transporte de passageiros.*

V – (Revogado pela Lei n. 11.705, de 19-6-2008).

§ 2º (Revogado pela Lei n. 13.281, de 4-5-2016).

→ **Ver:** arts. 279 e 301 do Código de Trânsito Brasileiro.

→ **Infrações administrativas**

Código de Trânsito Brasileiro:

Art. 176. Deixar o condutor envolvido em acidente com vítima:

I – de prestar ou providenciar socorro à vítima, podendo fazê-lo;

II – de adotar providências, podendo fazê-lo, no sentido de evitar perigo para o trânsito no local;

III – de preservar o local, de forma a facilitar os trabalhos da polícia e da perícia;

IV – de adotar providências para remover o veículo do local, quando determinadas por policial ou agente da autoridade de trânsito;

V – de identificar-se ao policial e de lhe prestar informações necessárias à confecção do boletim de ocorrência:

Infração – gravíssima;

Penalidade – multa (cinco vezes) e suspensão do direito de dirigir;

Medida administrativa – recolhimento do documento de habilitação.

Art. 177. Deixar o condutor de prestar socorro à vítima de acidente de trânsito quando solicitado pela autoridade e seus agentes:

Infração – grave;

Penalidade – multa.

➥ Constitucionalidade

Não há qualquer inconstitucionalidade no art. 302 da Lei n. 9.503, de 23-9-1997.

"A questão central, objeto do recurso extraordinário interposto, cinge-se à constitucionalidade (ou não) do disposto no art. 302, parágrafo único, da Lei n. 9.503/97 (Código de Trânsito Brasileiro), eis que passou a ser dado tratamento mais rigoroso às hipóteses de homicídio culposo causado em acidente de veículo. É inegável a existência de maior risco objetivo em decorrência da condução de veículos nas vias públicas – conforme dados estatísticos que demonstram os alarmantes números de acidentes fatais ou graves nas vias públicas e rodovias públicas – impondo-se aos motoristas maior cuidado na atividade. O princípio da isonomia não impede o tratamento diversificado das situações quando houver elemento de discrímen razoável, o que efetivamente ocorre no tema em questão. A maior frequência de acidentes de trânsito, com vítimas fatais, ensejou a aprovação do projeto de lei, inclusive com o tratamento mais rigoroso contido no art. 302, parágrafo único, da Lei n. 9.503/97. A majoração das margens penais – comparativamente ao tratamento dado pelo art. 121, § 3º, do Código Penal – demonstra o enfoque maior no desvalor do resultado, notadamente em razão da realidade brasileira envolvendo os homicídios culposos provocados por indivíduos na direção de veículo automotor" (STF, RE 428.864/SP, 2ª T., rela. Mina. Ellen Gracie, j. 14-10-2008, *DJe* 216, de 14-11-2008, *RTJ* 209/364, *RT* 880/490).

Impende destacar que a Lei n. 12.971/2014 transformou em § 1º o antigo parágrafo único do art. 302, citado na ementa transcrita, mas manteve íntegra a redação anterior.

No mesmo sentido: STF, AI 847.110 AgR/RS, 1ª T., rel. Min. Luiz Fux, j. 25-10-2011, *DJe* 218, de 17-11-2011; STF, AI 831.778-AgR, 1ª T., rela. Mina. Cármen Lúcia, j. 15-2-2011, *DJe* 043, de 4-3-2011; STF, AI 797.370-AgR, 2ª T., rel. Min. Ayres Britto, j. 23-11-2010, *DJe* 041, de 2-3-2011.

➥ Classificação

Crime culposo; na generalidade dos casos se trata de crime comissivo, sendo certo que em algumas situações pode ser comissivo por omissão; crime comum (não se exige qualquer qualidade especial do agente).

Crime material e de dano: TJMG, ApCrim 1.0024.03.982789-4/002, 4ª CCrim, rel. Des. Ediwal José de Morais, j. 7-11-2007; TJMG, ApCrim 1 0278.05.931585-5/001, 5ª CCrim, rel. Des. Vieira de Brito, j. 29-6-2006; TJRS, ApCrim 70007057987, 1ª CCrim, rel. Des. Ranolfo Vieira, j. 10-12-2003, *Revista IOB de Direito Penal e Processual Penal* n. 25, p. 143.

➥ Objeto jurídico da tutela penal

É a vida humana. O tipo penal é claro ao referir-se à prática de "homicídio".

O art. 5º, *caput*, da Constituição Federal, assegura a inviolabilidade do direito à vida.

Conforme Damásio E. de Jesus, é o "direito à vida (*RJTJSP*, *25*:553)".[1]

Para Guilherme de Souza Nucci, "o objeto jurídico é, primordialmente, a vida humana, mas, secundariamente, a segurança viária".[2]

Sob o aspecto *formal*, objeto jurídico do delito, disse Giulio Battaglini, "nada mais é do que a norma de direito penal, contrariada pelo crime". E arrematou: "O objeto *substancial* do delito é constituído pelo interesse que a norma protege".[3]

➥ Sujeito ativo

Crime comum, pode ser praticado por qualquer pessoa, regularmente habilitada ou não para conduzir veículo na via pública.

Não se exige qualquer qualidade especial do agente.

"Inadmissível a responsabilização do pai como coautor em homicídio culposo ocasionado por filho menor que, sem a sua autorização, retira as chaves do carro, mesmo guardadas em local conhecido, e causa grave acidente, já que

---

1 *Crimes de trânsito*, 6. ed., São Paulo, Saraiva, 2006, p. 72.

2 *Leis penais e processuais penais comentadas*, 1. ed., 2. tir., São Paulo, Revista dos Tribunais, 2006, p. 842.

3 *Direito penal*; parte geral, trad. de Paulo José da Costa Jr. e Ada Pellegrini Grinover, com notas de Euclides Custódio da Silveira, São Paulo, Saraiva, 1964, p. 139.

inexiste, nesse caso, nexo material ou psicológico entre a conduta de um e outro" (STJ, REsp 85.946/MG, 6ª T., rel. Min. Anselmo Santiago, *DJU* de 4-3-1998, j. 30-3-1998, *RT* 754/585).

➥ Sujeito passivo

Qualquer pessoa viva; pedestre ou ocupante de outro veículo.

Conforme ensinou EUCLIDES CUSTÓDIO DA SILVEIRA, também lembrado por FERNANDO Y. FUKASSAWA, sujeito passivo do homicídio "só pode ser o 'ser vivo nascido de mulher'", e acrescenta este último: "independentemente de todas as suas qualidades, atributos, condições fisiológicas ou psicológicas, sociais ou jurídicas".[4]

➥ Elemento subjetivo do tipo

O crime do art. 302 do Código de Trânsito Brasileiro só é punido a título de culpa. Não há falar, portanto, em agir visando finalidade específica de matar.

O § 2º do art. 302, que foi revogado expressamente pelo art. 6º da Lei n. 13.281/2016, tipificava formas qualificadas, assim consideradas aquelas situações em que o agente: (*1ª*) conduz veículo automotor com capacidade psicomotora alterada em razão da influência de álcool; (2ª) conduz veículo automotor com capacidade psicomotora alterada em razão de ter ingerido substância psicoativa que determine dependência; (3ª) participa, em via, de corrida, disputa ou competição automobilística, não autorizada pela autoridade competente; ou (4ª) participa de exibição ou demonstração de perícia em manobra de veículo automotor, não autorizada pela autoridade competente.

Nas hipóteses listadas, o homicídio também era punido a título de culpa, o que não impedia, em casos determinados, responsabilização por dolo eventual.

Conforme se assinalou por ocasião do julgamento do HC 107.801/SP, "seria contraditória a prática generalizada de se vislumbrar o dolo eventual em qualquer desastre de veículo automotor com o resultado morte, porquanto se compreenderia que o autor do crime também submeteria a própria vida a risco" (STF, HC 107.801/SP, 1ª T., rela. Mina. Cármen Lúcia, rel. p/ o acórdão Min. Luiz Fux, j. 6-9-2011, *DJe* 196, de 13-10-2011, *RJTJRS* 283/29).

A prática de homicídio doloso (dolo direto ou eventual), ainda que mediante emprego de veículo automotor, se amolda ao art. 121 do Código Penal.

"A intencionalidade do agente, elemento subjetivo, é o que distingue o crime doloso do culposo, porque as circunstâncias objetivas tipificam os dois

---

4 *Crimes de trânsito*, 2. ed., São Paulo, Juarez de Oliveira, 2003, p. 144-145.

delitos" (TJRS, ApCrim 70000843805, rel. Des. Silvestre Jasson Ayres Torres, j. 6-9-2000, *Revista Jurídica* n. 278, p. 143).

Diz-se o crime, culposo, "quando o agente deu causa ao resultado por imprudência, negligência ou imperícia" (art. 18, II, do CP).

"O crime de homicídio culposo exige, para a sua configuração, a descrição de fato que revele a existência de negligência, imprudência ou imperícia" (STJ, HC 74.781/SP, 5ª T., rel. Min. Arnaldo Esteves Lima, j. 4-10-2007, *DJ* de 5-11-2007, p. 310).

➥ Dolo eventual

A matéria está tratada em tópico distinto, mais adiante.

➥ Culpa penal

O comportamento culposo tem como seu núcleo, assevera MIGUEL REALE JÚNIOR, "a omissão de necessária diligência, no desrespeito ao dever de cuidado objetivo".[5]

"Na culpa em sentido estrito, a vontade não é propriamente dirigida à produção do evento proibido em lei".[6]

"A culpa consiste na omissão voluntária das diligências necessárias para não causar as consequências prováveis e possíveis do próprio fato".[7]

Consiste, "segundo a conceituação clássica de COSTA E SILVA, em proceder o agente sem a necessária cautela, deixando de empregar as precauções indicadas pela experiência como capazes de prevenir possíveis resultados lesivos (Comentários ao Código Penal, 2. ed., 1967, pág. 15)" (*JUTACrim* 87/241).

Culposos são, portanto, os crimes "em que o resultado provém de imprudência, negligência ou imperícia do agente".[8]

"O crime de homicídio culposo exige, para a sua configuração, a descrição de fato que revele a existência de negligência, imprudência ou imperícia" (STJ, HC 74.781/SP, 5ª T., rel. Min. Arnaldo Esteves Lima, j. 4-10-2007, *DJ* de 5-11-2007, p. 310).

"O verdadeiro fundamento da culpa está na previsibilidade, pois ela consiste na conduta voluntária que produz um resultado antijurídico não

5 *Instituições de direito penal*; parte geral, Rio de Janeiro, Forense, 2002, v. I, p. 234.

6 GIULIO BATTAGLINI, *Direito penal*; parte geral, trad. de PAULO JOSÉ DA COSTA JR. e ADA PELLEGRINI GRINOVER, com notas de EUCLIDES CUSTÓDIO DA SILVEIRA, São Paulo, Saraiva, 1964, p. 266.

7 BENTO DE FARIA, *Código Penal brasileiro interpretado*; parte geral, 2. ed., Rio de Janeiro, Record, 1958, v. II, p. 159.

8 ANÍBAL BRUNO, *Direito penal*; parte geral, 3. ed., Rio de Janeiro, Forense, 1967, t. 2, p. 223.

querido, mas previsível ou excepcionalmente previsto, de tal modo que, com a devida atenção, poderia ser evitado. A culpa, conforme a lição de CARRARA [Programa, § 80], é a omissão voluntária de diligência no calcular as consequências possíveis e previsíveis do próprio fato; ou, como quer MAGGIORE [Direito Penal, vol. 1, pág. 460], 'conduta voluntária que produz um resultado antijurídico não querido, mas previsível, ou, excepcionalmente previsto, de tal modo que, com a devida atenção, poderia ser evitado'" (*RT* 415/242).

"É na previsibilidade dos acontecimentos e na ausência de precaução que reside a conceituação da culpa penal, pois é a omissão de certos cuidados nos fatos ordinários da vida, perceptíveis à atenção comum, que se configuram as modalidades culposas da imprudência e negligência" (TJMG, ApCrim 1.0453.03.001015-2/001, 3ª CCrim, rel. Des. Antônio Armando dos Anjos, j. 22-1-2008).

"Modernamente, para a caracterização do crime culposo é necessário: a) uma conduta humana; b) prática da conduta com inobservância do dever objetivo de cuidado, manifestado nas formas de imperícia, imprudência ou negligência; c) um resultado naturalístico; d) a existência de nexo causal entre a conduta e o resultado; e) previsibilidade objetiva do sujeito e f) previsão legal expressa da conduta culposa" (TJMG, ApCrim 1.0183.04.066889-3/001, 5ª CCrim, rel. Des. Antônio Armando dos Anjos, j. 3-7-2007).

Sobre culpa penal, consultar, ainda: ENRICO ALTAVILLA, *La culpa*, Bogotá, Témis, 1987; CARLOS A. CONDEIXA DA COSTA, *Da natureza formal dos crimes culposos*, Rio de Janeiro, Liber Juris, 1989; FÁBIO ROBERTO D'ÁVILA, *Crime culposo e a teoria da imputação objetiva*, São Paulo, Revista dos Tribunais, 2001; HEITOR COSTA JR., *Teoria dos delitos culposos*, Rio de Janeiro, Lumen Juris, 1988; JUAREZ TAVARES, *Direito penal da negligência*, São Paulo, Revista dos Tribunais, 1985; JORGE DE FIGUEIREDO DIAS, *Liberdade, Culpa, Direito Penal*, 3. ed., Coimbra Editora, 1995.

➥ Compensação de culpas

Inexiste compensação de culpas em direito penal.

"O Direito Penal não admite a compensação de culpas como causa excludente da culpabilidade do agente" (STJ, AgRg no Ag 1.153.407/SP, 5ª T., rel. Min. Marco Aurélio Bellizze, j. 19-9-2013, *DJe* de 26-9-2013).

"Na esfera penal não existe a compensação de culpas. Se o agente não se conduziu com o cuidado objetivo que todo o homem médio deve ter ao adentrar em outra faixa, deve ele ser responsabilizado pelo fatídico acontecimento" (TJDF, Ap. 1999011017456-3, 1ª T., rel. Des. Natanael Caetano, j. 7-12-2000, *RT* 787/659).

"Na esfera penal, culpas não se compensam: ainda que também culpada a vítima, responde o agente por delito de trânsito, se de qualquer modo concorreu para sua realização" (*RJTACrim* 62/80).

"Eventual reciprocidade de culpas não gera a compensação, na órbita do Direito Penal" (*RJDTACrim* 1/113).

"Em sede penal, não se admite a compensação de culpa, independentemente de ser concorrente. Aquele que avança o sinal de trânsito, imprimindo velocidade incompatível com a segurança do local, responde pelo delito a ele imputado a título de culpa" (TJMG, ApCrim 2.0000.00.5108776-7/000, 4ª CCrim, rel. Des. Eli Lucas de Mendonça, *DJMG* de 1º-8-2006, *Revista IOB de Direito Penal e Processual Penal* n. 39, p. 170).

No mesmo sentido: TJSP, Ap. 0026625-16.2010.8.26.0004, 8ª CCrim Extraordinária, rel. Des. Carlos Monnerat, j. 4-4-2017; TJSP, ApCrim 0001508-62.2006.8.26.0586, 9ª CCrim, rel. Des. Sérgio Coelho, j. 30-1-2014; TJSP, ApCrim 967.310-3/8, 5ª Câm. da S. Crim., rel. Des. Marcos Zanuzzi, j. 17-7-2007, *Boletim de Jurisprudência* n. 132; TJSP, ApCrim 851.684.3/2-0000-000, 14ª CCrim, rel. Des. Décio Barretti, j. 12-4-2007, *Boletim de Jurisprudência* n. 130; TJRJ, EInfrs. 161/2002, 6ª CCrim, rel. Des. Jayro dos Santos Ferreira, *DJU* de 6-8-2003, *Revista IOB de Direito Penal e Processual Penal* n. 24, p. 114; TJPA, HC Ac. 33.452, Câmaras Criminais Reunidas, rel. Des. Benedito de Miranda Alvarenga, j. 30-3-1998, *RT* 759/682; TJGO, Ap. 27472-5/213, 2ª Câm., rel. Des. Floriano Gomes, j. 6-10-2005, *RT* 844/617.

➥ Compensação de culpas *versus* excesso de velocidade. Impossibilidade

"Restou demonstrada a conduta imprudente do apelante em trafegar com velocidade excessiva, chocando-se contra o pedestre e, causando-lhe a morte, inviabilizando o pleito absolutório. Para os delitos de tal espécie, não há falar-se em compensação de culpa, na tentativa de se responsabilizar a vítima pela travessia da pista" (TJDF, ApCrim 1999.01.1.013690-6, 2ª T., rel. Des. Vaz de Mello, *DJU* de 15-2-2001, *Revista IOB de Direito Penal e Processual Penal* n. 8, p. 92).

"Provado que o réu desenvolvia velocidade excessiva, muito superior à máxima permitida para o local, e que veio a se envolver em acidente de trânsito, com óbito de uma pessoa, resta configurado o delito previsto no art. 302, do Código de Trânsito Brasileiro, ainda que a vítima tenha contribuído para o acidente. Não existe compensação de culpas em Direito Penal" (TJDF, ApCrim 2000.01.1.035007-4, (160465), 2ª T., rela. Desa. Eutalia Maciel Coutinho, *DJU* de 9-10-2002, *Revista IOB de Direito Penal e Processual Penal* n. 17, p. 133).

"Reconhece-se a culpa do motorista quando, além da conclusão do laudo, a indicar culpa recíproca do acusado e da vítima, o que é irrelevante, por não haver compensação de culpa no direito penal, testemunha presencial afirma que o acusado desenvolvia velocidade excessiva, incompatível para o local, efetuando perigosa ultrapassagem no meio da curva ali existente, sendo perfeitamente previsível a possibilidade de um pedestre, em qualquer cidade do mundo, atravessar uma pista de rolamento em local impróprio" (TJRJ, ApCrim 2003.050.00986, 3ª Câm., rel. Des. Manoel Alberto Rebêlo dos Santos, j. 16-12-2003, *DORJ* de 23-6-2004, *RT* 831/658).

No mesmo sentido: TJMG, ApCrim 2.0000.00.5108776-7/000, 4ª CCrim, rel. Des. Eli Lucas de Mendonça, *DJMG* de 1º-8-2006, *Revista IOB de Direito Penal e Processual Penal* n. 39, p. 170; TJRJ, EInfrs. 161/2002, 6ª CCrim, rel. Des. Jayro dos Santos Ferreira, *DJU* de 6-8-2003, *Revista IOB de Direito Penal e Processual Penal* n. 24, p. 114; TJDF, ApCrim 2005 07 1 000236-9, 2ª TCrim, rel. Des. Romão C. Oliveira, j. 19-7-2007. Disponível na Internet em: www.jurid.com.br.

➥ Excepcionalidade do crime culposo

A excepcionalidade do crime culposo decorre do disposto no parágrafo único do art. 18 do Código Penal, segundo o qual: "salvo os casos expressos em lei, ninguém pode ser punido por fato previsto como crime, senão quando o pratica dolosamente".

Na insuperável lição de NÉLSON HUNGRIA: "A punibilidade a título de culpa tem caráter excepcional. Segundo generalizado critério de política jurídico-penal, a culpa só é incriminada quando se trata de salvaguarda de relevantes interesses ou bens jurídicos, e de eventos *efetivamente* lesivos ou extremamente perigosos à sua segurança ou incolumidade. Como exceção à *regra geral* da punibilidade a título de dolo, a punibilidade a título de culpa só é reconhecida nos 'casos expressos'".[9]

➥ Objeto material

É a pessoa viva.

Na definição precisa de GIULIO BATTAGLINI, "objeto material é a coisa corporal ou a pessoa física sobre a qual a ação incide materialmente".[10]

➥ Tipo objetivo

Praticar homicídio culposo é o mesmo que matar alguém, por culpa *stricto sensu*.

---

9 *Comentários ao Código Penal*, 3. ed., Rio de Janeiro, Forense, 1955, v. I, t. 2, p. 210

10 *Direito penal*; parte geral, trad. de PAULO JOSÉ DA COSTA JR. e ADA PELLEGRINI GRINOVER, com notas de EUCLIDES CUSTÓDIO DA SILVEIRA, São Paulo, Saraiva, 1964, p. 139.

Pressupõe agir mediante imprudência, negligência ou imperícia, na condução de veículo automotor, em via pública ou no interior de propriedade privada, e causar, como consequência deste mesmo agir, a morte de outrem (pedestre ou não).

"Para a caracterização do delito previsto no art. 302, do Código de Trânsito Brasileiro, basta que alguém, na direção de veículo automotor, mate outrem culposamente, ou seja, agindo por imprudência, negligência ou imperícia, seja em via pública, seja em propriedade particular" (STJ, HC 19.865/RS, 5ª T., rel. Min. Jorge Scartezzini, *DJU* de 14-4-2003, *Revista IOB de Direito Penal e Processual Penal* n. 20, p. 101).

"Mesmo nas vias particulares, ou situadas, em propriedades privadas, incide o Código de Trânsito Brasileiro porquanto a regulamentação não faz qualquer distinção limitando-se a mencionar que se aplicam as suas regras ao trânsito de qualquer natureza, nas vias terrestres, e abertas à circulação" (TJRS, ACrim 70.002.604.973, 3ª ApCrim, rel. Des. Reinaldo José Rammé, j. 9-8-2001, *Revista Jurídica* n. 287, p. 156).

A Lei n. 12.971/2014 transformou o antigo parágrafo único do art. 302 em § 1º, acrescentou um § 2º, e com este deu ensejo à tormentosa polêmica, especialmente por força das disposições que também aglutinou ao art. 308 do Código de Trânsito Brasileiro.

Os incisos do § 1º do art. 302 elencam causas de aumento de pena aplicáveis ao tipo fundamental, descrito no *caput*.

O § 2º do art. 302, que foi revogado expressamente pelo art. 6º da Lei n. 13.281/2016, tipificava formas qualificadas, assim consideradas aquelas situações em que o agente: (*1ª*) conduz veículo automotor com capacidade psicomotora alterada em razão da influência de álcool; (*2ª*) conduz veículo automotor com capacidade psicomotora alterada em razão de ter ingerido substância psicoativa que determine dependência; (*3ª*) participa, em via, de corrida, disputa ou competição automobilística, não autorizada pela autoridade competente; ou (*4ª*) participa de exibição ou demonstração de perícia em manobra de veículo automotor, não autorizada pela autoridade competente.

Nas hipóteses listadas, o homicídio também era punido a título de culpa, o que não impedia, em casos determinados, responsabilização por dolo eventual.

➥ Elementos normativos do tipo

Para a configuração penal é imprescindível que o agente, quando da conduta que produz o resultado penalmente reprovado, esteja conduzindo *veículo automotor*.

"Os elementos normativos constituem elementos de conteúdo variável, aferidos a partir de outras normas jurídicas, ou extrajurídicas, quando da aplicação do tipo ao fato concreto. Os elementos normativos, malgrado terem conteúdo variável, definível através de um processo não de percepção, mas de compreensão, não destoam na estrutura do tipo. Os elementos normativos completam o quadro da ação considerada delituosa, sendo ao lado dos elementos objetivos e subjetivos, um índice revelador do valor tutelado".[11]

➥ Veículo automotor

Nos termos do Anexo I do Código de Trânsito Brasileiro, considera-se veículo automotor "todo veículo a motor de propulsão que circule por seus próprios meios, e que serve normalmente para o transporte viário de pessoas e coisas, ou para a tração viária de veículos utilizados para o transporte de pessoas e coisas. O termo compreende os veículos conectados a uma linha elétrica e que não circulam sobre trilhos (ônibus elétrico)".

➥ Via

O Anexo I do Código de Trânsito Brasileiro apresenta algumas definições e conceitos que interessam ao estudo dos denominados crimes de trânsito, e por aqui é relevante citarmos os que seguem:

Via – superfície por onde transitam veículos, pessoas e animais, compreendendo a pista, a calçada, o acostamento, ilha e canteiro central.

Via Rural – estradas e rodovias.

Via Urbana – ruas, avenidas, vielas, ou caminhos e similares abertos à circulação pública, situados na área urbana, caracterizados principalmente por possuírem imóveis edificados ao longo de sua extensão.

Vias e Áreas de Pedestres – vias ou conjunto de vias destinadas à circulação prioritária de pedestres.

➥ Consumação

Com a morte da vítima.

Considera-se o crime consumado, quando nele se reúnem todos os elementos de sua definição legal (art. 14, I, do CP).

➥ Tentativa

Não é possível.

---

11 Miguel Reale Júnior, *Instituições de direito penal*; parte geral, Rio de Janeiro, Forense, 2002, v. I, p. 143.

Considera-se tentado o crime quando, iniciada a execução, não se consuma por circunstâncias alheias à vontade do agente (art. 14, II, do CP).

Os crimes culposos não admitem a forma tentada.

De fato, ensinou E. MAGALHÃES NORONHA que "tentativa e culpa são noções antitéticas: naquela o agente fica *aquém* do que pretendia; nesta vai além do que desejava".[12]

Ainda se referindo ao crime culposo, concluiu o insigne professor: "A doutrina geralmente é concorde na impossibilidade da tentativa, pois falta vontade dirigida ao evento; não existe nexo causal subjetivo entre a ação do sujeito ativo e o resultado; a *conduta* do agente não é, assim, *meio* para o evento. Em tais condições será difícil identificar-se tentativa de crime culposo".[13]

Sobre tentativa em direito penal, consultar: TELLES BARBOSA, *A tentativa*, 2. ed., São Paulo, Saraiva, 1946; FRANCESCO CARRARA, *Programa de derecho criminal*, Parte general, Santa Fé de Bogotá, Colômbia, 1996, v. I, p. 246; JORGE CARLOS DE ALMEIDA, *Crimes de empreendimento e tentativa*, Coimbra, Almedina, 1986; MARIA FERNANDA PALMA, *Da tentativa possível em direito penal*, Coimbra, Almedina, 2006.

Ação penal

Pública incondicionada.

A ação penal pública é a que se inicia por denúncia do Ministério Público.

Como ensina ROGÉRIO GRECO: "Diz-se incondicionada a ação penal de iniciativa pública quando, para que o Ministério Público possa iniciá-la ou, mesmo, requisitar a instauração de inquérito policial, não se exige qualquer condição. É a regra geral das infrações penais, uma vez que o art. 100 do Código Penal assevera que *a ação penal é pública, salvo quando a lei expressamente a declara privativa do ofendido*".[14]

Não havia, e não há, qualquer razão justificadora para que o legislador condicionasse o exercício do *jus persequendi in judicio*, ou mesmo outorgasse a iniciativa da ação penal a determinada parte privada.

A natureza eminentemente pública do bem jurídico tutelado determina a titularidade do exercício do direito de ação em mãos do Ministério Público.

A hipótese de ação penal privada subsidiária da pública, quando admitida, tem autorização no art. 5º, LIX, da Constituição Federal, também expressa no art. 29 do Código de Processo Penal e no art. 100, § 3º, do Código Penal.

12 *Do crime culposo*, 2. ed., São Paulo, Saraiva, 1966, p. 135.

13 E. MAGALHÃES NORONHA, *Do crime culposo*, cit., p. 136.

14 *Curso de direito penal*; parte geral, Niterói, Ímpetus, 2006, v. 1, p. 744.

➥ Composição civil objetivando extinção da punibilidade

É incabível. A conclusão decorre do fato de estarmos diante de crime de ação penal pública incondicionada e do disposto no art. 74, parágrafo único, da Lei n. 9.099/95.

➥ Transação penal

É incabível em qualquer das hipóteses tipificadas, pois nenhuma delas cuida de infração penal de pequeno potencial ofensivo.

"Não há dúvidas de que a transação penal não é cabível no crime previsto no artigo 302 do Código de Trânsito Brasileiro" (STJ, HC 260.619/RS, 5ª T., rel. Min. Jorge Mussi, j. 27-3-2014, *DJe* de 2-4-2014).

Sobre a Lei n. 9.099/95, consultar: Fernando da Costa Tourinho Filho, *Comentários à Lei dos Juizados Especiais Criminais*, 5. ed., São Paulo, Saraiva, 2008.

➥ Suspensão condicional do processo

Não é cabível.

Em qualquer das modalidades tipificadas, a pena mínima cominada é causa impeditiva, consoante o disposto no art. 89 da Lei n. 9.099/95.

"O instituto da suspensão condicional do processo constitui importante medida despenalizadora, estabelecida por motivos de política criminal, com o objetivo de possibilitar, em casos previamente especificados, que o processo nem chegue a se iniciar" (STF, AP 512 AgR/BA, Tribunal Pleno, rel. Min. Ayres Britto, j. 15-3-2012, *DJe* n. 077, de 10-4-2012).

"O *sursis* processual, *ex vi* do art. 89 da Lei n. 9.099/95, consubstancia medida excepcional no ordenamento jurídico-penal brasileiro, voltada para infrações penais de menor potencial ofensivo" (STF, RHC 116.399/BA, 1ª T., rel. Min Luiz Fux, j. 25-6-2013, *DJe* n. 159, de 15-8-2013).

"À luz do disposto no art. 89 da Lei 9.099/1995, nos crimes em que a pena mínima for igual ou inferior a 1 (um) ano, o Ministério Público, ao oferecer denúncia, poderá propor suspensão do curso do processo, pelo período de 2 (dois) a 4 (quatro) anos" (STF, HC 120.144/BA, 1ª T., rela. Mina. Rosa Weber, j. 24-6-2014, *DJe* n. 148, de 1-8-2014).

"A suspensão condicional do processo, prevista no art. 89 da Lei n. 9.099/95, é inaplicável ao crime cuja pena mínima cominada ultrapassar o *quantum* de 1 ano. O instituto da suspensão condicional do processo não sofreu qualquer alteração com o advento da Lei 10.259/2001, sendo permitido apenas para os crimes que tenham pena mínima não superior a 1 ano"

(STJ, RHC 15.687, SP, 5ª T., rel. Min. Gilson Dipp, *DJU* de 7-6-2004, *Revista IOB de Direito Penal e Processual Penal* n. 27, p. 153).

Para Damásio E. de Jesus, a suspensão condicional do processo "é inaplicável ao homicídio culposo de trânsito, salvo nas hipóteses de arrependimento posterior (CP, art. 16) e semirresponsabilidade (CP, art. 26, parágrafo único), em razão da redução da pena".[15]

Sobre suspensão condicional do processo, consultar: Luiz Flávio Gomes, *Suspensão condicional do processo penal*, 2. ed., São Paulo, Revista dos Tribunais, 1997.

➥ Procedimento

Segue-se o rito *comum, ordinário* (art. 394, § 1º, I, do CPP), previsto nos arts. 396 a 405 do Código de Processo Penal.

Sobre o sistema acusatório e procedimento penal, consultar: Renato Marcão, *Curso de processo penal*, 3. ed., São Paulo, Saraiva, 2017, e *Código de Processo Penal comentado*, São Paulo, Saraiva, 2016; Antonio Scarance Fernandes, *Teoria geral do procedimento e o procedimento no processo penal*, São Paulo, Revista dos Tribunais, 2005; Antonio Scarance Fernandes, *Processo penal constitucional*, 5. ed., São Paulo, Revista dos Tribunais, 2007; Ada Pellegrini Grinover, Antonio Scarance Fernandes e Antônio Magalhães Gomes Filho, *As nulidades no processo penal*, 10. ed., São Paulo, Revista dos Tribunais, 2007; Aury Lopes Jr., *Introdução crítica ao processo penal*, Rio de Janeiro, Lumen Juris, 2004; Geraldo Prado, *Sistema acusatório*, 3. ed., Rio de Janeiro, Lumen Juris, 2005.

➥ Penas

Sobre as penas aplicáveis, regime de cumprimento etc., ver o subtítulo em destaque, mais adiante, intitulado – "penas".

➥ Prisão em flagrante

Conforme dispõe o art. 301 do Código de Trânsito Brasileiro: "Ao condutor de veículo, nos casos de acidentes de trânsito de que resulte vítima, não se imporá a prisão em flagrante, nem se exigirá fiança, se prestar pronto e integral socorro àquela".

Sobre prisão em flagrante, consultar: Tales Castelo Branco, *Da prisão em flagrante*, 5. ed., São Paulo, Saraiva, 2001; Renato Marcão, *Prisões cautelares, liberdade provisória e medidas cautelares restritivas*, 2. ed., São Paulo, Saraiva, 2012; *Curso de processo penal*, 3. ed., São Paulo, Saraiva, 2017, e *Código de Processo Penal comentado*, São Paulo, Saraiva, 2016.

---

15 *Crimes de trânsito*, 6. ed., São Paulo, Saraiva, 2006, p. 92.

➥ Fiança

Ver o art. 301 do Código de Trânsito Brasileiro e os arts. 321 a 350 do Código de Processo Penal.

➥ Absorção do crime de embriaguez ao volante

Quando duas normas penais incriminadoras descrevem diferentes graus de violação a um mesmo bem jurídico, o conflito aparente de normas deve ser resolvido levando-se em conta a relação de primariedade e de subsidiariedade entre elas. Na hipótese, a norma subsidiária é absorvida pela norma primária.

"De acordo com a atual jurisprudência consolidada deste Superior Tribunal de Justiça, a aplicação do princípio da consunção pressupõe a existência de ilícitos penais (delitos meio) que funcionem como fase de preparação ou de execução de outro crime (delito fim), com evidente vínculo de dependência ou subordinação entre eles; não sendo obstáculo para sua aplicação a proteção de bens jurídicos diversos ou a absorção de infração mais grave pelo de menor gravidade. Precedentes" (STJ, REsp 1.294.411/SP, 5ª T., rela. Mina. Laurita Vaz, j. 10-12-2013, *DJe* de 3-2-2014).

"A jurisprudência desta Corte Superior de Justiça é no sentido de que 'o princípio da consunção pressupõe que haja um delito-meio ou fase normal de execução do outro crime (crime-fim), sendo que a proteção de bens jurídicos diversos e a absorção de infração mais grave pelo de menor gravidade não são motivos para, de per si, impedirem a referida absorção' (AgRg no REsp 1.472.834/SC, rel. Ministro Sebastião Reis Júnior, Sexta Turma, julgado em 7-5-2015, *DJe* 18-5-2015). Precedentes" (STJ, AgRg no REsp 1.221.504/MG, 5ª T., rel. Min. Reynaldo Soares da Fonseca, j. 24-11-2015, *DJe* de 1-12-2015).

"Consoante a jurisprudência deste Superior Tribunal, o princípio da consunção pressupõe que haja um delito-meio ou fase normal de execução do outro crime (crime-fim), sendo que a proteção de bens jurídicos diversos e a absorção de infração mais grave pelo de menor gravidade não são motivos para, de per si, impedirem a referida absorção (Súmula 83/STJ)" (STJ, AgRg no REsp 1.472.834/SC, 6ª T., rel. Min. Sebastião Reis Júnior, j. 7-5-2015, *DJe* de 18-5-2015).

"O crime previsto no art. 302 da Lei 9.503/97, hipótese de homicídio culposo, absorve o crime de embriaguez ao volante previsto no art. 306 do CTB, tendo em vista o princípio da consunção" (STJ, REsp 629.087/MG, 5ª T., rel. Min. José Arnaldo da Fonseca, j. 7-4-2005, *DJ* de 9-5-2005, p. 462).

"O crime de embriaguez (art. 306 da Lei n. 9.503/1997) ao volante é antefato impunível do crime de homicídio culposo no trânsito (art. 302 da Lei n. 9.503/1997), porquanto a conduta antecedente está de tal forma vinculada à subsequente que não há como separar sua avaliação (ambos integram o mesmo conteúdo de injusto). Precedentes" (STJ, REsp 1.481.023/DF, 6ª T., rel. Min. Rogério Schietti Cruz, j. 7-5-2015, *DJe* de 8-5-2015).

IMPRUDÊNCIA

Sobre imprudência, consultar: ANTÔNIO QUINTANO RIPOLLES, Imprudência por meio de veículos, *Revista IOB de Direito Penal e Processual Penal* n. 49, p. 97.

➥ Noção

"Caracteriza o crime culposo, por imprudência, o fato de o agente proceder sem a necessária cautela, deixando de empregar as precauções indicadas pela experiência como capazes de prevenir possíveis resultados lesivos" (TJMG, ApCrim 1.0183.04.066889-3/001, 5ª CCrim, rel. Des. Antônio Armando dos Anjos, j. 3-7-2007).

"Sobre o dever de cuidado, componente normativo do tipo objetivo culposo que é, hoje, amplamente reconhecido como prioritário e decisivo por quase toda a doutrina, confira-se a lição de EUGENIO RAÚL ZAFFARONI e JOSÉ HENRIQUE PIERANGELI: 'O estudo da culpa a partir do resultado e da causalidade desviou a ciência jurídico-penal do caminho correto acerca da compreensão do problema. A causação do resultado e a previsibilidade podem ocorrer – e de fato ocorrem – em numerosíssimas condutas que nada têm de culposas. Todo sujeito que conduz um veículo sabe que introduz um certo perigo para os bens jurídicos alheios, a ponto de contratar seguros 'por danos a terceiros'. Sem embargo, isto é absolutamente insuficiente para caracterizar a culpa. O entendimento correto do fenômeno da culpa é recente na doutrina, surgindo a partir da focalização da atenção científica sobre a violação do dever de cuidado, que é o ponto de partida para a construção dogmática do conceito (ZAFFARONI, Eugenio Raúl e PIERANGELI, José Henrique. *Manual de Direito Penal Brasileiro*: Parte Geral, 3ª ed., rev. e atual., São Paulo, Editora RT, 2001, p. 518)" (TJMG, ApCrim 1.0183.04.066889-3/001, 5ª CCrim, rel. Des. Antônio Armando dos Anjos, j. 3-7-2007).

➥ Dever de atenção

Conforme dispõe o art. 28 do Código de Trânsito Brasileiro: "O condutor deverá, a todo momento, ter domínio de seu veículo, dirigindo com atenção e cuidados indispensáveis à segurança do trânsito".

"Adeptos das mais variadas Escolas Penais não discrepam sobre a circunstância de que a culpa se fundamenta no descumprimento da *obligatio ad diligentiam*, ou seja, na falta de atenção ou cuidado. Até mesmo para aqueles que se filiaram à corrente da teoria finalista da ação, a falta de atenção ou de cuidado é o requisito primordial para fundamentar a punição do delito culposo" (*RJDTACrim* 1/115).

"O condutor deverá ter, a todo momento, domínio de seu veículo, dirigindo-o com atenção e cuidados indispensáveis à segurança do trânsito" (TJMG, ApCrim 1.0058.01.000824-9/001, 4ª CCrim, Rel. William Silvestrini, j. 7-3-2007).

"O motorista tem o dever de cautela para com os veículos que trafegam à sua frente" (TJMS, ApCrim 71.405-0, 2ª T, rel. Des. João Carlos Brandes Garcia, j. 1º-3-2000, *RT* 780/650).

➥ Previsibilidade

"Para a caracterização da culpa *stricto sensu* é necessário que o evento seja previsível, isto é, que exista a possibilidade do agente de prever o resultado" (*RJDTACrim* 27/207).

"A previsibilidade – tal como a correlata noção de evitabilidade, a integrar o cerne da culpa *stricto sensu* – pauta-se pela latitude do que o agente, em face do caso concreto, razoavelmente poderia antever como efeitos de sua conduta-tipo no mundo fenomênico" (*RJDTACrim* 3/132).

"Nos crimes culposos o tipo é aberto, porque cabe ao Juiz identificar a conduta proibida, contrária ao cuidado objetivo, causadora do resultado. Neste tipo de crime não há vontade dirigida ao resultado, a ação dirigida a outros fins deve ser praticada com negligência, imprudência ou imperícia. É proibida e, pois, típica, a ação que, desatendendo ao cuidado, à diligência ou à perícia exigíveis nas circunstâncias em que o fato ocorreu, provoca o resultado. A inobservância do cuidado objetivo exigível conduz à antijuridicidade. É exigível o cuidado objetivo quando o resultado era previsível para uma pessoa razoável e prudente" (*RJDTACrim* 6/86).

No mesmo sentido: TJMG, ApCrim 1.0058.01.000824-9/001, 4ª CCrim, rel. Des. William Silvestrini, j. 7-3-2007.

➥ Ambulância

Embora os veículos destinados ao socorro tenham o direito de prioridade no trânsito, devem obedecer aos cuidados de segurança, e até por isso dispõe o art. 29, VII, *d*, do CTB, que "a prioridade de passagem na via e no cruzamento deverá se dar com velocidade reduzida e com os devidos cuidados de segurança, obedecidas as demais normas deste Código".

"Aos veículos com sirene e farol ligados são conferidos preferência no trânsito e não imunidade para trafegarem desrespeitando regras de trânsito, de forma que pode até ser tolerado em determinadas situações o avanço de sinal vermelho, mas desde que com a máxima prudência" (TJMG, ApCível 1.0105.07.217319-5/001, 3ª T., 6ª CCível, rel. Des. Antônio Sérvulo, j. 12-8-2008).

"O privilégio de trânsito de que gozam, por lei, as ambulâncias e outros veículos que prestam serviço de socorro ou assistência, não desobriga os respectivos motoristas da total observância das regras e sinais de tráfego" (*RJDTACrim* 5/115).

"Não é absoluta a prioridade de trânsito de ambulância. Ainda que em situação de emergência, deve observar as regras e a sinalização de trânsito, trafegando com a devida cautela e atenção redobrada além de utilizar o alarme e as luzes intermitentes" (TJMG, AC 46.167/3, 1ª Câm., rel. Des. Antônio Hélio Silva, j. 20-6-1995, *Revista Jurídica* n. 244, p. 151).

➞ Atropelamento

"Age culposamente o motorista que conduz o veículo em velocidade excessiva para o local e que, avistando uma criança atravessar a via, não reduz sua velocidade vindo a colher outra criança" (TJRS, ApCrim 70016515934, 1ª CCrim, rel. Des. Manuel José Martinez Lucas, j. 28-2-2007).

"Age com imprudência e responde pelas consequências do sinistro, o motorista que, sem tomar os cuidados necessários, desenvolve velocidade incompatível com a via pública, vindo a atropelar a vítima que já havia atravessado a maior parte do leito carroçável" (*RJDTACrim* 28/128).

"Viola o dever objetivo de cuidado o motorista que, trafegando por via pública, com piso de paralelepípedo, eminente residencial, com frequência de crianças brincando em suas calçadas, fato que, em excesso de velocidade, atropela e mata menor que procurava atravessar a rua. Eventual concorrência de culpa do menor que não exclui a responsabilidade do réu, pois, ao contrário do que ocorre no Direito Civil, as culpas não se compensam na área penal" (TJRJ, EInfrs. 161/2002, 6ª CCrim, rel. Des. Jayro dos Santos Ferreira, *DJU* de 6-8-2003, *Revista IOB de Direito Penal e Processual Penal* n. 24, p. 114).

"Age com culpa nas modalidades de imprudência, quem trafega em alta velocidade; com negligência quando não reduz a velocidade mesmo após perceber a presença da vítima; e com imperícia quando, percebendo a vítima de idade avançada a aproximadamente 50 m, não é capaz de realizar manobra no sentido de evitar o acidente" (TJRS, ApCrim 70001801695, 3ª CCrim, rel. Des. Reinaldo José Rammé, j. 8-3-2001, *Revista Jurídica* n. 283, p. 155).

"Restou demonstrada a conduta imprudente do apelante em trafegar com velocidade excessiva, chocando-se contra o pedestre e, causando-lhe a morte, inviabilizando o pleito absolutório. Para os delitos de tal espécie, não há falar-se em compensação de culpa, na tentativa de se responsabilizar a vítima pela travessia da pista" (TJDF, ApCrim 1999.01.1.013690-6, 2ª T., rel. Des. Vaz de Mello, *DJU* de 15-2-2001, *Revista IOB de Direito Penal e Processual Penal* n. 8, p. 92).

No mesmo sentido: TJCE, ApCrim 2001.0000.4269-1, 1ª CCrim, rel. Des. Fernando Luiz Ximenes Rocha, j. 26-8-2003, *Revista Jurídica* n. 316, p. 162.

↪ "Banguela"

"Age com manifesta imprudência o motorista que, sem ter alguém no volante, empurra o seu carro, para fazê-lo 'pegar', em declive, vez que é previsível que o veículo caminhe desgovernado e provoque acidente" (*RJDTACrim* 11/108).

↪ Chuva

"Para aferir se o agente foi imprudente ou não, devem-se levar em conta, sobretudo, as condições de trafegabilidade no momento e local do fato. É comum e previsível a ocorrência de deslizamento, derrapagem ou aquaplanagem em condições climáticas como as verificadas por ocasião do ocorrido, o que, por si só, não serve de exculpativa para os motoristas. Ao contrário, impõem-se-lhes redobradas cautelas ao transitar em tais circunstâncias" (TJRS, ApCrim 70012748935, 2ª CCrim, rela. Desa. Lúcia de Fátima Cerveira, j. 18-12-2007).

"Age com imprudência o motorista que, ao conduzir seu veículo em velocidade incompatível em face da chuva intensa, inclusive para evitar derrapagem provocada pela pista alagada, não a modera, eis que é previsível, em tais circunstâncias, a ocorrência do evento lesivo" (*RJDTACrim* 13/65).

"A conduta do motorista que imprime velocidade incompatível com o tempo chuvoso e com as condições da pista, molhada, perde o controle sobre seu conduzido ao passar por uma poça de água, atravessa o canteiro central da avenida onde trafega e atinge veículo que vem em sentido contrário, causando a morte de um de seus ocupantes, configura o crime de homicídio culposo, pois caracterizada a imprudência por ele praticada, não se podendo falar em caso fortuito ou força maior já que a aquaplanagem e a derrapagem do automóvel, nestas condições, são previsíveis" (*RJTACrim* 39/180).

No mesmo sentido: TJRS, ApCrim 70016823676, 2ª CCrim, rela. Desa. Lúcia de Fátima Cerveira, j. 18-9-2007; TJRS, ApCrim 70016723736, 1ª CCrim, rel. Des. Ranolfo Vieira, j. 11-10-2006; *RJDTACrim* 7/110.

↪ Colisão com veículo estacionado de maneira irregular

Hipótese em que se reconheceu a culpa daquele que estacionou irregularmente o veículo, por não ter sinalizado o local "com pisca-alerta, triângulo e galhos de árvore, tudo a fim de melhorar a sinalização, evitando acidentes" (*RJTACrim* 47/179).

➥ Condutor com deficiência visual

Hipótese de imprudência reconhecida: *RJTACrim* 41/188.

➥ Contramão

"Se o réu invade a contramão e colide de frente com outro veículo, responde pelo delito a ele imputado a título de culpa, na modalidade imprudência, já que agiu sem as cautelas necessárias para evitar o acidente" (TJMG, ApCrim 1.0687.03.024196-6/001, 4ª CCrim, rel. Des. Eli Lucas de Mendonça, j. 9-1-2008).

"Se as provas dos autos demonstram que o agente do crime de homicídio culposo agiu com imprudência, à medida que atingiu a contramão direcional, ocasionando o acidente, que culminou com a morte das vítimas, impossível se falar em absolvição" (TJMG, ApCrim 1.0110.03.001255-0/001, 5ª Câm., rela. Desa. Maria Celeste Porto, j. 12-12-2006, *DJMG* de 20-1-2007, *RT* 859/651).

"Age com culpa, de forma imprudente, aquele que, trafegando em alta velocidade, invade faixa, na contramão de direção, e abalroa de frente veículo que vinha em sentido contrário" (TJRN, Ap. 2006.007169-8, CCrim, rela. Desa. Judite Nunes, j. 13-3-2007, *RT* 861/673).

"Homicídio culposo. Colisão em estrada e na contramão da direção. Responsabilização dos apelantes" (TJSP, Ap. 0009491-52.2008.8.26.0066, 6ª CCrim Extraordinária, rel. Des. Roberto Solimene, j. 27-3-2015).

No mesmo sentido: *RJTACrim* 36/246, 42/144 e 44/172.

➥ Conversão à esquerda

"Age com imprudência quem, ao convergir à esquerda, em rua de dupla mão de direção, não aguarda a oportunidade adequada para empreender essa perigosa manobra e, ingressando inoportunamente na pista reservada ao fluxo contrário, vem a abalroar veículo, devendo responder pelo resultado lesivo ocasionado" (*RJDTACrim* 8/115).

"Age com imprudência e responde pelas consequências do sinistro o motorista que, sem adotar as cautelas mínimas de segurança, inicia conversão à esquerda, em via pública provida de duas mãos de direção, interceptando a trajetória regular de motociclista que trafega em sentido oposto" (*RJDTACrim* 20/52).

No mesmo sentido: TJRS, ApCrim 70002497220, 1ª Câm., rel. Des. Ranolfo Vieira, *DOERS* de 26-3-2002, *Revista IOB de Direito Penal e Processual Penal* n. 14, p. 122.

➥ Cruzamento

"Sempre que o condutor se aproximar de cruzamentos, agirá com uma cautela especial, imprimindo velocidade moderada, capaz de lhe permitir que pare o veículo com segurança. Não há que se falar em preferência de passagem. Inteligência do art. 44 do Código de Trânsito Brasileiro que de modo claro dispõe: 'ao aproximar-se de qualquer tipo de cruzamento, o condutor do veículo deve demonstrar prudência especial, transitando em velocidade moderada, de forma que possa deter seu veículo com segurança (...)'" (TJAL, Ap. 2005.002461-0, CCrim, rel. Des. José Fernandes de Hollanda Ferreira, j. 15-12-2005, *RT* 849/570).

"Mesmo trafegando em via preferencial, era exigível que o acusado, ao aproximar-se de cruzamento, redobrasse a atenção, mormente se não tinha visão da via transversal. O respeito às normas administrativas de trânsito não exclui, por si só, a responsabilidade penal" (TJRS, ApCrim 70011009560, 2ª CCrim, rela. Desa. Lúcia de Fátima Cerveira, j. 18-12-2007).

"Pela prova coletada e as circunstâncias objetivas do fato, advém aos autos informações de que o réu não observou o dever objetivo de cuidado que lhe era exigido, concluindo-se que o acusado não estava atento ao fluxo de veículos da via preferencial, eis que não parou o veículo para realizar a travessia, caracterizando agir imprudente, sendo que as condições de trânsito lhe eram totalmente favoráveis" (TJRS, ApCrim 70019115435, 3ª CCrim, rel. Des. José Antônio Hirt Preiss, j. 21-6-2007).

"Age com imprudência o agente que não para antes de ingressar em cruzamento, apenas reduz a velocidade, buzina e acelera, vindo a colidir de frente com o veículo da vítima, causando acidente" (*RJDTACrim* 27/135).

No mesmo sentido: *RT* 819/603.

➥ Cruzamento não sinalizado

Na dicção do art. 29, III, do CTB, quando veículos, transitando por fluxos que se cruzem, se aproximarem de local não sinalizado, terá preferência de passagem: a) no caso de apenas um fluxo ser proveniente de rodovia, aquele que estiver circulando por ela; b) no caso de rotatória, aquele que estiver circulando por ela; c) nos demais casos, o que vier pela direita do condutor.

"Age com culpa o motorista que, ao deparar com cruzamento não sinalizado, deixa de diminuir a marcha de seu veículo para ceder passagem àquele que, trafegando na transversal, possua preferência legal de passagem" (*RJDTACrim* 1/113).

"Num cruzamento não sinalizado, em princípio, a preferência é do veículo que vem da direita, consoante determina o art. 29, III, *c*, do CTB. Contudo, se as vias têm fluxo de trânsito muito distinto, como ocorre entre ruas e avenidas, a regra de experiência determina que o veículo que trafega pela rua dê preferência ao veículo que trafega pela avenida, independentemente da sinalização. (...) A regra geral do art. 29, § 2º, do CTB é expressa em determinar a responsabilidade dos veículos maiores pela segurança dos veículos menores no trânsito, o que incrementa o dever de cuidado dos motoristas de veículos pesados" (STJ, REsp 1.069.446/PR, 3ª T., rela. Mina. Nancy Andrighi, j. 20-10-2011, *DJe* de 3-11-2011).

➥ Derrapagem

"A derrapagem do automóvel é um desvio que sofre um jogo ou ambos os jogos das rodas, ao mesmo tempo causado pela falta de aderência delas ao solo, a qual depende da natureza deste, ao inadequado e brusco emprego dos freios. É fato corriqueiro e não ignorado pelos motoristas que essa falta de aderência ou deslizamento das rodas dos automóveis ocorre em pistas molhadas ou com o veículo em alta velocidade" (*RJDTACrim* 7/110).

➥ Embriaguez

Na dicção do art. 6º da Lei n. 11.705, de 19 de junho de 2008, "consideram-se bebidas alcoólicas, para efeitos desta Lei, as bebidas potáveis que contenham álcool em sua composição, com grau de concentração igual ou superior a meio grau Gay-Lussac".

"A embriaguez alcoólica que conduz à responsabilização a título doloso é apenas a preordenada, comprovando-se que o agente se embebedou para praticar o ilícito ou assumir o risco de produzi-lo" (STF, HC 107.801/SP, 1ª T., rel. Min. Luiz Fux, j. 6-9-2011, *DJe* 196, de 13-10-2011).

"A ingestão de bebida alcoólica e os diversos danos ocasionados no veículo (capotagem), demonstram a imprudência do réu por conduzi-lo sem as adequadas condições de saúde (embriaguez) e em velocidade incompatível com o local, mormente em estrada rural desprovida de pavimentação" (TJRS, ApCrim 70.002.604.973, 3ª CCrim, rel. Des. Reinaldo José Rammé, j. 9-8-2001, *Revista Jurídica* n. 287, p. 156).

"Havendo certeza probatória quanto à afetação da capacidade de dirigir do motorista do caminhão que seguia em excesso de velocidade, fazendo zigue-zague pela rodovia, estando presente o indispensável nexo causal entre a condução anormal e a utilização de bebida alcoólica, que ele mesmo assumiu ter ingerido algumas horas antes do acidente, não restam dúvidas de sua responsabilidade pelo evento danoso a que deu causa" (TJMG, ApCrim 1.0382.01.016828-6/001, 4ª CCrim, rel. Des. William Silvestrini, j. 7-6-2006).

"Aquele que ingere bebida alcoólica e, assume a direção de veículo, imprimindo alta velocidade, em tese, assume o risco de produzir o resultado danoso" (TJSP, RSE 9000144-79.2011.8.26.0050, 11ª CCrim, rela. Desa. Maria Tereza do Amaral, j. 29-4-2015).

No mesmo sentido: TJSP, ApCrim 908.780-3/0, 6ª Câm. do 3º Grupo Criminal, rel. Des. Ricardo Tucunduva, j. 8-3-2007, *Boletim de Jurisprudência* n. 128; TJMG, ApCrim 1.0079.01.027155-3/001, 5ª CCrim, rel. Des. Hélcio Valentim, j. 31-7-2007; TJMG, ApCrim 1.0518.03.035930-2/001, 1ª CCrim, rel. Des. Sérgio Braga, j. 19-6-2007; TJSC, ApCrim 2003.019183-6, 1ª Câm., rel. Des. Amaral e Silva, j. 16-11-2004, *RT* 838/666; TJRS, ApCrim 70.000.298.984, 1ª CCrim, rel. Des. Silvestre Jasson Ayres Torres, j. 12-4-2000, *Revista IOB de Direito Penal e Processual Penal* n. 7, p. 149; TJRS, ApCrim 70007681448, 2ª CCrim, rel. Des. José Antônio Cidade Pitrez, j. 27-10-2005.

➥ Estrada rural/vicinal

Exigência de cautela redobrada: TJRS, ApCrim 70.002.604.973, 3ª CCrim, rel. Des. Reinaldo José Rammé, j. 9-8-2001, *Revista Jurídica* n. 287, p. 156; *RJTACrim* 39/177.

➥ Excesso de velocidade

"Clara e inconteste é a conduta imprudente do motorista que, sem observar os cuidados devidos, dirige em velocidade excessiva, perdendo o controle do veículo automotor" (TJMG, ApCrim 1.0024.01.046118-4/001, 4ª CCrim, rel. Des. Walter Pinto da Rocha, j. 9-1-2008).

"Todo condutor prudente que trafega em velocidade adequada, tem a perfeita condição de controlar o veículo, sem pôr em risco ou causar qualquer dano aos demais condutores e a qualquer pedestre" (TJAP, ApCrim 2.055/05, Câmara Única, rel. Des. Honildo Amaral de Mello Castro, j. 7-2-2006, *RT* 851/565).

"Se o réu violou o dever do cuidado objetivo, ao transitar em excesso de velocidade em rodovia federal, procedendo com imprudência em relação à morte da vítima, inviável a solução absolutória em seu favor" (TJAC, Ap. 2006.002656-9, CCrim, rel. Des Francisco Praça, j. 15-2-2007, *RT* 863/617).

"A constatação de que, no momento da colisão, o réu estava imprimindo velocidade excessiva para o local, é manifestação da modalidade de imprudência, até mesmo, de imperícia. Circunstância em que o réu não agiu com a cautela necessária, conforme se comportaria um homem prudente" (*RT* 825/597).

"Provado que o réu desenvolvia velocidade excessiva, muito superior à máxima permitida para o local, e que veio a se envolver em acidente de trânsito, com óbito de uma pessoa, resta configurado o delito previsto no art. 302, do Código de Trânsito Brasileiro, ainda que a vítima tenha contribuído para o acidente. Não existe compensação de culpas em Direito Penal" (TJDF, ApCrim 2000.01.1.035007-4 (160465), 2ª T., rela. Desa. Eutalia Maciel Coutinho, *DJU* de 9-10-2002, *Revista IOB de Direito Penal e Processual Penal* n. 17, p. 133).

"Age com manifesta imprudência o motorista de veículo que, em via urbana e de madrugada, conduz automóvel em velocidade incompatível com o local e as condições de tempo, colhendo as vítimas, que andavam no canteiro central da pista, causando-lhes as mortes" (TJPE, ApCrim 95.790-6, 2ª Câm., rela. Desa. Helena Caúla Reis, j. 2-3-2005, *DJPE* de 18-3-2005, *RT* 837/657).

"Age com manifesta imprudência condutor que, dirigindo embriagado e em excesso de velocidade, em uma curva, perde o controle do veículo, e após derrapar por 97 metros, provoca o capotamento do automóvel, resultando do acidente óbito e interrupção da gravidez" (TJSC, ApCrim 2003.019183-6, 1ª Câm., rel. Des. Amaral e Silva, j. 16-11-2004, *RT* 838/666).

"Comete o crime previsto no art. 302 do Código de Trânsito Brasileiro aquele que, de forma imprudente, mantém seu veículo em velocidade acima da permitida, mesmo após observar a existência de pessoas atravessando a via" (TJDF, ApCrim 2005071000236-9, 2ª TCrim, rel. Des. Romão C. Oliveira, j. 19-7-2007. Disponível na Internet em: www.jurid.com.br).

No mesmo sentido: TJMG, EInfrs. e de Nulidade 1.0024.08.240337-9/004, rela. Desa. Beatriz Pinheiro Caires, j. 6-6-2013; TJSP, ApCrim 1.075.498-3/8, 11ª CCrim, rel. Des. Antonio Manssur, j. 24-10-2007, *Boletim de Jurisprudência* n. 136; TJSP, ApCrim 1.010.026-3/0, 9ª CCrim, rel. Des. Penteado Navarro, j. 27-6-2007, *Boletim de Jurisprudência* n. 132; TJSP, ApCrim 908.780-3/0, 6ª Câm. do 3º Grupo Criminal, rel. Des. Ricardo Tucunduva, j. 8-3-2007, *Boletim de Jurisprudência* n. 128; TJSP, Ap. 00828783.3/0-0000-000, 11ª Câm. do 6º Grupo da S. Crim, rel. Des. Silveira Lima, j. 11-7-2007, *RT* 866/630; TJSP, Ap. 856586.3/1-0000-000, 13ª Câm. do 7º Gr. da S. Crim., rel. Des. San Juan França, j. 4-5-2006, *RT* 852/564; TJMT, Ap. 44575/2005, 2ª Câm., rel. Des. Manoel Ornellas de Almeida, j. 8-3-2006, *RT* 850/618; TJRJ, ApCrim 2003.050.00986, 3ª Câm., rel. Des. Manoel Alberto Rebêlo dos Santos, j. 16-12-2003, *DORJ* de 23-6-2004, *RT* 831/658; TJRS, ApCrim 70.002.604.973, 3ª CCrim, rel. Des. Reinaldo José Rammé, j. 9-8-2001, *Revista Jurídica* n. 287, p. 156; TJDF, ApCrim 1999.01.1.013690-6, 2ª T., rel. Des. Vaz de Mello, *DJU* de 15-2-2001, *Revista IOB de Direito Penal e Processual Penal* n. 8, p. 92; TJRS, ApCrim 70020337846, 3ª CCrim, rel. Des. José Antônio Hirt Preiss, j. 8-11-2007; TJRS, ApCrim 70009339953, 2ª CCrim, rela. Desa. Elaine Maria Canto da Fonseca, j. 31-3-2005.

➥ Excesso de velocidade *versus* velocidade incompatível. Compreensão do tema

"Em sede de acidente de trânsito, velocidade 'inadequada' ou 'incompatível' com o local e o momento não se confunde obrigatoriamente com velocidade 'excessiva', 'elevada', 'exagerada', 'exorbitante', vez que a inadequação entre velocidade e circunstâncias é dado eminentemente relativo, indicado pelas particularidades de cada acontecimento e revelado pela impossibilidade de satisfatório domínio da máquina, diante de previsíveis vicissitudes do trânsito" (*RJTACrim* 62/37).

➥ Faróis apagados

Caracteriza culpa, na modalidade de imprudência, a conduta do motorista que, com luzes apagadas, trafega por rodovia durante a noite e causa colisão.

No mesmo sentido: *RJDTACrim* 26/129.

➥ Ingresso em via preferencial sem a necessária cautela

"Obra culposamente, pois que descomunal sua imprudência, o motorista que, procedente de via secundária e sem atender à placa de advertência 'pare', ingressa em via preferencial ou de trânsito rápido e, assim, intercepta a marcha de outro veículo, provocando desastre fatal (art. 302 do Código de Trânsito)" (*RT* 781/603).

"Velocidade compatível para o local do acidente é insuficiente, por si só, para excluir a responsabilidade penal do condutor do veículo que o causou, uma vez comprovada sua imprudência por inobservância do dever de cuidado objetivo exigido naquelas circunstâncias. Age com imprudência o motorista que, embora atento para o tráfego em via preferencial, nela ingressa com seu veículo e o expõe à colisão com outro que por lá transitava, comportamento que produziu em um dos passageiros as lesões determinantes de sua morte" (TJDF, ApCrim 19990310034408R, 2ª TCrim, rel. Des. Getulio Pinheiro, *DJU* de 7-8-2002, *Revista Jurídica* n. 299, p. 160).

No mesmo sentido: *RJDTACrim* 1/110 e 1/115; *RJTACrim* 39/152 e 40/117.

➥ Marcha à ré

"Age de forma imprudente o agente que efetua marcha a ré sem as cautelas necessárias, dando causa a atropelamento, pois tal manobra é anormal e quando necessária, deve ser empreendida com o máximo cuidado" (*RJDTACrim* 21/177).

"Incogitável a absolvição quando restar evidenciada, pelo conjunto probatório a culpa do acusado, a imprudência na direção do veículo, ao empreender marcha-ré, acarretando o homicídio culposo. Ademais, não há como atribuir a eventual responsabilidade por parte da vítima, porquanto não há compensação de culpas em matéria criminal" (TJGO, ApCrim 27472-5/213, 2ª Câm., rel. Des. Floriano Gomes, j. 6-10-2005, *RT* 844/617).

"Manifesta a imprudência do agente, que, ao trafegar em marcha a ré, de forma desatenta, atropela pessoa idosa que caminhava na via, causando-lhe a morte" (TJRS, ApCrim 70017756768, 2ª CCrim, rela. Desa. Elba Aparecida Nicolli Bastos, j. 30-10-2007).

"Quem conduz um veículo em marcha ré só pode fazê-lo quando tiver certeza da inexistência de qualquer obstáculo" (TJRS, ApCrim 70003976586, 1ª CCrim, rel. Des. Ranolfo Vieira, j. 4-12-2002).

No mesmo sentido: *RJDTACrim* 17/55, 26/129 e 27/134.

➥ Mudança abrupta de pista

"Revela-se imprudente a ação de quem, guiando um automóvel, efetua a mudança de pista de maneira abrupta" (TJCE, ApCrim 2001.0000.4269-1, 1ª CCrim, rel. Des. Fernando Luiz Ximenes Rocha, j. 26-8-2003, *Revista Jurídica* n. 316, p. 162).

➥ Neblina

Conduzir veículo em local sob neblina exige cautela redobrada, porquanto previsível a ocorrência de acidente em face do perigo que se enfrenta ao trafegar sob tais condições, onde a visibilidade se apresenta consideravelmente reduzida e a pista úmida.

No mesmo sentido: *RJTACrim* 47/176.

➥ Ofuscamento por faróis

"O fenômeno do ofuscamento é fato perfeitamente previsível, quer os faróis tenham maior ou menor potência. Assim, revela conduta não só imprudente, como imperita aquele motorista que, ao invés de olhar para o lado contrário ao do veículo de faróis altos, olha diretamente para eles, vindo a perder o controle do veículo causando acidente de trânsito" (*RJDTACrim* 1/112).

"Em sede de homicídio culposo causado por acidente de trânsito, o ofuscamento por luz alta de veículo que trafega em sentido contrário não é causa excludente de culpabilidade, mas sim fato corriqueiro e previsível" (*RJTACrim* 33/135).

"Ao narrar o acusado que teve sua visão ofuscada por carros que trafegavam em sentido contrário, impedindo que divisasse o ofendido na bicicleta, confessou sua culpa penal no evento. É que tal situação é totalmente previsível para o motorista, especialmente, em se tratando de perímetro urbano" (*RJDTACrim* 3/133).

➥ Realizar manobra confiando na sinalização feita por outra pessoa

É manifesta a imprudência do condutor que realiza manobra confiando tão somente na sinalização feita por outro condutor, sem antes se certificar minimamente das condições de segurança para que de qualquer maneira proceda no trânsito, pois o dever de diligência é pessoal, sendo inadmissível, ademais, a compensação de culpas, devendo, por isto, responder pelo crime de homicídio culposo.

No mesmo sentido: *RJDTACrim* 20/52; *RJTACrim* 36/246.

➥ Semáforo com luz amarela

"Luz amarela, em semáforo, não autoriza efetivação do cruzamento, pois significa que o veículo deve ser parado pelo seu condutor" (*RJDTACrim* 5/127).

"Incorre em homicídio culposo o motorista que, por aproveitar o sinal amarelo do semáforo, imprime a seu veículo, imprudentemente, maior velocidade e, a essa conta, atropela e mata pedestre que tentava atravessar a via pública (art. 302 do Cód. Trânsito)" (*RJTACrim* 62/80).

No mesmo sentido: *RJDTACrim* 24/479.

➥ Semáforo com luz vermelha

Condutor de veículo que ultrapassa cruzamento com sinal desfavorável e causa acidente de trânsito do qual resulta morte, deve ser condenado pelo crime do art. 302 do Código de Trânsito Brasileiro.

"Aquele que avança o sinal de trânsito e colide com outro veículo, acarretando lesões aos seus passageiros, responde pelo delito a ele imputado a título de culpa" (TJMG, ApCrim 1.0024.03.112321-9/001, 4ª CCrim, rel. Des. Eli Lucas de Mendonça, j. 30-1-2008).

"É dever parar o veículo em cruzamento com semáforo vermelho e aguardar a passagem do motorista com trânsito pela outra via, cujo semáforo lhe é favorável. O motorista que detém a prioridade da passagem tem também o direito de presumir que não terá sua trajetória interrompida por outro provindo da via secundária, cujo semáforo lhe é desfavorável" (TJRS, ApCrim 70013981980, 3ª CCrim, rel. Des. José Antônio Hirt Preiss, j. 4-5-2006).

"Incorre nas penas do art. 302, parágrafo único, I, II e III, da Lei n. 9.503/97, o motorista inabilitado que, dirigindo em alta velocidade e após ultrapassar sinal semafórico vermelho, atropela e mata a vítima, a qual atravessava a faixa de pedestres, evadindo-se do local para fugir à responsabilidade penal ou civil que lhe podia ser carreada" (*RJTACrim* 59/87).

No mesmo sentido: TJSP, ApCrim 908.780-3/0, 6ª Câm. do 3º Grupo Criminal, rel. Des. Ricardo Tucunduva, j. 8-3-2007, *Boletim de Jurisprudência* n. 128; TJRS, ApCrim 70000960831, 1ª CCrim, rel. Des. Silvestre Jasson Ayres Torres, j. 4-4-2001.

➥ Sinalização de solo: Pare

Constitui manifesta imprudência desrespeitar sinalização que determine parada obrigatória de veículo no tráfego viário, a autorizar, sem sombra de dúvida, o reconhecimento de culpa penal atribuível àquele que assim procede e, com tal agir, dá causa a acidente de trânsito com vítima.

"Configura imprudência a conduta de motorista que, embriagado e em velocidade excessiva, desrespeita sinal de 'Pare', vindo a interceptar a trajetória de outro veículo, causando a morte de um de seus ocupantes" (*RJDTACrim* 11/104).

"Deve ser condenado pelos crimes de homicídio e lesão corporal culposos, em concurso formal, o motorista que, sem observar o sinal "pare", ingressa em via preferencial e colide com a motocicleta ocupada pelas vítimas, consistindo a imprudência do agente em não parar e nem dar preferência de passagem em interseção existente na via pública, desobedecendo à sinalização regulamentar indicativa de parada obrigatória" (*RJTACrim* 39/152).

No mesmo sentido: *RJDTACrim* 1/110.

➥ Trafegar pelo acostamento

"Responde por homicídio culposo o motorista que, imprudentemente, dirigindo em alta velocidade, ingressa em acostamento de rodovia, onde vem a colher a vítima que por ali caminhava e, jogando-a ao solo, provoca as lesões corporais que lhe acarretam a morte" (*RJTACrim* 48/153).

"Age com manifesta imprudência o motorista que trafega por acostamento de rodovia, máxime se em alta velocidade e por trecho que se desenvolve em curva, vindo a atropelar pedestre que por ali passava" (*RJDTACrim* 10/80).

"Age com culpa o agente, motorista profissional, que imprime alta velocidade ao seu veículo, em tempo chuvoso e com forte neblina, vindo a invadir acostamento e a atropelar pedestre, causando-lhe a morte instantânea" (*RJDTACrim* 8/118).

No mesmo sentido: *RJTACrim* 32/103, 33/135 e 57/75.

➥ Transporte de passageiro em trator

"Comete o crime do art. 302, *caput*, da Lei n. 9.503/97, o motorista de trator que, imprudentemente, sem tomar cautela alguma, transporta a vítima sobre o para-lamas, sem qualquer proteção, vindo esta a falecer diante do capotamento do veículo" (*RJTACrim* 65/49).

"Age com imprudência, desrespeitando o dever de cuidado, quem transporta passageiro no para-lamas de trator, pois este é lugar inadequado e extremamente perigoso" (*RJDTACrim* 13/148).

"Em hipótese alguma, trator é meio de transporte de pessoas, agindo com culpa na modalidade de imprudência quem, conduzindo esse veículo rural, der causa a acidente com lesão a pessoa transportada" (*RJDTACrim* 11/111).

"Age com manifesta imprudência o tratorista que transporta passageiro de pé no engate de trator, com a carreta puxada, ainda que ele, o passageiro, tenha insistido em ocupar e permanecer nesse local inadequado e perigoso" (*RJDTACrim* 6/97).

No mesmo sentido: *RJDTACrim* 21/185; *RJTACrim* 64/77.

➥ Transporte de passageiro em carroceria

Configura imprudência, pois não se trata de compartimento destinado ao transporte de pessoas, não dispondo, por isso mesmo, de qualquer condição de segurança, sendo absolutamente previsível a possibilidade de resultado danoso.

"Age com imprudência, respondendo por homicídio culposo, o motorista que, trafegando irregularmente com pessoas na carroçaria de caminhonete e imprimindo velocidade incompatível para o local, não consegue manter seu controle, capotando ao realizar curva" (*RJTACrim* 37/214).

"O motorista que transporta pessoas de maneira irregular em compartimento de carga de caminhão age com culpa, pois viola o dever objetivo de cuidado" (TJMG, ApCrim 1.0351.10.004908-6/001, 2ª CCrim, rel. Des. Catta Preta, j. 11-12-2013).

➥ Ultrapassagem pela direita

"Age com culpa o motorista que efetua ultrapassagem pela direita, portanto sem a devida observância das normas de trânsito" (TJMG, ApCrim 1.0378.02.008421-6/001, 4ª CCrim, rel. Des. Ediwal José de Morais, j. 21-3-2007).

"Age com culpa e responde pela lesão corporal e homicídio culposos, o motorista que tenta ultrapassar pesado caminhão pela direita, invadindo o acostamento e, aí, vindo a colher pessoas que normalmente trafegavam" (*RJTACrim* 32/103).

➥ Ultrapassagem proibida

"É manifesta a imprudência de quem ultrapassa em local proibido" (*Revista Jurídica* n. 323, p. 168).

"Age com manifesta imprudência quem tenta a ultrapassagem de outro automotor sem observar com a necessária cautela o trânsito em mão inversa e a sinalização de faixa contrária a este ato" (*RJTACrim* 59/73).

"Age com culpa, na modalidade imprudência, caracterizadora do delito previsto no art. 302, *caput*, do Código de Trânsito Brasileiro, o motorista que dirigindo automóvel com velocidade incompatível para o local, promove ultrapassagem proibida" (*RJTACrim* 61/112).

"Age com imprudência o réu que desloca seu veículo para a esquerda, visando a ultrapassagem de caminhão que desloca à sua frente, em trecho sinalizado com faixa contínua, vindo a atropelar e a causar a morte de pedestre que fazia a travessia da via e se encontrava sobre a faixa divisória das pistas" (TJMG, ApCrim 1.0433.02.056455-8/001, 1ª CCrim, rel. Des. Eduardo Brum, j. 17-7-2007).

"Age com culpa o condutor que, ao ultrapassar outro usuário da pista, não deixa livre uma distância lateral de segurança, conforme a regra do art. 29, XI, letra *b*, da L. 9.503/97" (TJRS, ApCrim 70004506879, 1ª CCrim, rel. Des. Silvestre Jasson Ayres Torres, *DOERS* de 4-4-2003, *Revista IOB de Direito Penal e Processual Penal* n. 22, p. 142).

No mesmo sentido: TJRS, ApCrim 70013393038, 3ª Câm., rel. Des. José Antônio Hirt Preiss, j. 12-1-2006, *RT* 848/643; TJRJ, ApCrim 2003.050.00986, 3ª Câm., rel. Des. Manoel Alberto Rebêlo dos Santos, j. 16-12-2003, *DORJ* de 23-6-2004, *RT* 831/658; *RJDTACrim* 17/130; *RJTACrim* 32/103, 36/246; *RT* 826/608.

Negligência

Sobre o tema, consultar: Juarez Tavares, *Direito penal da negligência*, São Paulo, Revista dos Tribunais, 1985; Jorge de Figueiredo Dias, *Temas básicos da doutrina penal*, Coimbra, Coimbra Editora, 2001, p. 349/380.

➥ Art. 27 do Código de Trânsito Brasileiro

"Antes de colocar o veículo em circulação nas vias públicas, o condutor deverá verificar a existência e as boas condições de funcionamento dos equipamentos de uso obrigatório, bem como assegurar-se da existência de combustível para chegar ao local de destino."

➥ Conceito

Lembrando que para muitos a negligência é expressão suficiente para ministrar todo o substrato da culpa, podendo, assim, as ideias de imprudência e imperícia caberem dentro da correspondente à negligência, E. Magalhães Noronha ensinou que: "É a negligência inação, inércia e passividade. Decorre de inatividade material (corpórea) ou subjetiva (psíquica). Reduz-se a uma conduta ou comportamento negativo. Negligente é quem, podendo e devendo agir de determinado modo, por indolência ou preguiça mental não age ou se comporta de modo diverso; é quem não observa normas de conduta que obrigam à atenção e perspicácia no agir ou atuar, é, em suma, quem omite essas cautelas. Tal omissão não deve necessariamente ser voluntária, no sentido de que imprescindivelmente há de ser omitida diligência ou perspicácia com *advertência* psicológica, mas é suficiente a ausência de poderes ativos quando se tem a obrigação de usá-los".[16]

➥ Configuração

"A negligência é a ausência de uma precaução que dá causa ao resultado. Assim, para que se configure o crime culposo, devem estar presentes os requisitos da conduta voluntária, realizada com quebra de um dever objetivo de cuidado, consistente na negligência, do resultado involuntário, do nexo causal entre a conduta e o resultado, da tipicidade e a da previsibilidade" (TJCE, ApCrim 2000.06886-0, rel. Des. José Eduardo M. de Almeida, j. 30-10-2001, *Revista Jurídica* n. 291, p. 151).

➥ Agente que deixa de reduzir a velocidade do veículo após perceber a presença da vítima

Hipótese em que se reconheceu configurada a culpa: TJRS, ApCrim 70001801695, 3ª CCrim, rel. Des. Reinaldo José Rammé, j. 8-3-2001, *Revista Jurídica* n. 283, p. 155; TJRS, ApCrim 70000208512, 1ª CCrim, rel. Des. Ranolfo Vieira, j. 19-4-1999.

➥ Ausência de cuidados necessários

"Age com negligência o motorista que, conhecendo as condições da pista onde diariamente transitava, dirige sem tomar a precaução e cuidados necessários" (TJRS, ApCrim 70012456273, 3ª CCrim, rel. Des. José Antônio Hirt Preiss, j. 8-9-2005).

➥ Cinto de segurança

"Pratica o crime do art. 302, parágrafo único, IV, da Lei n. 9.503/97 o motorista de perua escolar que, agindo com negligência, ao deixar de exigir que as crianças que transporta façam uso do cinto de segurança, provoca a morte de uma delas ao interceptar a trajetória de outro veículo, em cruzamento" (TACrimSP, Ap 1.369.851/5, 12ª Câm., rel. Juiz Barbosa de Almeida, j. 19-4-2004, *Revista Jurídica* n. 325, p. 169).

No mesmo sentido: TJSP, Ap. 856586.3/1-0000-000, 13ª Câm. do 7º Gr. da S. Crim., rel. Des. San Juan França, j. 4-5-2006, *RT* 852/564.

---

16 *Do crime culposo*, 2. ed., São Paulo, Saraiva, 1966, p. 91-92.

↪ Deficiência no sistema de freios

Reconhecendo agir negligente: TJMG, ApCrim 1.0058.01. 000824-9/001, 4ª CCrim, rel. Des. William Silvestrini, j. 7-3-2007.

↪ Falha mecânica

"A alegação de falha mecânica deve ser provada pela Defesa, na forma do art. 156 do CPP" (TJMG, ApCrim 1.0261.04.024694-2/001, 1ª CCrim, rel. Des. Eduardo Brum, j. 4-12-2007).

↪ Pneu "careca"

"Motorista que, ao trafegar em rodovia, perdeu o controle do seu veículo em razão do estouro de pneu que se encontrava excessivamente desgastado pelo uso, fazendo-o capotar várias vezes, de modo a causar a morte de passageiros que transportava. Caracterização. Negligência configurada, por se mostrar previsível o rompimento de pneumático cuja banda de rodagem se encontra lisa (ou 'careca')" (TJSP, ApCrim 1.015.677.3/6, 5ª CCrim, rel. Des. Carlos Biasotti, j. 18-10-2007, *Boletim de Jurisprudência* n. 136).

No mesmo sentido: TJSP, ApCrim 1.075.498-3/8, 11ª CCrim, rel. Des. Antonio Manssur, j. 24-10-2007, *Boletim de Jurisprudência* n. 136.

↪ Ultrapassagem de veículo de transporte coletivo

CÓDIGO DE TRÂNSITO BRASILEIRO:

Art. 31. O condutor que tenha o propósito de ultrapassar um veículo de transporte coletivo que esteja parado, efetuando embarque ou desembarque de passageiros, deverá reduzir a velocidade, dirigindo com atenção redobrada ou parar o veículo com vistas à segurança dos pedestres.

"Réu que deixa de diminuir a velocidade do veículo que conduzia, ou mesmo de pará-lo ao ultrapassar o ônibus que se encontrava na parada de passageiros, como determina o art. 31 do Código de Trânsito Brasileiro, age com negligência, em razão de assumir atitude passiva, inerte, justamente quando o dever de cuidado objetivo determinava que agisse de modo contrário, sobretudo em se tratando de motorista profissional" (TJRS, ApCrim 70005548359, 2ª CCrim, rela. Desa. Lúcia de Fátima Cerveira, j. 22-11-2007).

"Age com culpa e responde pelas sanções do homicídio culposo previsto no Código de Trânsito o motorista que sai de trás de coletivo, sem reduzir a velocidade ou mesmo estagnar o móvel, colhendo vítima que por ali transitava, tratando-se de circunstância fática perfeitamente previsível e que importa na inobservância de dever objetivo de cuidado" (TJMG, ApCrim 1.0024.03.982789-4/002, 4ª CCrim, rel. Des. Ediwal José de Morais, j. 7-11-2007).

IMPERÍCIA

➥ Conceito

Para E. MAGALHÃES NORONHA "consiste na incapacidade, na falta de conhecimento ou habilitação para o exercício de determinado mister. Toda arte, toda profissão tem princípios e normas que devem ser conhecidos pelos que a elas se dedicam. É mister que estes tenham consciência do grau de seus conhecimentos, de sua aptidão profissional, a fim de não irem além do ponto até onde podem chegar. Se o fizerem, cônscios de sua incapacidade ou ignorantes dela, violam a lei e respondem pelas consequências".[17]

➥ Agente que não consegue realizar manobra comum e evitar o acidente

Hipótese em que se reconheceu a culpa: "Age com culpa nas modalidades de imprudência, quem trafega em alta velocidade; com negligência quando não reduz a velocidade mesmo após perceber a presença da vítima; e com imperícia quando, percebendo a vítima de idade avançada a aproximadamente 50m, não é capaz de realizar manobra no sentido de evitar o acidente" (TJRS, ApCrim 70001801695, 3ª CCrim, rel. Des. Reinaldo José Rammé, j. 8-3-2001, *Revista Jurídica* n. 283, p. 155).

DOLO EVENTUAL

➥ Elemento subjetivo

Calha citar, neste passo, a lição de TORNAGHI quando diz que "Há certos crimes em que o comum é o dolo e o raro, o excepcional, é a culpa, enquanto que outros geralmente são culposos e excepcionalmente dolosos". E exemplifica: "Se um motorista atropela alguém, a presunção é de que o fez por culpa. Não é assim habitualmente? Se, pois, apesar disso, em determinado caso concreto a acusação sustenta que houve dolo, deve prová-lo. Até que o faça, presume-se culposo o crime".[18]

"O dolo eventual compreende a hipótese em que o sujeito não quer diretamente a realização do tipo penal, mas a aceita como possível ou provável (assume o risco da produção do resultado, na redação do art. 18, I, *in fine*, do CP). Das várias teorias que buscam justificar o dolo eventual, sobressai a teoria do consentimento (ou da assunção), consoante a qual o dolo exige que o agente consinta em causar o resultado, além de considerá-lo como possível. (...) Para configuração do dolo eventual não é necessário o consentimento explícito

---

17 *Do crime culposo*, 2. ed., São Paulo, Saraiva, 1966, p. 93.

18 HÉLIO TORNAGHI, *Instituições de processo penal*, 2. ed., São Paulo, Saraiva, 1978, v. 3, p. 469.

do agente, nem sua consciência reflexiva em relação às circunstâncias do evento. Faz-se imprescindível que o dolo eventual se extraia das circunstâncias do evento, e não da mente do autor, eis que não se exige uma declaração expressa do agente" (STF, HC 91.159/MG, 2ª T., rela. Mina. Ellen Gracie, j. 2-9-2008, *DJe* 202, de 24-10-2008).

"A diferença entre o dolo eventual e a culpa consciente encontra-se no elemento volitivo que, ante a impossibilidade de penetrar-se na psique do agente, exige a observação de todas as circunstâncias objetivas do caso concreto, sendo certo que, em ambas as situações, ocorre a representação do resultado pelo agente. Deveras, tratando-se de culpa consciente, o agente pratica o fato ciente de que o resultado lesivo, embora previsto por ele, não ocorrerá. Doutrina de Nelson Hungria (*Comentários ao Código Penal*, 5. ed. Rio de Janeiro, Forense, 1980, v. 1, p. 116-117); Heleno Cláudio Fragoso (*Lições de Direito Penal* – parte geral, Rio de Janeiro, Forense, 2006, 17. ed., p. 173) e Zaffaroni e Pierangeli (*Manual de Direito Penal*, parte geral, v. 1, 9. ed., São Paulo, Revista dos Tribunais, 2011, p. 434-435)" (STF, HC 101.698/RJ, 1ª T., rel. Min. Luiz Fux, j. 18-10-2011, *DJe* 227, de 30-11-2011).

Conforme se assinalou por ocasião do julgamento do HC 107.801/SP, "seria contraditória a prática generalizada de se vislumbrar o dolo eventual em qualquer desastre de veículo automotor com o resultado morte, porquanto se compreenderia que o autor do crime também submeteria a própria vida a risco" (STF, HC 107.801/SP, 1ª T., rela. Mina. Cármen Lúcia, rel. p/ o acórdão Min. Luiz Fux, j. 6-9-2011, *DJe* 196, de 13-10-2011, *RJTJRS* 283/29).

"Não se pode generalizar a exclusão do dolo eventual em delitos praticados no trânsito. O dolo eventual, na prática, não é extraído da mente do autor, mas das circunstâncias. Nele, não se exige que o resultado seja aceito como tal, o que seria adequado ao dolo direto, mas, isto sim, que a aceitação se mostre no plano do possível, provável" (STJ, REsp 247.263/MG, 5ª T., rel. Min. Félix Fischer, j. 5-4-2001, *DJU* de 20-8-2001, *RT* 795/567).

"É admissível, em crimes de homicídio na direção de veículo automotor, o reconhecimento do dolo eventual, a depender das circunstâncias concretas da conduta" (STJ, HC 226.338/SC, 6ª T., rel. Min. Rogério Schietti Cruz, j. 19-4-2016, *DJe* de 28-4-2016).

"Aquele que ingere bebida alcoólica e, assume a direção de veículo, imprimindo alta velocidade, em tese, assume o risco de produzir o resultado danoso" (TJSP, RSE 9000144-79.2011.8.26.0050, 11ª CCrim, rela. Desa. Maria Tereza do Amaral, j. 29-4-2015).

No mesmo sentido: TJRS, ApCrim 70000843805, rel. Des. Silvestre Jasson Ayres Torres, j. 6-9-2000, *Revista Jurídica* n. 278, p. 143-148; TJAP, ApCrim 1.003/99, Câm. Ún., rel. Juiz convocado Raimundo Vales, j. 14-9-1999, *RT* 777/640.

➥ Embriaguez

"1. A classificação do delito como doloso, implicando pena sobremodo onerosa e influindo na liberdade de ir e vir, mercê de alterar o procedimento da persecução penal em lesão à cláusula do *due process of law*, é reformável pela via do *habeas corpus*. 2. O homicídio na forma culposa na direção de veículo automotor (art. 302 do CTB) prevalece se a capitulação atribuída ao fato como homicídio doloso decorre de mera presunção ante a embriaguez alcoólica eventual. 3. A embriaguez alcoólica que conduz à responsabilização a título doloso é apenas a preordenada, comprovando-se que o agente se embebedou para praticar o ilícito ou assumir o risco de produzi-lo. 4. *In casu*, do exame da descrição dos fatos empregada nas razões de decidir da sentença e do acórdão do TJ/SP, não restou demonstrado que o paciente tenha ingerido bebidas alcoólicas no afã de produzir o resultado morte. 5. A doutrina clássica revela a virtude da sua justeza ao asseverar que 'O anteprojeto Hungria e os modelos em que se inspirava resolviam muito melhor o assunto. O art. 31 e §§ 1º e 2º estabeleciam: 'A embriaguez pelo álcool ou substância de efeitos análogos, ainda quando completa, não exclui a responsabilidade, salvo quando fortuita ou involuntária. § 1º Se a embriaguez foi intencionalmente procurada para a prática do crime, o agente é punível a título de dolo; § 2º Se, embora não preordenada, a embriaguez é voluntária e completa e o agente previu e podia prever que, em tal estado, poderia vir a cometer crime, a pena é aplicável a título de culpa, se a este título é punível o fato' (Guilherme Souza Nucci, *Código Penal Comentado*, 5. ed. rev., atual. e ampl., São Paulo: RT, 2005, p. 243)" (STF, HC 107.801/SP, 1ª T., rela. Mina. Cármen Lúcia, rel. p/ o acórdão Min. Luiz Fux, j. 6-9-2011, *DJe* 196, de 13-10-2011, *RJTJRS* 283/29).

➥ Configuração

"Em caso de atropelamento com vítima fatal, provocado por agente que conduzia veículo em velocidade incompatível com o local e em estado de embriaguez, havendo dúvida sobre a existência de dolo eventual ou culpa, a celeuma deverá ser remetida ao Tribunal do Júri para o pronunciamento dos jurados" (TJSP, RSE 295.097.3/0-00, 2ª Câm., rel. Des. Silva Pinto, j. 9-2-2004, *RT* 825/581).

"É incabível a desclassificação do homicídio doloso para culposo no caso de agente que dirige alcoolizado, em alta velocidade e sem habilitação, provocando a morte de duas vítimas, a dilaceração e amputação do pé de uma terceira, além de lesionar gravemente duas crianças. Dessa forma, tendo o agente assumido o risco de produzir o resultado, é incabível a desclassificação para homicídio culposo" (TJCE, RSE 2003.0001.6482-3/1, rel. Des. José Eduardo Machado de Almeida, j. 18-11-2003, *RT* 821/621).

"Age com dolo eventual o motorista que dirige veículo sem habilitação, em velocidade excessiva para o local, realizando manobras perigosas, assumindo, dessa forma, o risco de causar o dano, no caso, atropelamento com resultado fatal para duas vítimas. Em razão desta conduta, deve o acusado ser submetido ao Tribunal do Júri, juízo constitucionalmente competente para apreciar os crimes dolosos contra a vida" (TJRO, RSE 200.000.2003.008963-8, CCrim, rela. Desa. Zelite Andrade Carneiro, j. 12-2-2004, *RT* 825/676).

"Age com dolo eventual o agente que, após ingerir bebida alcoólica, imprime velocidade incompatível com o local, apesar dos reclamos de ocupantes do veículo que chamaram sua atenção para o iminente risco de acidente, provocando a morte de duas pessoas e ferimento em outras quatro" (TJAC, RSE 2006.002182-0, CCrim, rel. Des. Francisco Praça, j. 1º-3-2007, *RT* 864/597).

"Aquele que, inabilitado, dirigindo veículo furtado, em alta velocidade, atropela e mata alguém age com dolo eventual. Isso porque, embora a razão de sua conduta não seja diretamente a de atropelar e matar a vítima, assume o risco do resultado letal e o aceita. Demonstrados a materialidade do delito e os indícios de sua autoria, a regra é a pronúncia" (TJMG, RSE 308.821-8/00, 2ª CCrim, rel. Des. Luiz Carlos Biasutti, *DJMG* de 10-6-2003, *Revista Jurídica* n. 309, p. 168).

No mesmo sentido: TJMS, RSE 2007.028114-4/0000-00, 2ª TCrim, rel. Des. Carlos Eduardo Contar, *DJEMS* de 10-3-2008, p. 39, *Revista Magister de Direito Penal e Processual Penal* n. 23, p. 147-148.

➥ "Racha"

É possível, conforme as circunstâncias do caso concreto, imputação lastreada em homicídio praticado com dolo eventual, nas situações listadas no art. 308, *caput*, do mesmo Estatuto.

"A questão central diz respeito à distinção entre dolo eventual e culpa consciente que, como se sabe, apresentam aspecto comum: a previsão do resultado ilícito. No caso concreto, a narração contida na denúncia dá conta de que o paciente e o corréu conduziam seus respectivos veículos, realizando aquilo que coloquialmente se denominou 'pega' ou 'racha', em alta velocidade, em plena rodovia, atingindo um terceiro veículo (onde estavam as vítimas). Para configuração do dolo eventual não é necessário o consentimento explícito do agente, nem sua consciência reflexiva em relação às circunstâncias do evento. Faz-se imprescindível que o dolo eventual se extraia das circunstâncias do evento, e não da mente do autor, eis que não se exige uma declaração expressa do agente" (STF, HC 91.159/MG, 2ª T., rela. Mina. Ellen Gracie, j. 2-9-2008, *DJe* 202, de 24-10-2008).

"É cediço na Corte que, em se tratando de homicídio praticado na direção de veículo automotor em decorrência do chamado 'racha', a conduta configura homicídio doloso" (STF, HC 101.698/RJ, 1ª T., rel. Min. Luiz Fux, j. 18-10-2011, *DJe* 227, de 30-11-2011).

"A conduta social desajustada daquele que, agindo com intensa reprovabilidade ético-jurídica, participa, com o seu veículo automotor, de inaceitável disputa automobilística realizada em plena via pública, nesta desenvolvendo velocidade exagerada – além de ensejar a possibilidade de reconhecimento do dolo eventual inerente a esse comportamento do agente –, justifica a especial exasperação da pena, motivada pela necessidade de o Estado responder, grave e energicamente, a atitude de quem, em assim agindo, comete os delitos de homicídio doloso e de lesões corporais" (STF, HC 71.800/RS, 1ª T., rel. Min. Celso de Mello, j. 20-6-1995, *DJ* de 3-5-1996, p. 13899).

"Podendo o acusado, quando da prática de 'racha', antever, perfeitamente, o resultado morte, não se pode afastar do âmbito do Tribunal Popular o decisório" (TJSP, RSE 987.134-3/0, 11ª Câm. do 6º Gr. da S. Crim., rel. Des. Guilherme G. Strenger, j. 12-9-2007, *Boletim de Jurisprudência* n. 135).

"Existindo na prova pericial elementos relevantes de que os acusados imprimiam alta velocidade, sinalizada pelo longo trecho de frenagem na pista, com características de 'racha', além de atestar ter a vítima sido arrastada por 36,80 metros de distância, inevitável a pronúncia, para que o Júri, competente para dirimir sobre crimes dolosos contra a vida, possa apreciar e julgar quanto ao dolo eventual, inclusive" (TJRO, RSE 00.000826-5, CCrim, rel. Des. Antônio Cândido, j. 6-4-2000, *RT* 782/669).

"Restando extreme de dúvidas que os agentes, dirigindo seus automóveis em alta velocidade e disputando um 'racha', embora não desejassem, acabaram por ceifar a vida de duas pessoas e ferir gravemente outra que, também, veio a falecer em consequência do acidente de trânsito, assumiram o risco da ocorrência do resultado danoso, o que enseja o dolo eventual, sendo, portanto, perfeitamente admissível a pronúncia dos acusados pelos crimes de homicídio e lesão corporal seguida de morte" (TJSP, RSE 264.783.3/0-00, 2ª Câm. Extr., rel. Des. Marcondes D'Angelo, j. 27-9-2000, *RT* 785/586).

"Na hipótese de 'racha', em se tratando de pronúncia, a desclassificação da modalidade dolosa de homicídio para a culposa deve ser calcada em prova por demais sólida. No *iudicium accusationis*, inclusive, a eventual dúvida não favorece os acusados, incidindo, aí, a regra exposta na velha parêmia *in dubio pro societate*. O dolo eventual, na prática, não é extraído da mente do autor, mas das circunstâncias. Nele, não se exige que o resultado seja aceito como tal, o que seria adequado ao dolo direto, mas, isto sim, que a aceitação se mostre no plano do possível, provável" (STJ, REsp 247.263-MG, 5ª T., rel. Min. Felix Fischer, j. 5-4-2001, *DJU* de 20-8-2001, *RT* 795/567).

No mesmo sentido: STF, HC 82.219/MG, 2ª T., rel. Min. Gilmar Mendes, j. 12-11-2002, *DJ* de 19-2-2002, p. 00129.

➥ Não configuração

"A pronúncia do réu, em atenção ao brocardo *in dubio pro societate*, exige a presença de contexto que possa gerar dúvida a respeito da existência de dolo eventual. Inexistente qualquer elemento mínimo a apontar para a prática de homicídio, em acidente de trânsito, na modalidade dolo eventual, impõe-se a desclassificação da conduta para a forma culposa" (STJ, REsp 705.416/SC, 6ª T., rel. Min. Paulo Medina, j. 23-5-2006, *DJ* de 20-8-2007, p. 311; *REPDJ* de 27-8-2007, p. 298).

"Para caracterizar o dolo eventual, não basta a assunção do risco, porque relevante é o elemento volitivo, representado pelo consentimento do agente, quanto ao resultado que se produziu conforme a sua representação" (TJSE, RSE 002/2000, CCrim, rel. Des. Artur Oscar de Oliveira Deda, j. 1º-6-2000, *RT* 784/709).

"Em tema de delitos de trânsito, não se coaduna com o entendimento de que possa estar o agente imbuído do elemento subjetivo relativo ao dolo eventual, se este não assumiu o risco da produção do resultado, por mais reprovável e imprudente tenha sido a conduta por ele desenvolvida, conforme se verifica na situação de embriaguez ao volante, excesso de velocidade e condução na contramão direcional, admitindo-se, neste caso, a hipótese de culpa consciente" (TJMG, RSE 307.184-2/000, 2ª CCrim, rel. Des. Reynaldo Ximenes Carneiro, *DJMG* de 10-02-2004, *Revista Jurídica* n. 316, p. 155).

➥ Prisão preventiva

É incorreto afirmar que não é cabível prisão preventiva em relação a quem pratique homicídio culposo de trânsito, na condução de veículo automotor.

Há duas situações em que se revela possível a decretação da custódia cautelar. São elas:

Primeira: caso ocorra o descumprimento injustificado de medida cautelar restritiva (CPP, arts. 319 e 320) imposta ao investigado ou réu, será cabível a decretação da prisão preventiva com fundamento no parágrafo único do art. 312 do CPP.

Segunda: quando houver dúvida sobre a identidade civil do investigado e ele não fornecer elementos suficientes para esclarecê-la, tal como autorizado no parágrafo único do art. 313 do CPP.

Sobre prisão preventiva, conferir: RENATO MARCÃO, *Prisões cautelares, liberdade provisória e medidas cautelares restritivas*, 2. ed., São Paulo, Saraiva, 2012; *Curso de processo penal*, 3. ed., São Paulo, Saraiva, 2017, e *Código de Processo Penal comentado*, São Paulo, Saraiva, 2016.

PROVA

➥ Autoria

Exige-se prova segura. A dúvida se resolve em benefício do réu com a improcedência da ação penal.

➥ Materialidade

A ausência de exame de corpo de delito e auto de necropsia determina a absolvição, por falta de prova da materialidade.

No mesmo sentido: TJRS, ApCrim 70005708763, 1ª CCrim, rel. Des. Manuel José Martinez Lucas, j. 16-4-2003.

➥ Nexo de causalidade

A ausência de prova do nexo causal determina a improcedência da ação penal e consequente absolvição do réu.

No mesmo sentido: TJRS, ApCrim 70005373022, 1ª CCrim, rel. Des. Manuel José Martinez Lucas, j. 18-12-2002.

➥ Indícios suficientes

Indício é a "evidência" (*evidence*) do direito norte-americano, superiormente tratada por JOHN HENRY WIGMORE.[19]

Segundo VINCENZO MANZINI, *L'indizio è una circostanza certa, dalla quale si può trarre, per induzione logica, una conclusione circa la sussistenza o l'insussistenza di un fatto da provarsi*.[20]

Ou, ainda, conforme MITTERMAIER, "Um indício é um fato em relação tão precisa com um outro fato que de um o juiz chega ao outro por conclusão toda natural". "Por sua natureza, e como indica o nome (*index*), o indício é, por assim dizer, o dedo que mostra um objeto",[21] fato ou circunstância.

---

19 *Evidence in trials at common law*, e *The principles of judicial proof*, Buffalo, New York, William S. Hein & Co., 2000.

20 *Trattato di diritto processuale penale italiano*, 6. ed., Torino, UTET – Unione Tipografico-Editrice Torinese, 1970, v. 3, p. 523.

21 C. J. A. MITTERMAIER, *Tratado da prova em matéria criminal*, tradução de Herbert Wüntzel Henrich, 3. ed., Campinas, Bookseller, 1996, p. 323.

Nenhum fato é tão isolado que não guarde relação, direta ou indireta, com outro fato ou circunstância. Nessa inter-relação inevitável é que o observador encontra o caminho, por meio do fato *secundário*, e por indução, para chegar ao *principal* a que aquele remete.

Há inegável relação de causalidade entre o *fato indicativo* e o *fato indicado*.

Os indícios têm natureza jurídica de *meio de prova*. Integram o sistema de provas regrado no CPP.

"Para a condenação do acusado, basta apenas a existência de um quadro suficiente de indícios, todos harmônicos e convergentes, para caracterizar a culpa do mesmo" (TJMG, ApCrim 1.0372.04.010914-5/001, 4ª CCrim, rel. Des. Delmival de Almeida Campos, j. 26-9-2007).

"Embora não haja o reconhecimento pessoal do réu, a existência de fortes indícios, devidamente sustentados por evidências que restaram comprovadas ao longo do processo, conduzem claramente à condenação do réu" (TJRS, ApCrim 70.001.808.492, 3ª CCrim, rel. Des. Reinaldo José Rammé, j. 8-3-2001, *Revista Jurídica* n. 288, p. 152).

➥ Prova suficiente

Em sentido estrito, *prova* é a informação ou o conjunto de informações determinadas, trazidas aos autos em que materializada a persecução penal, por iniciativa do Delegado de Polícia, das partes no processo, pelo juiz ou por terceiros.

Trata-se de uma reconstrução histórica subjetivo-objetiva que tem por escopo demonstrar as razões e a dinâmica do fato passado.

Lembra Hélio Tornaghi que, numa acepção mais ampla, indica ainda *qualquer elemento de convicção*.[22]

A finalidade da prova é demonstrar que algo ocorreu, ou não, de uma ou outra maneira, e assim *influenciar* na convicção do magistrado a respeito da existência ou inexistência de um fato ou alegação pertinente e relevante para o julgamento da causa, por isso o acerto de Vincenzo Manzini quando diz que "La prova penale è l'attività processuale immediatamente diretta allo scopo di ottenere la certezza giudiziali, secondo il criterio della verità reale, circa l'imputazione o altra affermazione o negazione interessante un provvedimento del giudice".[23]

"Em ação penal, comprovada a materialidade do crime de trânsito, pelos laudos de exame cadavérico, do local da ocorrência e pela prova testemunhal,

---

22 *Instituições de processo penal*, 2. ed., São Paulo, Saraiva, v. 3, 1978, p. 411-412.

23 *Trattato di diritto processuale penale italiano*, 6. ed., Torino, Unione Tipografico-Editrice Torinese – UTET, 1970, v. III, p. 231.

do qual resultou atropelamento com vítima fatal, configura-se o cometimento de homicídio culposo, cabendo ser imposta a condenação do responsável pelo acidente nas penas do art. 302 da Lei n. 9.503, de 23/09/97 (Código Nacional de Trânsito)" (STJ, APn 2001/0082589-6, Corte Especial, rel. Min. Ministro Garcia Vieira, j. 5-9-2001, *DJ* de 14-4-2003, p. 167).

"O fato de conduzir perigosamente veículo automotor, que acabou por causar a morte de uma das vítimas e provocar lesões corporais em outras, bem como a recusa em se submeter ao exame de teor alcoólico, afiguram-se bastantes para indiciar que a conduta do guiador pode ser tida, pelo menos em princípio, como imprudente e culposa, e, portanto, típica, subsumindo-se os fatos, em tese, nos arts. 302, 303 e 306 do Código de Trânsito Brasileiro" (STJ, HC 76.566/PA, 5ª T., rel. Min. Napoleão Nunes Maia Filho, j. 13-9-2007, *DJ* de 13-10-2007, p. 333).

"Não há como acolher o pleito absolutório formulado em favor do réu se constatado pela prova dos autos que o mesmo agiu com culpa, não observando o dever de cuidado que lhe era exigido consistente em imperícia e imprudência, vindo a causar a morte de uma pessoa" (TJMG, ApCrim 1.0411.00.000942-2/001, 5ª CCrim, rel. Des. Vieira de Brito, j. 12-2-2008).

"Certa a materialidade e autoria delitiva, bem como demonstrada a culpa do sentenciado, sua condenação é medida imperativa" (TJRS, ApCrim 70019585587, 3ª CCrim, rel. Des. José Antônio Hirt Preiss, j. 23-8-2007).

"Presente o nexo causal entre o fato danoso e a morte da vítima, é devida a condenação da ré nas iras do artigo 302, *caput*, do Código de Trânsito Brasileiro. Comprovadas a materialidade e autoria, bem como o propalado nexo causal, impõe-se a condenação da ré, pelo óbito da vítima, embora não instantâneo" (TJRS, ApCrim 70006903710, 2ª CCrim, rel. Des. José Antônio Cidade Pitrez, j. 24-2-2005).

"Se constatado pela prova dos autos que o acusado agiu com culpa, não observando o dever de cuidado que lhe era exigido, consistente em imprudência, causando a morte de uma pessoa e lesões corporais em outras três, deve o mesmo ser condenado" (TJMG, ApCrim 1.0278.05.931585-5/001, 5ª CCrim, rel. Des. Vieira de Brito, j. 29-6-2006).

"Não há como acolher o pleito absolutório formulado em favor do réu, se constatado pela prova coligida que o mesmo agiu com culpa, inobservando o dever objetivo de cuidado que lhe era exigido, provocando com a sua conduta imprudente o atropelamento das vítimas e, assim, causando o falecimento de uma delas e lesões corporais nas outras" (TJMG, ApCrim 2.0000.00.480749-4/000(1), 5ª CCrim, rel. Des. Vieira de Brito, j. 26-4-2005).

"Presentes as provas conclusivas da responsabilidade do condutor do veículo, em acidente do qual resultou vítima fatal, justifica-se a condenação em conformidade com o art. 302 do Código de Trânsito Brasileiro" (TJMG,

ApCrim 1.0331.06.001349-6/001, 4ª CCrim, rel. Des. Walter Pinto da Rocha, j. 14-11-2007).

"Restando suficientemente comprovadas a autoria e a materialidade do delito de homicídio culposo na direção de veículo automotor e não pairando qualquer dúvida no tocante à culpa do réu inconformado, não sobra campo para a absolvição por ele reclamada" (TJMG, ApCrim 1.0024.06.071279-1/001, 2ª CCrim, rela. Desa. Beatriz Pinheiro Caires, j. 1º-11-2007).

No mesmo sentido: TJMG, ApCrim 1.0024.99.123015-2/001, 5ª CCrim, rel. Des. Vieira de Brito, j. 19-2-2008; TJMG, ApCrim 1.0024.03.073046-9/001, 5ª CCrim, rela. Maria Celeste Porto, j. 15-1-2008; TJMG, ApCrim 1.0145.03.088727-0/001, 4ª CCrim, rel. Des. Walter Pinto da Rocha, j. 4-7-2007; TJRS, ApCrim 70018738476, 3ª CCrim, rel. Des. Vladimir Giacomuzzi, j. 16-8-2007; TJRS, ApCrim 70014078935, 2ª CCrim, rel. Des. José Antônio Cidade Pitrez, j. 25-5-2006; TJRS, ApCrim 70003968518, 2ª CCrim, rel. Des. José Antônio Cidade Pitrez, j. 10-11-2005.

➥ Prova acusatória insuficiente

Milita em favor de todo acusado a presunção relativa (*juris tantum*) de que é inocente em relação ao cometimento do delito imputado, de tal modo que a garantia constitucional remete ao acusador o ônus de produzir prova em sentido contrário. Bem por isso, a advertência de Vicente Gimeno Sendra no sentido de que a carga material da prova incumbe exclusivamente ao acusador.[24]

Se ao final do processo restar dúvida, esta será resolvida em favor do acusado, que então deverá ser absolvido (CPP, art. 386, VII) (STF, AP 430/RS, Tribunal Pleno, rela. Mina. Cármen Lúcia, j. 7-8-2008, *DJe* de 26-9-2008; STF, AP 447/RS, Tribunal Pleno, rel. Min. Carlos Britto, j. 18-2-2009, *DJe* de 29-5-2009), porquanto não elidida a presunção constitucional. Incide o princípio *in dubio pro reo* (na dúvida, decide-se em favor do réu).

A prova acusatória insuficiente determina a absolvição do réu.

"Inexistindo provas suficientes de que o condutor do veículo automotor tenha sido imprudente, imperito ou negligente, no evento que deu causa à morte da vítima, imperiosa é a manutenção de sua absolvição, com fincas no art. 386, VI, do CPP" (TJMG, ApCrim 1.0447.06.001139-5/001, 1ª CCrim, rel. Des. Eduardo Brum, j. 12-2-2008).

"Nos delitos de trânsito, quando a prova não permite se possa firmar um juízo de certeza a respeito de quem se houve com culpa, impõe-se a absolvição" (TJRS, ApCrim 70006097687, 3ª CCrim, rel. Des. Danúbio Edon Franco, j. 29-5-2003).

---

24 *Derecho procesal penal*, Navarra, Civitas, 2012, p. 129.

"Quando a prova revelar dúvida sobre a responsabilidade do réu no homicídio culposo causado na direção de veículo automotor, enseja absolvição nos termos do art. 386, VI, do CPP" (TJRS, ApCrim 70.000.753.418 (ApCrim 00340985), 1ª Câm., rel. Des. Marcel Esquivel Hoppe, j. 22-3-2000, *Revista IOB de Direito Penal e Processual Penal* n. 2, p. 126).

"Ausência de provas suficientes de que o acusado agiu com culpa, em qualquer de suas modalidades, quando do evento. A dúvida beneficia o réu" (TJRS, ApCrim 70009996257, 2ª CCrim, rel. Des. José Antônio Cidade Pitrez, j. 15-3-2007).

"É impossível a condenação de motorista, por homicídio culposo, quando é insuficiente a prova de velocidade excessiva, máxime se existem referências a atitude imprevisível do ofendido, pois nesta hipótese, os elementos dos autos não elucidam dúvida quanto ao que aconteceu no acidente" (*RJTACrim* 51/112).

"Sendo o laudo pericial baseado em presunções e não existindo provas conclusivas acerca da responsabilidade do condutor do veículo pelo acidente do qual resultaram duas vítimas fatais, não há embasamento legal para um decreto condenatório, uma vez que a culpa não se presume, justificando-se a absolvição com base no art. 386, IV, do CPP" (TAMG, ApCrim 307.765-0, 1ª CCrim, rel. Juiz Lamberto Sant'Anna, *DJMG* de 27-12-2000, *Revista Jurídica* n. 279, p. 161).

Nesse sentido: TJMG, ApCrim 1.0481.00.006170-7/001, 5ª CCrim, rela. Desa. Maria Celeste Porto, j. 2-4-2008; TJRS, ApCrim 70012310256, 2ª CCrim, rel. Des. José Antônio Cidade Pitrez, j. 25-5-2006; TJRS, ApCrim 70011330610, 1ª CCrim, rel. Des. Marcel Esquivel Hoppe, j. 15-6-2005; TJRS, ACr 70004160164, (00514372), 1ª CCrim, rel. Des. Manuel José Martinez Lucas, *DOERS* de 13-9-2002, *Revista IOB de Direito Penal e Processual Penal* n. 18, p. 133; TJRS, ApCrim 70002377372, 1ª Câm., rel. Des. Manuel José Martinez Lucas, *DOERS* de 20-3-2002, *Revista IOB de Direito Penal e Processual Penal* n. 14, p. 122; *RJTACrim* 64/80.

↪ Danos materiais como prova de velocidade anormal

Levando em consideração: TJRS, ApCrim 70013393038, 3ª Câm., rel. Des. José Antonio Hirt Preiss, j. 12-1-2006, *RT* 848/643.

No mesmo sentido: TJRS, ApCrim 70.002.604.973, 3ª CCrim, rel. Des. Reinaldo José Rammé, j. 9-8-2001, *Revista Jurídica* n. 287, p. 156.

↪ Prova pericial

Quando a infração penal deixar vestígios – diz o art. 158 do CPP –, será *indispensável* o exame de corpo de delito, *direto ou indireto*, não podendo supri-lo nem mesmo a confissão do acusado.

Em ANTONIO SCARANCE FERNANDES encontramos que "A prova pericial é aquela decorrente do exame realizado sobre fatos ou pessoas por quem possui conhecimento técnico, ou seja, por perito".[25]

Entende-se por *perito* o indivíduo que é especialista, *expert* em um assunto ou atividade; que possui habilidade ou conhecimento específico sobre algo; que detenha perícia, em última análise.

"Esta norma tem por escopo trazer aos autos prova incontroversa da existência material do delito" (STF, HC 76.420/SP, 2ª T., rel. Min. Maurício Corrêa, j. 16-6-1998, *DJe* de 14-8-1998).

"A prova pericial é a mais segura das provas e, se não elidida por outros meios, deverá estear a convicção do julgador" (TJMG, ApCrim 1.0058.01.000824-9/001, 4ª CCrim, rel. Des. William Silvestrini, j. 7-3-2007).

"A prova técnica é uma das modalidades mais isentas para elucidação de eventos, principalmente em se tratando de acidentes de trânsito, vez que não há como contrariar ou mesmo contradizer o que se encontrou no palco de operações dos fatos" (TJMG, ApCrim 1.0527.06.996235-7/001, 5ª CCrim, rel. Des. William Silvestrini, j. 17-1-2007).

➥ Prova pericial. Laudo indireto

Sempre que o delito deixar vestígios, será *indispensável* o exame de corpo de delito, direto ou indireto.

Sendo possível, deverá ser realizado o *exame de corpo de delito direto*, assim considerado aquele que recai sobre o próprio corpo de delito. Exemplos: exame realizado no cadáver (autópsia ou necropsia) visando apurar a causa do homicídio; exame realizado na vítima para constatar as lesões corporais que lhe foram produzidas por terceiro etc.

Desaparecendo o corpo de delito (por iniciativa do investigado ou como consequência do tempo decorrido, por exemplo) ou se por qualquer razão restar impossível o exame direto (a vítima se recusa a se submeter ao exame), far-se-á o *exame de corpo de delito indireto*, que poderá resultar de apontamentos, informações de testemunhas etc. Exemplo: inviabilizada a prova direta das lesões corporais sofridas por vítima de agressão, é possível o exame indireto, levando-se em conta os dados existentes na ficha clínica de seu atendimento hospitalar verificado logo após o delito com vistas a tratar das lesões (STF, HC 88.878/MS, 2ª T., rel. Min. Eros Grau, j. 22-8-2006, *DJe* de 15-9-2006).

O que a lei não admite é que seja ele suprido *exclusivamente* pela confissão do acusado, visto se tratar de prova frágil, insuficiente, quando isolada, para o esclarecimento da verdade.

---

25 *Processo penal constitucional*, 5. ed., São Paulo, Revista dos Tribunais, 2007, p. 87.

Já decidiu o STF, em acórdão relatado pelo Min. CELSO DE MELLO, que: "É inquestionável a imprescindibilidade do exame de corpo de delito, quando a infração penal deixar vestígios. Trata-se de exigência peculiar aos delitos materiais, imposta pelo art. 158 do Código de Processo Penal. A omissão dessa formalidade – considerada juridicamente relevante pelo próprio estatuto processual penal – constitui circunstância apta a invalidar, por nulidade absoluta, a própria regularidade do procedimento penal-persecutório (*RTJ* 114/1064). Quando, no entanto, não for possível o exame de corpo de delito direto, por haverem desaparecido os vestígios da infração penal, a prova testemunhal – que materializa o exame de corpo de delito indireto – supre a ausência do exame direto (*RTJ* 76/696 – 89/109 – 103/1040). A Corte Suprema tem proclamado a dispensabilidade do exame pericial nos delitos que deixem vestígios, desde que a materialidade do ilícito penal esteja comprovada, por outros meios, inclusive de natureza documental" (STF, HC 69.013/PI, 1ª T., rel. Min. Celso de Mello, j. 24-3-1992, *DJe* de 1º-7-1992, *RTJ* 140/870).

O *exame direto* é feito por perito(s), conforme anteriormente exposto.

O *exame indireto* pode ser feito por perito(s), situação em que deverá(rão) elaborar o respectivo *laudo indireto*, observadas as formalidades legais, *ou* decorrer da avaliação das demais provas dos autos (documentos, vistorias, testemunhas etc.), quando então resultará da análise que é feita pelo próprio juiz, ficando dispensada, por evidente, a confecção de laudo indireto.

"Em sede de homicídio culposo, é possível que o exame necroscópico tenha se louvado em dados indiretos, pois nossa Lei Processual Penal admite o exame de corpo de delito indireto" (*RJTACrim* 48/153).

➥ Prova pericial. Necessidade de laudo fundamentado

"O laudo pericial desfundamentado impede que o Juiz justifique a aceitação ou rejeição da conclusão a que chegaram os *experts*, pois o Magistrado não possui conhecimentos técnicos ou científicos para considerar provada a materialidade da infração que dependa da perícia válida, cuja ausência não pode ser substituída nem mesmo pela confissão do réu" (*RJDTACrim* 28/216).

➥ Prova pericial: irregularidades que não fulminam sua validade

"Ausência do termo de compromisso referente a laudo pericial das circunstâncias do acidente constitui mera irregularidade que não invalida a prova" (TJRS, ApCrim 70008741746, 2ª CCrim, rela. Desa. Lúcia de Fátima Cerveira, j. 22-11-2007).

"A ausência de qualificação das pessoas que elaboraram o laudo é mera irregularidade, que não tem o condão de invalidar a prova" (TJRS, ApCrim

70013393038, 3ª Câm., rel. Des. José Antonio Hirt Preiss, j. 12-1-2006, *RT* 848/643-644).

➥ Falha mecânica

Incumbe ao réu a prova da alegação de que o acidente ocorreu por falha mecânica. É seu o ônus de tal prova.

"A alegação de que os freios falharam no exato momento do acidente não subsiste, se a defesa não cuidou de provar tal alegação. Inteligência do art. 156 do CPP" (TJGO, ApCrim 20.650-6/213, 3ª T., 1ª CCrim, rel. Des. Paulo Teles, j. 15-2-2001, *Revista IOB de Direito Penal e Processual Penal* n. 7, p. 116).

Nesse sentido: TJSP, Ap. 1418943/4-00, 11ª CCrim-A, rel. Des. Alexandre C. S. de Almeida, j. 24-6-2005, *RT* 841/548.

➥ Prova pericial e testemunhal

É irretocável a condenação lastreada em prova pericial tanatoscópica e farta prova testemunhal produzida no curso do contraditório constitucional.

"Em ação penal, comprovada a materialidade do crime de trânsito, pelos laudos de exame cadavérico, do local da ocorrência e pela prova testemunhal, do qual resultou atropelamento com vítima fatal, configura-se o cometimento de homicídio culposo, cabendo ser imposta a condenação do responsável pelo acidente nas penas do art. 302 da L. 9.503, de 23.09.1997 (Código de Trânsito Brasileiro). A autoria do crime resta demonstrada, se houve auto de prisão em flagrante e prova de que o motorista estava dirigindo embriagado, imprimindo velocidade superior à permitida para o local" (STJ, APn 189/RS, Corte Especial, rel. Min. Garcia Vieira, *DJU* de 14-4-2003, *Revista IOB de Direito Penal e Processual Penal* n. 20, p. 146).

Nesse sentido: TJPE, ApCrim 0128703-6, 1ª Câm., rel. Des. Rivadávia Brayner, j. 5-4-2006, *DJPE* de19-4-2006, *RT* 852/652.

Sobre prova no processo penal: Renato Marcão, *Curso de processo penal*, 3. ed., São Paulo, Saraiva, 2017, e *Código de Processo Penal comentado*, São Paulo, Saraiva, 2016.

Penas

➥ Penas

O crime de homicídio culposo na direção de veículo automotor é punido com detenção, de 2 (dois) a 4 (quatro) anos, *e* suspensão ou proibição de se obter a permissão ou a habilitação para dirigir veículo automotor.

"O art. 302 do Código de Trânsito Brasileiro prevê a aplicação cumulativa da pena privativa de liberdade com a restritiva de direitos, sendo certo que a prescrição para ambas regula-se pela pena privativa de liberdade aplicada" (STF, HC 104.234/SP, 1ª T., rel. Min. Ricardo Lewandowski, j. 28-9-2010, *DJe* 194, de 15-10-2010).

O § 1º do art. 302 estabelece hipóteses em que as penas serão aumentadas de 1/3 (um terço) a 1/2 (metade).

"É possível aumentar em 1/6 a pena-base de condenado pelo crime do art. 302 da Lei n. 9.503/97 que agiu com grave imprudência, beirando o dolo eventual, ainda que seja primário e sem antecedentes" (*RJTACrim* 64/56).

"Nos termos do art. 302, do Código de Trânsito Brasileiro, é obrigatória a aplicação cumulativa de pena privativa de liberdade e de suspensão da CNH" (TJDF, ApCrim 2000.01.1.035007-4, (160465), 2ª T., rela. Desa. Eutalia Maciel Coutinho, *DJU* de 9-10-2002, *Revista IOB de Direito Penal e Processual Penal* n. 17, p. 133).

"Não há como excluir a suspensão da habilitação por se tratar de pena principal do homicídio culposo na direção de veículo automotor (art. 302 da Lei n. 9.503/97)" (TJRS, ApCrim 70001546035, 3ª CCrim, rel. Des. Reinaldo José Rammé, j. 8-3-2001, *Revista Jurídica* n. 290, p. 139).

"A imposição de penas suaves (igual não intimidativas) aos responsáveis por acidentes de veículos tem sido a causa de ocupar o Brasil escandalosa e vergonhosa liderança mundial nas estatísticas pertinentes" (*RJDTACrim* 19/116).

➥ Culpabilidade

"Se a pena é fixada de forma desproporcional às circunstâncias judiciais, necessária é sua redução" (TJMG, ApCrim 1.0388.04.007116-8/001, 5ª CCrim, rel. Des. Pedro Vergara, j. 22-1-2008).

"Tratando-se de acusado portador de bons antecedentes, primário e de personalidade não desabonadora, a pena-base deve ser aplicada em seu grau mínimo ou próximo a esse cominado e nunca no máximo legal, mesmo quando outras circunstâncias judiciais o desfavoreçam" (TJBA, ApCrim 3.492-0/2005, 2ª Câm., rela. Juíza Maria das Graças Bispo dos Santos, j. 12-1-2006, *RT* 849/851).

"Correta a fixação da pena acima do mínimo legal, quando a culpabilidade é circunstância judicial desfavorável ao acusado" (TJRS, ApCrim 70003127685, 3ª CCrim, rel. Des. Saulo Brum Leal, j. 27-9-2001, *Revista Jurídica* n. 290, p. 139).

"Diante de circunstâncias judiciais desfavoráveis, impõe-se a fixação de regime mais severo, bem como o indeferimento do benefício da substituição da pena" (TJMG, ApCrim 1.0024.04.495047-5/001, 4ª CCrim, rel. Des. Walter Pinto da Rocha, j. 31-10-2007).

➥ Súmula 444 do STJ

"É vedada a utilização de inquéritos policiais e ações penais em curso para agravar a pena-base".

➥ Aplicação das penas

"O julgador deve, ao individualizar a pena, examinar com acuidade os elementos concretos que dizem respeito ao fato, obedecidos e sopesados todos os critérios estabelecidos no art. 59 do Código Penal, para aplicar, de forma justa e fundamentada, a reprimenda que seja, proporcionalmente, necessária e suficiente para reprovação do crime" (STJ, REsp 898.866/PR, 5ª T., rela. Mina. Laurita Vaz, j. 28-6-2007, *DJ* de 13-8-2007, p. 407).

"O Juiz, na interpretação da legislação penal, há de encontrar-se atento à realidade dos fatos e ao momento presente, não podendo deixar de considerar a importância de suas decisões na contenção da onda de violência que vem se alastrando de maneira quase incontrolável, alarmando a população e intranquilizando as famílias" (STF, HC 65.501-SP, 2ª T., rel. Min. Aldir Passarinho, j. 22-9-2987, *RTJ* 123/547).

Sobre fundamentos e funções da pena, consultar: Francesco Carrara, *Programa de derecho criminal*; parte general, Santa Fé de Bogotá, Colômbia, 1996, v. II, p. 67; Claus Roxin, *Problemas fundamentais de Direito Penal*, Lisboa, Veja, 1986; Jorge de Figueiredo Dias, *Liberdade, culpa, Direito Penal*, 3. ed., Coimbra, Coimbra Editora, 1995; Heiko H. Lesch, *La función de la pena*, Madrid, Dykinson, 1999.

➥ Circunstâncias agravantes

Nos precisos termos do art. 298 do Código de Trânsito Brasileiro, são circunstâncias que sempre agravam as penalidades dos crimes de trânsito, ter o condutor do veículo cometido a infração:

I – com dano potencial para duas ou mais pessoas ou com grande risco de grave dano patrimonial a terceiros;

II – utilizando o veículo sem placas, com placas falsas ou adulteradas;

III – sem possuir Permissão para Dirigir ou Carteira de Habilitação;

IV – com Permissão para Dirigir ou Carteira de Habilitação de categoria diferente da do veículo;

V – quando a sua profissão ou atividade exigir cuidados especiais com o transporte de passageiros ou de carga;

VI – utilizando veículo em que tenham sido adulterados equipamentos ou características que afetem a sua segurança ou o seu funcionamento de acordo com os limites de velocidade prescritos nas especificações do fabricante;

VII – sobre faixa de trânsito temporária ou permanentemente destinada a pedestres.

↪ Agravantes genéricas previstas no Código Penal

Não são aplicáveis aos crimes culposos.

"Tratando-se de delito culposo, em que a vítima é cônjuge do agente, não se aplica a circunstância agravante do art. 61, II, *e*, do CP, na fixação da pena" (*RJDTACrim* 25/73).

"Em sede de homicídio culposo não se pode aplicar a agravante genérica do art. 61, II, *g*, do CP, pois a previsão contida no referido artigo somente tem incidência nos crimes dolosos" (TARJ, EInfrs. na Ap. 58.780, 1º Gr. Câm., rel. Juiz Sérvio Túlio Vieira, j. 15-5-1997, *DORJ* de 8-10-1997, *RT* 750/717).

"Aplica-se a agravante prevista na letra *h* do inc. II do art. 61 do CP, apenas quanto aos delitos dolosos, não incidindo sobre os culposos, onde o resultado é involuntário, conforme precedentes jurisprudenciais" (TJRN, ApCrim 2006.007169-8, CCrim, rela. Desa. Judite Nunes, j. 13-3-2007, *RT* 861/673).

↪ Súmula 231 do STJ

"A incidência da circunstância atenuante não pode conduzir à redução da pena abaixo do mínimo legal".

"'Fixada a pena em seu mínimo legal, descabe reduzi-la aquém do mínimo, mesmo em face da existência de circunstância atenuante. Aplicação da Súmula 231/STJ' (REsp 225.726/SP, 5ª T., rel. Min. Gilson Dipp, v.u., j. 11-9-2001 – *DJU* 15-10-2001)" (TJSP, Ap. 0002664-79.2011.8.26.0111, 9ª CCrim, rel. Des. Sérgio Coelho, j. 30-4-2015).

"'Ao contrário das causas especiais de diminuição da pena, as atenuantes genéricas não podem reduzi-la aquém do mínimo legal' (STF, HC 77.912/RS, rel. Min. Sepúlveda Pertence, j. 17-11-1998). Na mesma direção: HC 87.263/MS, rel. Min. Ricardo Lewandowski, j. 9-5-2006; HC 82.483/SP, rel. Min. Maurício Corrêa, j. 12-11-2002, entre inúmeros outros" (TJSP, Ap. 0002228-11.2014.8.26.0566, 14ª CCrim, rel. Des. Fernando Torres Garcia, j. 26-2-2015).

↪ Regime de pena

A pena de *detenção* pode ser cumprida em regime aberto ou semiaberto (*RJTACrim* 65/53), conforme resultar da incidência das norteadoras dos arts. 33 e 59 do Código Penal.

Sobre execução de pena, consultar: Renato Marcão, *Curso de execução penal*, 15. ed., São Paulo, Saraiva, 2017; e *Lei de Execução Penal anotada*, 6. ed., São Paulo, Saraiva, 2017.

➥ Regime semiaberto

"Diante de circunstâncias judiciais desfavoráveis, impõe-se a fixação de regime mais severo, bem como o indeferimento do benefício da substituição da pena" (TJMG, ApCrim 1.0024.04.495047-5/001, 4ª CCrim, rel. Des. Walter Pinto da Rocha, j. 31-10-2007).

"Em se tratando de homicídio culposo decorrente de atropelamento, no qual fica evidenciado grau anormal de imprudência, negligência ou imperícia, o regime semiaberto é o único condizente com o princípio da necessidade e suficiência, pois não é com indulgência que se há de prevenir e reprovar satisfatoriamente a conduta descautelosa de motorista, nem se há de retirar o Brasil da infamante condição de líder mundial nas estatísticas sobre fatos do gênero" (*RJDTACrim* 41/188).

➥ Pena restritiva de direito

Observadas as regras do art. 44 do Código Penal, admite-se a substituição da pena privativa de liberdade por restritiva de direitos.

"Sendo imposta pena superior a um ano, obrigatória a substituição ou por uma restritiva e multa ou por duas restritivas de direitos" (TJRS, ApCrim 70013393038, 3ª CCrim, rel. Des. José Antonio Hirt Preiss, j. 12-1-2006, *RT* 848/643).

"Nos crimes culposos, pela regra do art. 44, I, do Código Penal, seja qual for a pena aplicada, cabível será a substituição da pena privativa de liberdade por restritiva de direitos, desde que atendidas as demais exigências legais de ordem subjetiva" (TJMG, ApCrim 279.279-4/00, 2ª CCrim, rel. Des. Herculano Rodrigues, *DJMG* de 26-04-2003, *Revista Jurídica* n. 307, p. 166).

"Embora o art. 302 da Lei 9.503/97 não preveja a aplicação da pena de multa, o juízo sentenciante ao proceder a substituição da pena privativa de liberdade pela restritiva de direitos e multa, agiu de forma acertada, com fulcro no art. 44, § 2º, do CP" (TJPE, ApCrim 95.790-6, 2ª Câm., rela. Desa. Helena Caúla Reis, j. 2-3-2005, *DJPE* de 18-3-2005, *RT* 837/657).

"A pena restritiva de direitos é substitutiva e deve ser cumprida pelo mesmo prazo da privativa de liberdade" (TJRS, ApCrim 70008903841, 3ª CCrim, rel. Des. Danúbio Edon Franco, j. 5-8-2004).

"Sendo culposo o delito cometido e preenchidos os requisitos insculpidos no art. 44, do Código Penal, a substituição da pena privativa de liberdade por outras restritivas de direitos é medida que se impõe" (TJMG, ApCrim 1.0372.04.008035-3/001, 5ª CCrim, rel. Des. Hélcio Valentim, j. 13-3-2007).

No mesmo sentido: TJSP, ApCrim 1.015.677.3/6, 5ª CCrim, rel. Des. Carlos Biasotti, j. 18-10-2007, *Boletim de Jurisprudência* n. 136; TACrimSP, Ap. 1.325.039/5, 15ª Câm., rel. Juiz Fernando Matallo, j. 13-2-2003, *RJTACrim* 64/106; TACrimSP, Ap. 1.345.019/1, 4ª Câm., rel. Juiz Devienne Ferraz, j. 3-6-2003, *RJTACrim* 65/53.

Sobre penas restritivas de direitos, consultar: René Ariel Dotti, Miguel Reale Júnior, Francisco de Assis Toledo, Sérgio Salomão Shecaira, David Teixeira de Azevedo e Maurício Antonio Ribeiro Lopes, *Penas restritivas de direitos*, São Paulo, Revista dos Tribunais, 1999.

O art. 2º da Lei n. 13.281/2016, entre outras providências, acrescentou dispositivo novo ao Código de Trânsito Brasileiro, nos seguintes termos: "Art. 312-A. Para os crimes relacionados nos arts. 302 a 312 deste Código, nas situações em que o juiz aplicar a substituição de pena privativa de liberdade por pena restritiva de direitos, esta deverá ser de prestação de serviço à comunidade ou a entidades públicas, em uma das seguintes atividades: I – trabalho, aos fins de semana, em equipes de resgate dos corpos de bombeiros e em outras unidades móveis especializadas no atendimento a vítimas de trânsito; II – trabalho em unidades de pronto-socorro de hospitais da rede pública que recebem vítimas de acidente de trânsito e politraumatizados; III – trabalho em clínicas ou instituições especializadas na recuperação de acidentados de trânsito; IV – outras atividades relacionadas ao resgate, atendimento e recuperação de vítimas de acidentes de trânsito.

As repercussões do dispositivo transcrito estão analisadas no local próprio, observada a metodologia adotada nesta obra.

➥ Art. 302, § 1º, I, do Código de Trânsito Brasileiro

A Lei n. 12.971/2014 transformou o anterior parágrafo único do art. 302 em § 1º, daí as referências nas ementas que seguem se encontrarem conforme a redação antiga. Onde se lê parágrafo único, leia-se, portanto, § 1º.

"A pena não pode ser agravada só porque, embora habilitado, o réu não portava o documento na hora do fato delitivo" (TJMT, ApCrim 44575/2005, 2ª Câm., rel. Des. Manoel Ornellas de Almeida, j. 8-3-2006, *RT* 850/618).

"Estando o réu, no momento dos fatos, inabilitado para conduzir veículo automotor, imperioso a incidência da causa especial de aumento, prevista no art. 302, parágrafo único, inciso I da Lei Federal n. 9.503/97" (TJMG, ApCrim 1.0388.10.000206-1/001, 6ª CCrim, rel. Des. Jaubert Carneiro Jaques, j. 19-11-2013).

"Incorre nas penas do art. 302, parágrafo único, I, II e III, da Lei n. 9.503/97, o motorista inabilitado que, dirigindo em alta velocidade e após ultrapassar sinal semafórico vermelho, atropela e mata a vítima, a qual atravessava a faixa de pedestres, evadindo-se do local para fugir à responsabilidade penal ou civil que lhe podia ser carreada" (*RJTACrim* 59/87).

No mesmo sentido: TJRS, ApCrim 70002497220, 1ª Câm., rel. Des. Ranolfo Vieira, *DOERS* de 26-3-2002, *Revista IOB de Direito Penal e Processual Penal* n. 14, p. 122; *RJTACrim* 56/123.

➥ Art. 302, § 1º, II, do Código de Trânsito Brasileiro

A Lei n. 12.971/2014 transformou o anterior parágrafo único do art. 302 em § 1º, daí as referências nas ementas que seguem se encontrarem conforme a redação antiga. Onde se lê parágrafo único, leia-se, portanto, § 1º.

"O objetivo da lei, ao apenar de modo mais grave o agente, quando este, na direção de veículo automotor, ofende, culposamente, a incolumidade do indivíduo, é o de proteger o pedestre que ocupa local de seu exclusivo uso, como os passeios públicos ou calçadas, ou quando atravessa a via pública, em locais sinalizados em que ele tem a preferência de passagem, nas denominadas "faixas de pedestres" ou "faixas de segurança" (TJRS, ApCrim 70003976586, 1ª CCrim, rel. Des. Ranolfo Vieira, j. 4-12-2002).

"Incorre nas penas do art. 302, parágrafo único, I, II e III, da Lei n. 9.503/97, o motorista inabilitado que, dirigindo em alta velocidade e após ultrapassar sinal semafórico vermelho, atropela e mata a vítima, a qual atravessava a faixa de pedestres, evadindo-se do local para fugir à responsabilidade penal ou civil que lhe podia ser carreada" (*RJTACrim* 59/87).

"É de se repelir a arguição de inconstitucionalidade do inciso II, do parágrafo único, do art. 302, do Código de Trânsito Brasileiro, pois a ação tipificada pela lei refere-se a crime de perigo abstrato que se materializa e se completa com a ocorrência efetiva do dano, qual seja o de atingir e matar a vítima na faixa de pedestres ou na calçada por ato decorrente de culpa *stricto sensu*, como no caso em comento. Não se vislumbra neste dispositivo legal qualquer incompatibilidade com o princípio da responsabilidade pessoal previsto na Constituição Federal, pois aqui o que se agrava é a pena de quem violando de forma culposa as regras mais comezinhas de trânsito logra atingir pedestre que está postado em área que lhe é privativa, deixando assim de prever ato que estava passível de ser registrado em sua cadeia de previsibilidade" (TJDF, ApCrim 1999.04.1.000806-7, (Ac. 123.663), 1ª T., rel. Des. P. A. Rosa de Farias, *DJU* de 12-4-2000, *Revista IOB de Direito Penal e Processual Penal* n. 1, p. 140).

"Tendo as vítimas sido colhidas enquanto sentadas sobre o meio-fio, é de rigor a incidência das majorantes do inciso II, parágrafo único do art. 302 e do parágrafo único do art. 303, ambos do Código de Trânsito Brasileiro, haja vista que o meio-fio é parte integrante da calçada, até mesmo por definição legal" (TJMG, ApCrim 1.0024.03.939823-5/001, 5ª CCrim, rel. Des. Hélcio Valentim, *DJMG* de 24-11-2006, *Revista IOB de Direito Penal e Processual Penal* n. 42, p. 161).

"Pratica o crime de homicídio culposo o motorista que, agindo com imprudência e imperícia, em via de intenso movimento e sem tomar as devidas cautelas, atropela vítima levando-a à morte, devendo, em razão das circunstâncias que ocorreram o crime, ser aplicadas as causas de aumento de pena previstas nos incisos II, III e IV do par. ún. do art. 302 da Lei 9.503/97, uma vez que o acidente ocorreu na faixa de pedestre, o veículo se destinava ao transporte de passageiros e o réu estava no exercício de sua profissão, além de deixar o local sem prestar socorro à vítima" (TJSP, Ap. 1429035/2-00, 11ª CCrim-A, rel. Des. Alexandre C. S. de Almeida, j. 24-6-2005, *RT* 842/545).

➥ Art. 302, § 1º, III, do Código de Trânsito Brasileiro

A Lei n. 12.971/2014 transformou o anterior parágrafo único do art. 302 em § 1º, daí as referências nas ementas que seguem se encontrarem conforme a redação antiga. Onde se lê parágrafo único, leia-se, portanto, § 1º.

"A norma contida no inciso III, do parágrafo único, do art. 302, do Código de Trânsito Brasileiro impõe um dever de solidariedade no sentido de socorrer prontamente a vítima, sendo culpado ou não o condutor pelo atropelamento, não lhe competindo levantar suposições acerca das condições físicas daquela para o fim de deixar de lhe prestar a devida assistência. Precedentes" (STJ, RHC 34.096/RJ, 5ª T., rel. Min. Moura Ribeiro, j. 6-5-2014, *DJe* de 13-5-2014).

"'Irrelevante o fato de a vítima ter falecido imediatamente, tendo em vista que não cabe ao condutor do veículo, no instante do acidente, supor que a gravidade das lesões resultou na morte para deixar de prestar o devido socorro' (AgRg no Ag n. 1.140.929/MG, rel. Ministra Laurita Vaz)" (STJ, AgRg no Ag 1.371.062/SC, 6ª T., rel. Min. Og Fernandes, j. 18-10-2011, *DJe* de 3-11-2011).

"Ocorrente, na espécie, omissão do socorro (art. 302, parágrafo único, inciso III, do Código Nacional de Trânsito), a pena poderá ser majorada de 1/3 (um terço)" (STJ, APn 2001/0082589-6, Corte Especial, rel. Min. Garcia Vieira, j. 5-9-2001, *DJ* de 14-4-2003, p. 167).

"Há omissão de socorro se o motorista não para seu veículo para constatar o resultado do atropelamento que causou e tentar minorar-lhe as consequências" (TJMG, ApCrim 1.0378.02.008421-6/001, 4ª CCrim, rel. Des. Ediwal José de Morais, j. 21-3-2007).

"A majorante prevista no inciso III, parágrafo único, do art. 302 do Código de Trânsito Brasileiro, não pode ser afastada, em caso de morte instantânea das vítimas, visto o objetivo do legislador ser a punição do condutor que trata a vítima com indiferença" (TJRS, ApCrim 70012414629, 1ª CCrim, rel. Des. Manuel José Martinez Lucas, j. 24-5-2006).

"A justa causa para que o agente possa deixar de prestar socorro às vítimas seria a existência de um obstáculo grave e sério que efetivamente o impedisse de dar assistência pela possibilidade de sofrer risco pessoal, sendo que, mesmo neste caso, o condutor do veículo deve solicitar auxílio à autoridade pública, pois caso contrário terá omitido socorro" (TJMG, ApCrim 1.0278.05.931585-5/001, 5ª CCrim, rel. Des. Vieira de Brito, j. 29-6-2006).

"Em se tratando de homicídio culposo, caracteriza a omissão de socorro a conduta do acusado que atropela a vítima e em seguida foge, não prestando devido auxílio, sendo irrelevante a presença de outras pessoas no local, pois a majorante depende do comportamento do réu e não do ato eventual de terceiro" (*RJTACrim* 42/147).

"Incorre nas penas do art. 302, parágrafo único, I, II e III, da Lei n. 9.503/97, o motorista inabilitado que, dirigindo em alta velocidade e após ultrapassar sinal semafórico vermelho, atropela e mata a vítima, a qual atravessava a faixa de pedestres, evadindo-se do local para fugir à responsabilidade penal ou civil que lhe podia ser carreada" (*RJTACrim* 59/87).

"Aplicável a causa de aumento prevista no inciso III, parágrafo único, do art. 302 do Código de Trânsito Brasileiro, omissão de socorro, porquanto o réu demonstrou falta de solidariedade com relação à vítima, tentando fugir do local, o que somente não aconteceu em face da interceptação dos policiais rodoviários, sendo a vítima socorrida por outras pessoas" (TJRS, ApCrim 70019964410, 3ª CCrim, rel. Des. José Antônio Hirt Preiss, j. 9-8-2007).

"Incorre nas penas previstas nos arts. 302, parágrafo único, III, e 303, parágrafo único, da Lei n. 9.503/97, o motorista que, sem a atenção e os cuidados indispensáveis à segurança do trânsito, imprimindo velocidade acima de 150Km/h, colide contra a traseira do veículo que estava à sua frente, o qual é arremessado num barranco, causando a morte de dois de seus ocupantes e lesões corporais em outro passageiro, evadindo-se sem prestar socorro às vítimas. Agiu, assim, com imprudência, pois não deteve a marcha de seu veículo ou não conseguiu manobrá-lo antes de bater na retaguarda de outro automóvel" (TACrimSP, Ap. 1.389.913/2, 5ª Câm., rel. Juiz Penteado Navarro, j. 9-8-2004, *Revista Jurídica* n. 329, p. 169).

"Em homicídio culposo decorrente de acidente de trânsito, incide a majorante da omissão de socorro na conduta do motorista que, ainda que tenha sofrido ligeiras escoriações, tinha possibilidade de prestar socorro à vítima do atropelamento causado por ele, no carro de amigos, da mesma maneira que procedeu com seus companheiros que se encontravam no interior do automóvel acidentado" (TJBA, ApCrim 3.492-0/2005, 2ª Câm., rela. Desa. Maria das Graças Bispo dos Santos, j. 12-1-2006, *RT* 849/851).

"Se o agente evadiu-se do local dos fatos, sem prestar socorro à vítima do atropelamento, quando seria possível fazê-lo sem risco pessoal, correta a incidência da causa especial de aumento de pena prevista no inc. III do parágrafo único do art. 302 do Código de Trânsito Brasileiro" (TJMG, ApCrim 1.0024.06.071279-1/001, 2ª CCrim, rel. Des. Beatriz Pinheiro Caires, j. 1º-11-2007).

"Ocorrente, na espécie, omissão do socorro (art. 302, parágrafo único, III, do Código de Trânsito Brasileiro), a pena poderá ser majorada de 1/3 (um terço)" (STJ, APn 189/RS, Corte Especial, rel. Min. Garcia Vieira, *DJU* de 14-4-2003, *Revista IOB de Direito Penal e Processual Penal* n. 20, p. 146).

No mesmo sentido: TJMG, ApCrim 1.0287.04.019273-7/001, 4ª CCrim, rel. Des. Ediwal José de Morais, j. 16-1-2008; TJMG, ApCrim 1.0024.02.749613-2/001, 4ª CCrim, rel. Des. Ediwal José de Morais, j. 9-5-2007.

↪ Art. 302, § 1º, IV, do Código de Trânsito Brasileiro

A Lei n. 12.971/2014 transformou o anterior parágrafo único do art. 302 em § 1º, daí as referências nas ementas que seguem se encontrarem conforme a redação antiga. Onde se lê parágrafo único, leia-se, portanto, § 1º.

Noção

"Segundo o disposto no inciso IV, do parágrafo único, do art. 302, o fato de ser o infrator motorista profissional, ao invés de se constituir como uma regalia, afigura-se como causa de aumento de pena, uma vez que, segundo Damásio Evangelista de Jesus, 'nessa hipótese é maior o cuidado objetivo necessário, mostrando-se mais grave o seu descumprimento' (*in* Crimes de Trânsito, 5ª edição, 2002, p. 91)" (STJ, REsp 685084/RS, 5ª T., rela. Mina. Laurita Vaz, j. 1º-3-2005, *DJU* de 28-3-2005, p. 309).

"A causa de aumento prevista no art. 302, parágrafo único, IV, do CTB, para incidir, '[...] exige que se trate de motorista profissional, que esteja no exercício de seu mister e conduzindo veículo de transporte de passageiros, mas não refere à necessidade de estar transportando clientes no momento da colisão e não distingue entre veículos de grande ou pequeno porte [...]' (REsp 1.358.214/RS, rel. Ministro Campos Marques (Desembargador Convocado do TJ/PR), Quinta Turma, julgado em 9-4-2013, *DJe* 15-4-2013). Sob esse prisma, é possível concluir que a incidência da majorante também não se condiciona à presença de vítima dentro do veículo conduzido pelo motorista profissional no instante da consumação delitiva" (STJ, AgRg no AREsp 591.446/SC, 5ª T., rel. Min. Reynaldo Soares da Fonseca, j. 23-2-2016, *DJe* de 29-2-2016).

***Ambulância*. Inviabilidade da causa de aumento de pena**

"Ambulância não se ajusta ao conceito de veículo de transporte de passageiros, pois visa prestar, proeminentemente, um serviço de socorro, de assistência. A atividade fim do serviço prestado por intermédio de ambulância não é de transporte, na verdadeira acepção da palavra, mas de socorro. Ainda que se possa pensar na especial obrigação de cautela com que se deve portar o motorista de ambulância, ao transportar doentes ou feridos, maior, talvez, do que a do motorista que transporta passageiros, pessoas sãs, não é possível ampliar o alcance da lei em prejuízo do acusado" (TJRS, ApCrim 70016723736, 1ª CCrim, rel. Des. Ranolfo Vieira, j. 11-10-2006).

Ônibus

"Deve ser condenado por homicídio culposo disposto no art. 302, par. ún., IV, da Lei 9.503/97 motorista profissional que age com imprudência ao não observar as cautelas necessárias para ultrapassagem, fazendo-a em local proibido, o que causou a colisão com o carro que vinha em sentido contrário, provocando a morte de uma adolescente" (*RT* 826/608).

"A inobservância do cuidado objetivo no conduzir coletivo, a este dando partida com a porta traseira aberta, quando o passageiro ainda se encontrava nos degraus, caracteriza a negligência versada no art. 18, II, do CP. Culpa devidamente comprovada, descabendo a absolvição pleiteada, com fulcro na fragilidade da prova. Infringência do art. 302, parágrafo único, IV, da L. 9.503/97" (TJRJ. ApCrim 4313/02-50, 8ª CCrim, rel. Des. Sérvio Tulio Vieira, *DORJ* de 6-8-2003, *Revista IOB de Direito Penal e Processual Penal* n. 24, p. 146).

No mesmo sentido: *RJTACrim* 65/53.

Perua escolar

"Pratica o crime do art. 302, parágrafo único, IV, da Lei n. 9.503/97 o motorista de perua escolar que, agindo com negligência, ao deixar de exigir que as crianças que transporta façam uso do cinto de segurança, provoca a morte de uma delas ao interceptar a trajetória de outro veículo, em cruzamento" (TACrimSP, ApCrim 1.369.851/5, 12ª Câm., rel. Juiz Barbosa de Almeida, j. 19-4-2004, *Revista Jurídica* n. 325, p. 169).

→ Multa reparatória

CÓDIGO DE TRÂNSITO BRASILEIRO:

Art. 297. A penalidade de multa reparatória consiste no pagamento, mediante depósito judicial em favor da vítima, ou seus sucessores, de quantia calculada com base no disposto no § 1º do art. 49 do Código Penal, sempre que houver prejuízo material resultante do crime.

§ 1º A multa reparatória não poderá ser superior ao valor do prejuízo demonstrado no processo.

§ 2º Aplica-se à multa reparatória o disposto nos arts. 50 a 52 do Código Penal.

§ 3º Na indenização civil do dano, o valor da multa reparatória será descontado.

➥ Prestação pecuniária: destinação

"Nos termos do art. 45, parágrafo 1º, do Código Penal, os valores pagos aos ofendidos serão deduzidos de eventual condenação em ação de reparação civil" (TJSP, ApCrim 922.594-3/3, 9ª Câm. do 5º Gr. Crim., rel. Des. Roberto Midolla, j. 28-3-2007, *Boletim de Jurisprudência* n. 130).

"A pena de prestação pecuniária se dirige aos dependentes das vítimas, nos termos do art. 45, § 1º, do Código Penal, se da prática delitiva decorreu o óbito das mesmas" (TJMG, ApCrim 1.0188.98.006375-7/001, 5ª CCrim, rel. Des. Pedro Vergara, j. 12-2-2008).

➥ Prestação pecuniária: fixação do *quantum*

"A prestação pecuniária deve ser proporcional à capacidade econômica do réu, em consonância com o princípio da razoabilidade" (TJAC, ApCrim 2006.002656-9, CCrim, rel. Des. Francisco Praça, j. 15-2-2007, *RT* 863/617).

No mesmo sentido: TJMG, ApCrim 1.0372.04.010914-5/001, 4ª CCrim, rel. Des. Delmival de Almeida Campos, j. 26-9-2007; TJRS, ApCrim 70008903841, 3ª CCrim, rel. Des. Danúbio Edon Franco, j. 5-8-2004.

➥ Multa reparatória e prestação pecuniária

Em se tratando de condenação pela prática de homicídio culposo na direção de veículo automotor, é possível a aplicação da multa reparatória prevista no art. 297 do Código de Trânsito Brasileiro e a substituição da pena privativa de liberdade por prestação pecuniária, resultando a condenação final em prestação pecuniária e multa reparatória.

"Havendo prejuízo material resultante da prática de crime previsto no Código de Trânsito brasileiro, mostra-se cabível a aplicação da multa reparatória prevista no art. 297 da Lei n. 9.503/1997. Não há qualquer incompatibilidade na aplicação cumulativa da multa reparatória e da prestação pecuniária como substitutiva da pena privativa de liberdade" (STJ, REsp 736.784/SC, (2005/0044488-0), 5ª T., rel. Min. Felix Fischer, *DJU* de 13-3-2006, *Revista IOB de Direito Penal e Processual Penal* n. 38, p. 198).

Concurso de crimes: individualização das penas

"Em se tratando de concurso de crimes, indispensável que se examine e fixe, primeiramente, a pena relativa a cada um dos delitos, para só então aplicar o respectivo aumento à pena. Isso decorre do princípio da individualização das penas, art. 5º, XLVI, da Carta de 1988 e art. 70 do CP, além de ser necessário para fins de análise da extinção da punibilidade de cada um dos crimes, art. 119 do CP" (TJMG, ApCrim 1.0386.04.000962-6/001, 5ª CCrim, rela. Desa. Maria Celeste Porto, j. 15-1-2007).

Concurso formal

Havendo concurso formal, o número de vítimas também deve ser levado em conta por ocasião da dosimetria da pena, "em obediência ao princípio da proporcionalidade" (TJMG, ApCrim 1.0024.01.046118-4/001, 4ª CCrim, rel. Des. Walter Pinto da Rocha, j. 9-1-2008).

"É questão pacífica, quer na doutrina, quer na jurisprudência, que em casos de delitos culposos, havendo pluralidade de vítimas, em um único contexto, é de ser invocada a regra do concurso formal, devendo o acréscimo ser feito de acordo com o número de ofendidos" (*RJDTACrim* 1/115).

"No caso de homicídio culposo praticado em concurso formal, sendo várias as vítimas, a pena deve ser estabelecida segundo a culpabilidade revelada pelo réu em consonância com a censura e a reprovação que sua conduta merecer, atentando-se, ainda, à gravidade das consequências causadas no aspecto individual e coletivo, ante o número de vítimas" (*RJDTACrim* 4/105).

No mesmo sentido: TJDF, ApCrim 1998.01.1.055199-3, 2ª T., rel. Des. George Lopes Leite, *DJU* de 3-10-2001, *Revista IOB de Direito Penal e Processual Penal* n. 11, p. 88; TJRN, ApCrim 2006.007169-8, CCrim, rela. Desa. Judite Nunes, j. 13-3-2007, *RT* 861/673.

Concurso formal: prescrição

"Na hipótese de concurso formal, a punibilidade se extingue pela pena fixada para cada crime, isoladamente, nos termos do art. 119, do CP" (TJMG, ApCrim 1.0261.01.006136-2/002, 4ª CCrim, rel. Des. Walter Pinto da Rocha, j. 12-9-2007).

No mesmo sentido: TJMG, ApCrim 1.0261.01.006136-2/002, 4ª CCrim, rel. Des. Walter Pinto da Rocha, j. 12-9-2007.

Confissão: atenuante genérica

"Tendo o réu confessado a prática delitiva, impõe-se o reconhecimento da circunstância atenuante da confissão espontânea" (TJMG, ApCrim 1.0024.06.071279-1/001, 2ª CCrim, rela. Desa. Beatriz Pinheiro Caires, j. 1º-11-2007).

"'Fixada a pena em seu mínimo legal, descabe reduzi-la aquém do mínimo, mesmo em face da existência de circunstância atenuante. Aplicação da Súmula 231/STJ' (REsp 225.726/SP, 5ª T., rel. Min. Gilson Dipp, v.u., j. 11-9-2001 – *DJU* 15-10-2001)" (TJSP, Ap. 0002664-79.2011.8.26.0111, 9ª CCrim, rel. Des. Sérgio Coelho, j. 30-4-2015).

"'Ao contrário das causas especiais de diminuição da pena, as atenuantes genéricas não podem reduzi-la aquém do mínimo legal' (STF, HC 77.912/RS, rel. Min. Sepúlveda Pertence, j. 17-11-1998). Na mesma direção: HC 87.263/MS, rel. Min. Ricardo Lewandowski, j. 9-5-2006; HC 82.483/SP, rel. Min. Maurício Corrêa, j. 12-11-2002, entre inúmeros outros" (TJSP, Ap. 0002228-11.2014.8.26.0566, 14ª CCrim, rel. Des. Fernando Torres Garcia, j. 26-2-2015).

Súmula 231 do STJ: "A incidência da circunstância atenuante não pode conduzir à redução da pena abaixo do mínimo legal".

Suspensão ou Proibição de se Obter a Permissão ou a Habilitação para Dirigir Veículo Automotor

→ Noção

"A pena de suspensão da habilitação para conduzir veículo automotor encontra-se prevista no Código de Trânsito Brasileiro como sanção principal e cumulativa, restando ao magistrado, apenas, aplicá-la, dentro dos limites estabelecidos pelo art. 293 do Diploma" (TJRS, ApCrim 70013393038, 3ª Câm., rel. Des. José Antônio Hirt Preiss, j. 12-1-2006, *RT* 848/643-644).

No mesmo sentido: TJRS, ApCrim 70019964410, 3ª CCrim, rel. Des. José Antônio Hirt Preiss, j. 9-8-2007.

→ Culpabilidade

"A fixação da pena restritiva de direitos prevista no art. 302 do Código de Trânsito Brasileiro – suspensão ou proibição de se obter a permissão ou a habilitação para dirigir veículo automotor – deve ser fundamentada em dados concretos, em eventuais circunstâncias desfavoráveis do art. 59 do CP – que não a própria gravidade do delito – e demais circunstâncias a ela relativas" (STJ, REsp 489.739, SP, 5ª T., rel. Min. Gilson Dipp, *DJU* de 25-8-2003, *Revista IOB de Direito Penal e Processual Penal* n. 22, p. 149).

"Ausente no Código de Trânsito Brasileiro método para dosar o prazo da suspensão da habilitação, havemos de nos remeter aos critérios impostos pelo art. 59 do Código Penal, pois, sendo penalidade principal, cominada pelo preceito secundário do tipo penal, deve obedecer à mesma proporção encontrada na sanção privativa de liberdade aplicada" (TJMG, EInfrs. 1.0621.02.001804-3/003, 4ª CCrim, rel. Des. Walter Pinto da Rocha, j. 27-6-2007).

"A fixação da pena de suspensão para direção de veículo automotor, à semelhança do que ocorre com a pena corporal, deve obedecer aos critérios previstos nos arts. 59 e 68 do Código Penal, guardando, assim, paridade com a pena privativa de liberdade imposta" (TJMG, ApCrim 1.0183.04.066889-3/001, 5ª CCrim, rel. Des. Antônio Armando dos Anjos, j. 3-7-2007).

"Suspensão da carteira de habilitação – pena acessória que deve ser fixada segundo os critérios dos arts. 59 e 68 do CP" (TJPE, ApCrim 95.790-6, 2ª Câm., rela Desa. Helena Caúla Reis, j. 2-3-2005, *DJPE* de 18-3-2005, *RT* 837/657).

"A suspensão da permissão para dirigir veículo automotor, de que trata o Código de Trânsito Nacional, é penalidade e, portanto, a sua fixação deve ajustar-se ao comando dos arts. 59 e 68 do CP" (TJPB, ApCrim 031.1999.000363-9/001, CCrim, rel. Des. Raphael Carneiro Arnaud, j. 13-12-2005, *DJPB* de 11-1-2006, *RT* 851/605).

"A pena de suspensão do direito de dirigir veículo automotor deve ser fixada de acordo com o art. 68 do CP, nos termos do art. 291 do Código de Trânsito Brasileiro" (TJSC, ApCrim 2003.019183-6, 1ª Câm., rel. Des. Amaral e Silva, j. 16-11-2004, *RT* 838/666).

"Correta a fixação da pena acima do mínimo legal, quando a culpabilidade é circunstância judicial desfavorável ao acusado" (TJRS, ApCrim 70003127685, 3ª CCrim, rel. Des. Saulo Brum Leal, j. 27-9-2001, *Revista Jurídica* n. 290, p. 139).

No mesmo sentido: STJ, REsp 824.234/DF, 5ª T., rel. Min. Laurita Vaz, j. 17-8-2006, *DJ* de 2-10-2006, p. 311; TJSP, ApCrim 922.594-3/3, 9ª Câm. do 5º Gr. Crim., rel. Des. Roberto Midolla, j. 28-3-2007, *Boletim de Jurisprudência* n. 130; TJMG, ApCrim 1.0453.03.001015-2/001, 3ª CCrim, rel. Des. Antônio Armando dos Anjos, j. 22-1-2008; TJMG, ApCrim 1.0024.02.749613-2/001, 4ª CCrim, rel. Des. Ediwal José de Morais, j. 9-5-2007; TJPB, ApCrim 098.2004.001410-6/001, CCrim, rel. Des. Leôncio Teixeira Câmara, j. 27-2-2007, *DJPB* de 2-3-2007, *RT* 861/654-655; TJMG, ApCrim 2.0000.00.489971-2/000, 5ª CCrim, rel. Des. Antônio Armando dos Anjos, j. 18-12-2006; TJRS, ApCrim 70009509704, 2ª CCrim, rel. Des. Marco Aurélio de Oliveira Canosa, j. 30-11-2006.

➥ Proporcionalidade com a pena privativa de liberdade

"O prazo de duração da suspensão para habilitação, penalidade cumulada à pena privativa de liberdade aplicada em decorrência da prática de homicídio culposo na direção de veículo automotor, deve ser proporcional ao grau de censura devido ao agente e à gravidade do fato típico, em concreto" (STJ, AgRg no REsp 1.417.545/RS, 5ª T., rel. Min. Joel Ilan Paciornik, j. 26-4-2016, *DJe* de 6-5-2016).

"A pena de suspensão de habilitação para dirigir veículo automotor deve guardar proporcionalidade com a pena corporal" (STJ, REsp 657.719/RS, 5ª T., rel. Min. Felix Fischer, *DJU* de 14-2-2005, *Revista IOB de Direito Penal e Processual Penal* n. 31, p. 141).

"Em respeito ao princípio da proporcionalidade, reconhecidas como favoráveis as circunstâncias do art. 59 do Código Penal, tanto que a pena pelo crime de homicídio culposo na direção de veículo automotor foi fixada no piso legal, a pena de suspensão de habilitação para dirigir veículo automotor deve, também, ser fixada em seu mínimo" (STJ, REsp 824234/DF, 5ª T., rel. Min. Laurita Vaz, j. 17-8-2006, *DJ* de 2-10-2006, p. 311).

"Fixada a pena privativa de liberdade no mínimo cominado, deve a penalidade de suspensão ou de proibição de se obter a permissão ou a habilitação para dirigir veículo automotor também ser estabelecida no mínimo previsto no art. 293 da Lei n. 9.503/97" (TJMG, ApCrim 1.0684.06.999997-8/001, 4ª CCrim, rel. Des. William Silvestrini, j. 11-7-2007).

"O prazo da pena acessória de suspensão da carteira de habilitação deve guardar proporcionalidade com a pena corporal" (TJMG, ApCrim 1.0110.03.001255-0/001, 5ª Câm., rela. Desa. Maria Celeste Porto, j. 12-12-2006, m.v., *DJMG* de 20-1-2007, *RT* 859/651).

"Tendo a pena corpórea se limitado ao mínimo legal, a pena de suspensão da habilitação para dirigir veículo também deve ser fixada no prazo mínimo previsto no art. 293 do Código de Trânsito Brasileiro, sob pena de mostrar-se desproporcional, afinal, para o julgador encontrar a justa medida temporal o critério a ser adotado é o da culpabilidade. Se a culpabilidade do réu se mostrou mínima a ponto de a pena corpórea se restringir ao mínimo legal, o mesmo critério deve ser adotado com relação à pena de suspensão da habilitação de dirigir, cujo prazo também deverá se restringir ao patamar mínimo" (TJRS, ApCrim 70016823676, 2ª CCrim, rela. Desa. Lúcia de Fátima Cerveira, j. 18-9-2007).

No mesmo sentido: STJ, AgRg no AREsp 182.068/PI, 5ª T., rel. Min. Ribeiro Dantas, j. 11-10-2016, *DJe* de 9-11-2016; TJSP, RevCrim 1.027.789.3/0, 6º Gr. de CCrim, rel. Des. Breno Guimarães, j. 23-5-2007, *Boletim de Jurisprudência* n. 131; TJMG, ApCrim 1.0342.03.036652-6/001, 5ª CCrim, rel. Des. Pedro Vergara, j. 12-2-2008; TJMG, ApCrim 1.0261.05.031664-3/001, 2ª CCrim, rel. Des. Hyparco Immesi, j. 22-11-2007; TJMG, ApCrim 1.0079.01.027155-3/001, 5ª CCrim, rel. Des. Hélcio Valentim, j. 31-7-2007; TJMG, ApCrim 1.0024.02.749613-2/001, 4ª CCrim, rel. Des. Ediwal José de Morais, j. 9-5-2007; TJMG, ApCrim 2.0000.00.480749-4/000(1), 5ª CCrim, rel. Des. Vieira de Brito, j. 26-4-2005.

➥ Necessidade de decisão fundamentada

"Fixada a pena de suspensão da habilitação para dirigir sem a necessária fundamentação exigida por lei, indispensável, de ofício, a redução para o mínimo legal" (TJGO, ApCrim 27472-5/213, 2ª Câm., rel. Des. Floriano Gomes, j. 6-10-2005, *RT* 844/617).

"Em delitos de trânsito, a pena de dois anos aplicada para a suspensão do direito de dirigir deve ser reduzida para evitar alegação de futura nulidade, se a sentença não motivou a quantidade fixada" (*RT* 833/560).

"A ausência de fundamentação na sentença quanto à fixação de prazo superior ao mínimo previsto no art. 293 redunda em sua redução para 02 meses" (TJRS, ApCrim 70012456273, 3ª CCrim, rel. Des. José Antônio Hirt Preiss, j. 8-9-2005).

No mesmo sentido: TJRS, ApCrim 70010455962, 3ª CCrim, rel. Des. José Antônio Hirt Preiss, j. 14-4-2005; TJRS, ApCrim 70004310900, 2ª CCrim, rel. Des. Walter Jobim Neto, j. 29-08-2002, *Revista Jurídica* n. 301, p. 139; TJRS, ApCrim 70003968518, 2ª CCrim, rel. Des. José Antônio Cidade Pitrez, j. 10-11-2005.

➥ Suspensão cautelar

Nos precisos termos do art. 294 do Código de Trânsito Brasileiro "em qualquer fase da investigação ou da ação penal, havendo necessidade para a garantia da ordem pública, poderá o juiz, como medida cautelar, de ofício, ou a requerimento do Ministério Público ou ainda mediante representação da autoridade policial, decretar, em decisão motivada, a suspensão da permissão ou da habilitação para dirigir veículo automotor, ou a proibição de sua obtenção". E arremata o parágrafo único: "Da decisão que decretar a suspensão ou a medida cautelar, ou da que indeferir o requerimento do Ministério Público, caberá recurso em sentido estrito, sem efeito suspensivo".

"A suspensão cautelar da habilitação para dirigir veículo automotor, prevista no art. 294 do Código de Trânsito Brasileiro, é permitida em qualquer fase da investigação ou do processo, a fim de que seja garantida a ordem pública, isto é, a segurança do trânsito" (TJRS, RSE 70004250619, 3ª CCrim, rel. Des. José Antônio Hirt Preiss, j. 27-6-2002, *Revista Jurídica* n. 299, p. 160).

Sobre a matéria, conferir excelente artigo da lavra de Jayme Walmer de Freitas, intitulado: "O juiz, o consumo de bebida alcoólica e os crimes de trânsito", *Revista da Escola Paulista da Magistratura*, n. 31, p. 127. Disponível na Internet: http://www.jurid.com.br.

➥ Cumulatividade

Nos precisos termos do art. 292 do CTB, com a redação da Lei n. 12.971/2014: "A suspensão ou a proibição de se obter a permissão ou a habilitação para dirigir veículo automotor pode ser imposta isolada ou cumulativamente com outras penalidades".

"A sanção penal estabelecida pelo art. 302, do Código de Trânsito Brasileiro, de suspender ou proibir a permissão ou a habilitação para dirigir veículo automotor, deve ser aplicada conjuntamente com a pena corporal, não sendo necessário a reincidência do réu. Inaplicabilidade do art. 296 da L. 9.503/97" (STJ, REsp 556.928-SP, 5ª T., rela. Mina. Laurita Vaz, *DJU* de 13-9-2004, *Revista IOB de Direito Penal e Processual Penal* n. 28, p. 134).

"A imposição da pena de suspensão do direito de dirigir é exigência legal, conforme previsto no art. 302 da Lei 9.503/97" (STJ, HC 66559/SP, 5ª T., rel. Min. Arnaldo Esteves Lima, j. 3-4-2007, *DJ* de 7-5-2007, p. 343).

"O STJ já se posicionou no sentido de se aplicar concomitantemente à pena corporal, a de suspensão ou proibição de se obter a permissão ou habilitação para dirigir veículo automotor" (TJPE, ApCrim 0128703-6, Segredo de Justiça, 1ª Câm., rel. Des. Rivadávia Brayner, j. 5-4-2006, *DJPE* de 19-4-2006, *RT* 852/652).

"A aplicação da pena de suspensão da carteira de habilitação não é mera faculdade do juiz, mas sanção penal cumulativa prevista no preceito secundário do tipo insculpido no art. 302 da Lei n. 9.503/97, pouco importando se o agente é motorista profissional ou amador" (TJMG, ApCrim 1.0461.08.054542-3/001, 4ª CCrim, rel. Des. Júlio Cezar Guttierrez, j. 6-11-2013).

"Nos termos do art. 302, do Código de Trânsito Brasileiro, é obrigatória a aplicação cumulativa de pena privativa de liberdade e de suspensão da CNH" (TJDF, ApCrim 2000.01.1.035007-4, (160465), 2ª T., rela. Desa. Eutalia Maciel Coutinho, *DJU* de 9-10-2002, *Revista IOB de Direito Penal e Processual Penal* n. 17, p. 133).

"O art. 302 do Código de Trânsito Brasileiro estabelece como sanção a pena privativa de liberdade e a suspensão da habilitação para dirigir. São previstas cumulativamente no tipo penal respectivo, razão pela qual não é permitido ao Juiz a aplicação de somente uma delas" (TJRS, ApCrim 70019115435, 3ª CCrim, rel. Des. José Antônio Hirt Preiss, j. 21-6-2007).

No mesmo sentido: TJSP, ApCrim 1.015.677.3/6, 5ª CCrim, rel. Des. Carlos Biasotti, j. 18-10-2007, *Boletim de Jurisprudência* n. 136; TJSP, RevCrim 1.027.789.3/0, 6º Gr. de CCrim, rel. Des. Breno Guimarães, j. 23-5-2007, *Boletim de Jurisprudência* n. 131; TJMG, ApCrim 1.0342.03.036652-6/001, 5ª CCrim, rel. Des. Pedro Vergara, j. 12-2-2008; TJMG, ApCrim 1.0079.01.027155-3/001, 5ª CCrim, rel. Des. Hélcio Valentim, j. 31-7-2007; TJMG, ApCrim 1.0518.01.002982-6/001, 1ª CCrim, rel. Des. Sérgio Braga, j. 29-5-2007; TJMG, ApCrim 2.0000.00.489971-2/000, 5ª CCrim, rel. Des. Antônio Armando dos Anjos, j. 18-12-2006; TJRS, ApCrim 70003968518, 2ª CCrim, rel. Des. José Antônio Cidade Pitrez, j. 10-11-2005; TJRS, ApCrim 70001546035, 3ª CCrim, rel. Des. Reinaldo

José Rammé, j. 8-3-2001, *Revista Jurídica* n. 290, p. 139; TJDF, ApCrim 1999.01.1.050322-8, (134.954), 1ª T., rel. Des. Natanael Caetano, *DJU* de 14-3-2001, *Revista IOB de Direito Penal e Processual Penal* n. 8, p. 150.

➥ Motorista profissional

É cabível

"O fato de o réu ser motorista profissional não o isenta de sofrer a imposição da pena de suspensão da habilitação para dirigir, porque sua cominação decorre de expressa previsão legal (art. 302 do Código de Trânsito Brasileiro), que não faz nenhuma restrição nesse sentido" (STJ, REsp 628.730/SP, 5ª T., rel. Min. Gilson Dipp, j. 24-5-2005, *DJU* de 13-6-2005, p. 333).

"A imposição da pena de suspensão do direito de dirigir é exigência legal, conforme previsto no art. 302 da Lei 9.503/97. O fato de o paciente ser motorista profissional de caminhão não conduz à substituição dessa pena restritiva de direito por outra que lhe seja preferível" (STJ, HC 66.559/SP, 5ª T., rel. Min. Arnaldo Esteves Lima, j. 3-4-2007, *DJ* de 7-5-2007, p. 343).

"Não há violação ao direito ao trabalho entre a pena cumulativa do art. 302 do Código de Trânsito Brasileiro e a condição de motorista profissional, portanto, não há inconstitucionalidade na pena. O Código Brasileiro de Trânsito ao tornar a pena de Suspensão da Habilitação obrigatória para os delitos de homicídio no trânsito não excepcionou o motorista profissional, ao contrário introduziu uma agravante se nesta condição com o fim de coibir os maus motoristas" (TJRS, RevCrim 70021229778, 2º Gr. de CCrim, rela. Desa. Elba Aparecida Nicolli Bastos, j. 9-11-2007).

"A sanção disposta no art. 302 da Lei 9.503/97 tem por escopo fazer com que o motorista aja com mais prudência e se mostre qualificado para exercer a sua profissão" (*RT* 819/608).

"A pena de suspensão da habilitação para dirigir veículo automotor desconsidera a profissão do infrator, de modo que, seja esta qual for, não cabe ao julgador outra tarefa que não a de fazer inserir as duas reprimendas, vez que a mencionada sanção é cumulativa, sendo imposta obrigatoriamente, a teor das disposições dos arts. 302 e 303 do Código de Trânsito Brasileiro" (TJMG, ApCrim 1.0382.01.016828-6/001, 4ª CCrim, rel. Des. William Silvestrini, j. 7-6-2006).

No mesmo sentido: TJRS, ApCrim 70009488974, 2ª CCrim, rel. Des. Marco Aurélio de Oliveira Canosa, j. 30-11-2006; TJRS, ApCrim 70005548359, 2ª CCrim, rela. Desa. Lúcia de Fátima Cerveira, j. 22-11-2007; TJRS, ApCrim 70009509704, 2ª CCrim, rel. Des. Marco Aurélio de Oliveira Canosa, j. 30-11-2006.

Não é cabível

"A pena de suspensão do direito de dirigir veículos aplicada ao motorista profissional viola o direito ao trabalho, assegurado constitucionalmente, no art. 5º, XVII, devendo, em tais casos, ser declarada inconstitucional e decotada da condenação" (TJMG, ApCrim 1.0024.04.462734-7/001, 5ª Câm., rel. Des. Hélcio Valentim, j. 15-5-2007, m.v., *DJMG* de 2-6-2007, *RT* 864/639).

➥ Réu comerciante

"O fato de o réu ser comerciante, utilizando-se de seu veículo para a profissão, não afasta a aplicação cumulativa de suspensão da carteira de habilitação" (TJRS, ApCrim 70003127685, 3ª CCrim, rel. Des. Saulo Brum Leal, j. 27-9-2001, *Revista Jurídica* n. 290, p. 139).

PERDÃO JUDICIAL

➥ Noção/Cabimento

"O instituto do perdão judicial é admitido toda vez que as consequências do fato afetem o respectivo autor, de forma tão grave que a aplicação da pena não teria sentido, injustificável se torna sua cisão" (STJ, HC 21.442, SP, 5ª T., rel. Min. Jorge Scartezzini, *DJU* de 9-12-2002, *Revista IOB de Direito Penal e Processual Penal* n. 18, p. 86).

"Não há empecilho a que se aplique o perdão judicial nos casos em que o agente do homicídio culposo – mais especificamente nas hipóteses de crime de trânsito – sofra sequelas físicas gravíssimas e permanentes, como, por exemplo, ficar tetraplégico, em estado vegetativo, ou incapacitado para o trabalho. A análise do grave sofrimento, apto a ensejar, também, a inutilidade da função retributiva da pena, deve ser aferido de acordo com o estado emocional de que é acometido o sujeito ativo do crime, em decorrência da sua ação culposa. A melhor doutrina, quando a avaliação está voltada para o sofrimento psicológico do agente, enxerga no § 5º a exigência de um vínculo, de um laço prévio de conhecimento entre os envolvidos, para que seja 'tão grave' a consequência do crime ao agente. A interpretação dada, na maior parte das vezes, é no sentido de que só sofre intensamente o réu que, de forma culposa, matou alguém conhecido e com quem mantinha laços afetivos. Entender pela desnecessidade do vínculo seria abrir uma fenda na lei, que se entende não haver desejado o legislador, pois, além de difícil aferição – o tão grave sofrimento –, serviria como argumento de defesa para todo e qualquer caso de delito de trânsito, com vítima fatal. O que se pretende é conferir à lei interpretação mais razoável e humana, sem jamais perder de vista o desgaste emocional (talvez perene) que sofrerá o acusado dessa espécie de delito, que não conhecia a vítima.

Solidarizar-se com o choque psicológico do agente não pode, por outro lado, conduzir a uma eventual banalização do instituto, o que seria, no atual cenário de violência no trânsito – que tanto se tenta combater –, no mínimo, temerário" (STJ, REsp 1.455.178/DF, 6ª T., rel. Min. Rogério Schietti Cruz, j. 5-6-2014, *DJe* de 6-6-2014).

"O perdão judicial é uma faculdade concedida ao Juiz, que deixa de aplicar a pena na ocorrência de circunstâncias excepcionais – quando as consequências advindas do sinistro atingem de tal forma o agente causador que a sanção penal é justificadamente dispensável" (TJMG, ApCrim 1.0024.05.707436-1/001, 4ª CCrim, rel. Des. Eli Lucas de Mendonça, j. 29-10-2008).

"A dor espiritual, no mais das vezes, supera em muito a dor física, principalmente pelo remorso de ter sido o agente a causa direta do desaparecimento de um ente extremamente querido" (*RJDTACrim* 2/122).

"Em tema de delito culposo de trânsito, a lei não diferenciou, para o efeito da aplicação do perdão judicial, a dor física do sofrimento moral, bastando que o agente seja atingido gravemente pelo ato praticado. Impõe-se a solução, máxime porque, muitas vezes, a dor moral, representada pelo remorso, supera e muito a um padecimento físico" (*JUTACrimSP* n. 50, p. 312).

"Aplica-se o perdão judicial nos delitos de trânsito, quando a gravidade a que alude o § 5º, do art. 121, do CP, for manifesta e de difícil questionamento, pois, do contrário, estaria se transformando uma situação especial em regra geral" (*RJDTACrim* 2/120).

"Para a concessão do perdão judicial, em sede de delito culposo de trânsito, é necessário que o agente tenha sofrido de tal maneira, que torne dispensável a pena, não bastando o grau de parentesco entre a vítima e o réu ou a natureza isolada do lesionamento" (*RT* 757/660).

"Somente o grau de parentesco, laços familiares ou de afinidade, autorizam o perdão judicial e, mesmo assim, quando ficar demonstrado que as consequências do delito atingem o autor, moral ou fisicamente, de forma tão grave, que a reprimenda estatal se torna desnecessária" (TJMG, ApCrim 1.0183.04.066889-3/001, 5ª CCrim, rel. Des. Antônio Armando dos Anjos, j. 3-7-2007).

"O perdão judicial só se aplica nos casos em que as trágicas consequências do evento atinjam diretamente o culpado, de modo que a punição penal se torne desnecessária" (TJSC, ApCrim 2003.019183-6, 1ª Câm., rel. Des. Amaral e Silva, j. 16-11-2004, *RT* 838/666).

"O perdão judicial, sob pena de se fomentar a impunidade dos crimes culposos de trânsito, somente deve ser concedido quando estiverem presentes todos os requisitos exigidos pela lei. É indispensável que as circunstâncias do delito atinjam o agente de forma tão grave que a imposição da penalidade se torne desnecessária, não bastando o arrependimento ou simples alegação de perda do emprego, prejuízo profissional ou de abalo moral e familiar" (TJSP, Ap. 0009361-53.2013.8.26.0077, 5ª CCrim, rel. Des. Tristão Ribeiro, j. 9-6-2016).

No mesmo sentido: TJMG, ApCrim 1.0183.04.066889-3/001, 5ª CCrim, rel. Des. Antônio Armando dos Anjos, j. 3-7-2007; TJRS, ApCrim 70003185758, 1ª CCrim, rel. Des. Silvestre Jasson Ayres Torres, *DOERS* de 20-3-2002, *Revista IOB de Direito Penal e Processual Penal* n. 14, p. 89; *RJDTACrim* 8/151; *RT* 752/618 e 783/647; TJSP, Ap. 0000131-52.2010.8.26.0445, 12ª CCrim, rel. Des. Vico Mañas, j. 24-2-2016; TJSP, Ap. 0022449-38.2013.8.26.0602, 14ª CCrim, rel. Des. Marco de Lorenzi, j. 3-3-2016; TJSP, Ap. 0013808-33.2013.8.26.0482, 6ª CCrim, rel. Des. Machado de Andrade, j. 10-3-2016.

➥ Efeito

A aplicação do perdão judicial impõe declarar extinta a punibilidade, nos termos do art. 107, IX, do CP.

No mesmo sentido: STJ, HC 21.442-SP, 5ª T., rel. Min. Jorge Scartezzini, *DJU* de 9-12-2002, *Revista IOB de Direito Penal e Processual Penal* n. 18, p. 86; TJRS, ApCrim 70014002075, 1ª CCrim, rel. Des. Manuel José Martinez Lucas, j. 28-6-2006, *DJ* de 26-7-2006.

➥ Efeitos secundários da condenação

Não subsistem

Súmula 18 do STJ: "A sentença concessiva do perdão judicial é declaratória da extinção da punibilidade, não subsistindo qualquer efeito condenatório".

"O perdão judicial extingue a punibilidade, não podendo gerar efeitos secundários como a inscrição do nome do imputado no rol dos condenados ou mesmo imposição em custas" (TJMG, ApCrim 1.0056.03.052121-7/001, 4ª CCrim, rel. Des. Ediwal José de Morais, j. 3-6-2009).

No mesmo sentido: TJMG, ApCrim 1.0479.01.021776-4/001, 1ª CCrim, rel. Des. Hélcio Valentim, j. 29-1-2008; TJRS, ApCrim 70014002075, 1ª CCrim, rel. Des. Manuel José Martinez Lucas, j. 28-6-2006, *DJ* de 26-7-2006; *RJDTACrim* 12/108, 12/109 e 23/309.

Subsistem

"Ao conceder o perdão judicial, o Juízo acolhe a denúncia e reconhece causa de não aplicação de pena, restando intocada a procedência do libelo e os efeitos secundários da sentença condenatória, a saber, inscrição do nome no rol dos culpados, pagamento das custas e os efeitos civis da sentença penal, excluída a reincidência" (*RJDTACrim* 4/124).

"Segundo o inciso IX, do art. 107, do CP, com a redação dada pela Lei n. 7.209, de 1984 (que, por mais benigna, retroage), o perdão judicial é considerado causa de extinção da punibilidade, pelo que ficam afastados os efeitos secundários da condenação" (*RJDTACrim* 1/146).

"O perdão judicial torna o réu isento unicamente quanto ao cumprimento da pena, sem, portanto, atingir os demais efeitos da condenação, notadamente lançamento de seu nome no rol dos culpados" (*RJDTACrim* 2/120).

"O perdão judicial concedido não elimina os efeitos secundários da condenação, salvo os de prevenir a reincidência" (*RJDTACrim* 2/122).

No mesmo sentido: *RJDTACrim* 2/124 e 5/155.

➥ Concurso formal de crimes. Alcance do perdão

"O perdão judicial concedido ao réu que pratica delitos de trânsito em concurso formal deve estender-se à totalidade do resultado obtido com a ação única praticada. Cindir-se a decisão, aplicando a medida com relação a um dos delitos e mantendo a condenação com relação ao outro, constitui procedimento inadmissível, conforme se depreende do art. 107, IX, do CP, analisado conjuntamente com o art. 51 do CPP" (STJ, HC 14.348-SP, 5ª T., rel. Min. Jorge Scartezzini, j. 3-4-2001, *DJU* de 20-8-2001, *RT* 795/554).

"Considerando-se, ainda, que o instituto do Perdão Judicial é admitido toda vez que as consequências do fato afetem o respectivo autor, de forma tão grave que a aplicação da pena não teria sentido, injustificável se torna sua cisão" (STJ, HC 21.442/SP, 5ª T., rel. Min. Jorge Scartezzini, *DJU* de 9-12-2002, *Revista IOB de Direito Penal e Processual Penal* n. 18, p. 85).

"Perante um concurso formal de infrações, o perdão não pode ser aplicado em parte, mas para o todo" (*JUTACrimSP* 71/392).

"Concedido o perdão pela infração de maior tomo, é razoável que a medida se estenda às outras de menor significado" (*JUTACrimSP* 72/295).

No mesmo sentido: TAMG, ApCrim 307.765-0, 1ª CCrim, rel. Juiz Lamberto Sant'Anna, *DJMG* de 27-12-2000, *Revista Jurídica* 279/161.

Em sentido contrário: "O perdão judicial não se estende nem automática nem necessariamente a todos os crimes em concurso formal, pois, como a indulgência extingue a punibilidade e não o crime, a sua concessão dependerá do preenchimento, pelo agente, dos requisitos legais da mercê, no relativo a cada um dos delitos concorrentes" (*RJDTACrim* 21/188).

➥ Afilhado

Entendendo cabível: TAMG, ApCrim 435.987-9, 2ª C.Mista, rel. Juiz Sidney Alves Affonso, j. 30-3-2004; TJMG, ApCrim 1.0019.05.009552-0/001, 1ª CCrim, rel. Des. Fernando Starling, j. 14-4-2009.

➥ Amigo

Impossibilidade

"O fato de réu e vítima serem amigos há anos, por si só, não é apto a justificar a aplicação do perdão, pois não há provas de que as consequências foram tão profundas a ponto de isentar o acusado de pena" (TJSP, Ap. 0003757-65.2014.8.26.0566, 9ª CCrim, rel. Des. Amaro Thomé, j. 26-11-2015).

"Antigo relacionamento de amizade entre réu e vítima, por si só, não autoriza a outorga de perdão judicial" (TJRS, ApCrim 70014988729, 3ª CCrim, rel. Des. Vladimir Giacomuzzi, j. 17-8-2006, *DJ* de 1-9-2006).

"Não autoriza o reconhecimento do perdão judicial a mera relação de amizade entre réu e vítima, mas, sim, imprescindível abalo psicológico a tal ponto de a pena aplicada ser insuficiente, inútil em face da perda" (TJRS, ApCrim 70.002.604.973, 3ª CCrim, rel. Des. Reinaldo José Rammé, j. 9-8-2001, *Revista Jurídica* n. 287, p. 156).

"Laços de amizade entre o réu e a vítima, por mais fortes que sejam, não dão ensejo ao perdão judicial – favor marcado por superlativa excepcionalidade –, cuja aplicação requer a existência de vínculo conjugal ou concubinário, ou liame de parentesco caracterizado por grau extremo de proximidade" (*RJTACrim* 62/37).

"O fato de réu e vítima serem amigos de longa data não autoriza a concessão automática do perdão judicial, no caso de homicídio culposo decorrente de delito de trânsito, impondo-se demonstrar que as consequências da prática do ato infracional atingiram o agente de forma tão grave, material ou psicológica, que a sanção penal se mostre no caso desnecessária" (TJRS, Ap. 70024158990, 3ª CCrim, rel. Des. Vladimir Giacomuzzi, j. 18-9-2008, *DJ* de 6-1-2009).

"Se não foi produzida nos autos qualquer prova a demonstrar que a apelante e a vítima possuíam vínculo afetivo com razoável expressão, não se pode dizer que o acidente a atingiu de forma tão grave que justifique a aplicação em seu favor do perdão judicial" (TJMG, ApCrim 1.0684.06.999997-8/001, 4ª CCrim, rel. Des. William Silvestrini, j. 11-7-2007).

"Não há como presumir o abalo emocional no causador do homicídio culposo apenas pela constatação da relação de amizade com a vítima. É necessário demonstrar-se que ele efetivamente sofreu intensa dor moral" (TJSP, Ap. 0006724-19.2011.8.26.0201, 6ª CCrim, rel. Des. Marcos Correa, j. 10-3-2016).

No mesmo sentido: TJMG, ApCrim 1.0074.06.033628-1/001, 5ª CCrim, rel. Des. Adilson Lamounier, j. 23-9-2008; TJRS, ApCrim 70019899509, 2ª CCrim, rela. Desa. Lúcia de Fátima Cerveira, j. 9-12-2008; TJRS, ApCrim 70023312218, 2ª CCrim, rel. Des. Jaime Piterman, j. 26-6-2008, *DJ* de 25-8-2008; TJRS, ApCrim 70022324131, 1ª CCrim, rel. Des. Ivan Leomar Bruxel, j. 7-5-2008, *DJ* de 16-6-2008; TJRS, ApCrim 70017310475, 2ª CCrim, rela. Desa. Elba Aparecida Nicolli Bastos, j. 30-10-2007, *DJ* de 26-12-2007; TJSP, 0024507-26.2012.8.26.0577, 8ª CCrim, rel. Des. Alcides Malossi Júnior, j. 10-3-2016.

Possibilidade

"O perdão judicial não se circunscreve à perda de familiares do agente, podendo ser aplicado na hipótese de falecimento de amigos. Ao réu quase nonagenário que, com sua imprudência, em acidente de trânsito, dá causa à morte de casal de amigos, aplicam-se as disposições do § 5º do art. 121 do CP, extinguindo-se sua punibilidade nos termos do art. 107, IX, do Estatuto Repressivo, pois o perdão judicial não se circunscreve à perda de familiares do agente, podendo ser aplicado na hipótese de falecimento de amigos" (*RT* 752/618).

"Quando as consequências do fato também afetaram, e de forma grave, a própria apelante, que além de ter de submeter-se a diversas cirurgias e longo tratamento de reabilitação, sofreu a dor tremenda de ter vitimado uma amiga de longa data, não se justifica a aplicação da pena. Perdão judicial que se concede" (TJRJ, ApCrim 2003.050.03561, 3ª CCrim, rel. Des. Manoel A. R. do Santos, *DCRJ* de 16-4-2004, *Revista IOB de Direito Penal e Processual Penal* n. 29, p. 144).

"Sofrimento excessivo causado ao apelante, amigo há décadas das vítimas. Recurso provido de ofício para julgar extinta a punibilidade do apelante" (TJSP, 0024230-86.2012.8.26.0196, 7ª CCrim, rel. Des. Alberto Anderson Filho, j. 12-11-2015).

No mesmo sentido: TJRS, ApCrim 70014237556, 3ª CCrim, rel. Des. Newton Brasil de Leão, j. 18-5-2006, *DJ* de 14-6-2006.

➥ Avô

Hipótese em que se julgou cabível: TAMG, ApCrim 360.097-7, 2ª CCrim, rel. Juiz Erony da Silva, j. 28-5-2002.

➥ Concubina/amásia/companheira

"Desde que o agente e a vítima fatal se mantinham há muitos anos no estado de casados, havendo prole dessa união, condição essa que a própria Constituição Federal põe sob a proteção do Estado, art. 226, § 3º, seria de excessivo rigor exigir-se prova do casamento para a concessão do perdão judicial previsto no art. 121, § 5º, do CP" (*RJDTACrim* 3/152).

"A dor espiritual, no mais das vezes, supera em muito a dor física, principalmente pelo remorso de ter sido o agente a causa direta do desaparecimento de um ente extremamente querido. Em caso de crime culposo, sendo a vítima fatal, amásia do agente há quatro anos, nada obsta a invocação do perdão judicial, pois a situação daquela se equipara à da esposa legítima" (*RJDTACrim* 2/122).

No mesmo sentido: TJMG, ApCrim 2.0000.00.507558-9/000, 5ª CCrim, rel. Des. Alexandre Victor de Carvalho, j. 27-9-2005; TJRS, ApCrim 70026517623, 1ª CCrim, rel. Des. Marcel Esquivel Hoppe, j. 10-12-2008; TJRS, ApCrim 70017570979, 2ª CCrim, rela. Desa. Lúcia de Fátima Cerveira, j. 25-3-2008, *DJ* de 7-5-2008.

➥ Conhecidos

O fato de ser a vítima *conhecida* do réu não autoriza perdão judicial.

"Na conformidade da orientação jurisprudencial dominante, somente o grau de parentesco, laços familiares ou de afinidade autorizam o perdão judicial e, mesmo assim, quando ficar demonstrado que as consequências do delito atingem o autor, moral ou fisicamente, de forma tão grave, que a reprimenda estatal se torna desnecessária" (TJMG, ApCrim 1.0183.04.066889-3/001, 5ª CCrim, rel. Des. Antônio Armando dos Anjos, j. 3-7-2007).

➥ Cunhada(o)

"(...) o simples fato de a vítima ser cunhada do réu, não autoriza de, per si, a conclusão de ter a infração atingido o próprio agente de modo tão gravoso a ponto de tornar desnecessária a sanção penal" (TJSP, Ap. 0001730-95.2012.8.26.0464, 2ª CCrim Extraordinária, rela. Desa. Claudia Lúcia Fonseca Fanucchi, j. 10-5-2016).

Em sentido contrário, reconhecendo hipótese de cabimento: TJMG, ApCrim 1.0145.01.015838-7/001, 5ª CCrim, rel. Des. Vieira de Brito, j. 17-10-2006; TJSP, Ap. 0001184-34.2014.8.26.0411, 7ª CCrim, rel. Des. Alberto Anderson Filho, j. 25-2-2016.

➥ Enteada(o)

Hipótese em que se julgou cabível: TJRS, ApCrim 70012781936, 2ª CCrim, rela. Desa. Lúcia de Fátima Cerveira, j. 29-1-2008, *DJ* de 26-2-2008.

➥ Esposa

"Para a aplicação do perdão judicial ao motorista que, infringindo o art. 302, *caput*, da Lei n. 9.503/97, causa a morte de sua esposa, é necessário estar devidamente provado o sofrimento do causador do ilícito" (*RJTACrim* 59/73).

"O perdão judicial objetiva atender situações como a do caso, por ter sido o réu já penalizado pelo fato, sendo graves as consequências da infração pelo sofrimento da perda da esposa, que deixa um filho pequeno, havendo elementos probatórios para o preenchimento das condições do benefício e concessão" (TJRS, ApCrim 70003185758, 1ª CCrim, rel. Des. Silvestre Jasson Ayres Torres, *DOERS* de 20-3-2002, *Revista IOB de Direito Penal e Processual Penal* n. 14, p. 89).

"A concessão de perdão judicial em casos deste jaez é inevitável, pois a pena perdeu completamente os fins de prevenção geral e especial a que se destina" (TJMG, ApCrim 1.0145.01.015838-7/001, 5ª CCrim, rel. Des. Vieira de Brito, j. 17-10-2006).

No mesmo sentido: TJMG, ApCrim 2.0000.00.510088-7/000, 5ª CCrim, rel. Des. Hélcio Valentim, j. 8-11-2005; TJMG, ApCrim 1.0421.06.001223-2/001, 1ª CCrim, rela. Desa. Márcia Milanez, j. 19-5-2009; TJRS, ApCrim 70018364075, 3ª CCrim, rela. Desa. Elba Aparecida Nicolli Bastos, j. 12-4-2007, *DJ* de 20-4-2007; TJRS, ApCrim 70012781936, 2ª CCrim, rela. Desa. Lúcia de Fátima Cerveira, j. 29-1-2008, *DJ* de 26-2-2008.

↪ Filho

"Morte de filho do agente. Concessão do perdão judicial. Cabimento. Fato que justifica a isenção de pena, por já representar, naturalmente, um grave sancionamento ao seu autor" (TJSP, ApCrim 1.036.081.3/0, 9ª CCrim, rel. Des. René Nunes, j. 3-10-2007, *Boletim de Jurisprudência* n. 137).

No mesmo sentido: TAMG, ApCrim, 360.097-7, 2ª CCrim, rel. Juiz. Erony da Silva, j. 28-5-2002.

↪ Irmão

"Em sede de homicídio culposo na direção de veículo automotor, aplica-se a figura do perdão judicial, extinguindo a punibilidade do agente, se uma das vítimas fatais era irmão do motorista que ocasionou o acidente" (TJSP, Ap. 856586.3/1-0000-000, 13ª Câm. do 7º Gr. da S. Crim., rel. Des. San Juan França, j. 4-5-2006, *RT* 852/564).

No mesmo sentido: TJRS, ApCrim 70026349530, 1ª Câm., rel. Des. Manuel José Martinez Lucas, j. 1º-4-2009; TAMG, ApCrim 360.097-7, 2ª CCrim, rel. Juiz Erony da Silva, j. 28-5-2002; TJMG, ApCrim 1.0522.03.000347-2/001, 4ª CCrim, rel. Des. Eli Lucas de Mendonça, j. 26-4-2006; TJMG, ApCrim 1.0687.05.035008-5/001, 5ª CCrim, rela. Desa. Maria Celeste Porto, j. 15-7-2008.

↪ Namorada

Entendendo incabível:

"Prova dos autos que não autoriza concluir que a morte da vítima tenha gerado no réu um sofrimento psíquico tão grave a ponto de a sanção penal se tornar desnecessária, seja pelo fato de serem namorados recentes, seja pelo próprio comportamento do réu após o acidente. Concessão de perdão judicial negada" (TJRS, ApCrim 70014819148, 2ª CCrim, rela. Desa. Lúcia de Fátima Cerveira, j. 22-11-2007).

"É impossível a aplicação do perdão judicial ao agente não habilitado que, imprudentemente, em trajeto percorrido costumeiramente, provoca a morte da namorada que conduzia na garupa, máxime se seus pressupostos não vieram a ser demonstrados" (*RJTACrim* 56/123).

➥ Neta

"Quando, em decorrência de acidente de trânsito, a vítima fatal é uma neta do agente, torna-se desnecessária a aplicação da pena, pois as consequências do delito o atingiram moralmente de forma tão grave, que aquela se tornou desnecessária, sendo caso de se aplicar o perdão judicial" (TJMG, ApCrim 479.956-2, 5ª CCrim, rel. Des. Antônio Armando dos Anjos, j. 28-6-2005).

➥ Noiva

"Entende-se possível a concessão do perdão judicial ao agente que, culposamente, provoca a morte de sua noiva em acidente de trânsito, mesmo na hipótese de existirem outras vítimas além daquela, pois a regra jurídica não traz restrições sobre o tema, mas registra, apenas, que o instituto é cabível se as consequências da infração atingem o réu de forma tão grave que a sanção se torne desnecessária" (*RJDTACrim* 28/245).

➥ Pai/mãe

"Evidente, na espécie, ser o réu filho da vítima atingida no acidente de trânsito, e dessa forma, em que pese ter praticado o crime por estar embriagado, sofreu e ainda padece com a situação em que se encontra sua mãe, diante do que lhe causa o fato" (TJSP, Ap. 0007708-54.2014.8.26.0344, 15ª CCrim, rel. Des. Ricardo Sale Júnior, j. 24-11-2016).

"A morte do pai em decorrência de homicídio culposo no trânsito, sem sombra de dúvidas, é uma consequência séria e grave o bastante a fazer com que a sanção penal se torne desnecessária" (TJRS, ApCrim 70014436838, 2ª CCrim, rela. Desa. Lúcia de Fátima Cerveira, j. 22-11-2007, *DJ* de 29-1-2008).

No mesmo sentido: TACrimSP, Ap. 181.237, 1ª Câm., rel. Juiz Sidney Sanches, j. 17-8-1978, *RT* 537/336; TAMG, ApCrim 360.097-7, 2ª CCrim, rel. Juiz Erony da Silva, j. 28-5-2002.

➥ Primo

Entendendo cabível: TAMG, Ap. 6.833, 2ª Câm., rel. Juiz Sálvio de Figueiredo, j. 24-9-1979, *RT* 547/395.

➥ Sobrinho(a)

"Não se pode pressupor que o mero fato de ser o acusado tio da vítima imprima nele uma consequência extremamente gravosa a ponto de desmerecer a punibilidade estatal. Sobre o assunto, cumpre transcrever a lição de Júlio Fabbrini Mirabete acerca do perdão judicial no delito de homicídio, o que se aplica analogicamente ao caso em apreço, conforme acima mencionado: 'Não se trata de benefício legal a ser concedido indiscriminadamente, em todo caso de crime culposo no qual a vítima seja parente próximo do condenado (*RT* 549/334; *JTACr* 66/354). Inexistindo qualquer relacionamento afetivo entre o condenado e a vítima, não se aplica o dispositivo (JTACrSP 67/481; *RJDTACrim* 21/253). O que deve ser examinado é se existem os requisitos exigidos pelo § 5º, do art. 121, de caráter objetivo e subjetivo, e quanto a este exige a presunção da dor moral causada pela morte da vítima quando, entre esta e o agente, há ligações de caráter afetivo (*JTAERGS* 79/41). Para isso é necessário que reste cumpridamente provado nos autos que as consequências do crime atingiram de forma grave o agente de forma que a sanção penal é desnecessária (*JCAT* 66/507, 69/497)' (*in Manual de Direito Penal*, Parte Especial, arts. 121 a 234 do CP, 25ª Edição revista e atualizada, São Paulo, Ed. Atlas S.A., 2007, pp. 49/50)" (TJSP, Ap. 0013002-72.2011.8.26.0286, 1ª CCrim Extraordinária, rel. Des. Airton Vieira, j. 12-3-2015).

Hipótese em que se julgou cabível: TJMG, ApCrim 2.0000.00.517834-7/000, 5ª CCrim, rel. Des. Vieira de Brito, j. 8-11-2005; TJRS, ApCrim 70014002075, 1ª CCrim, rel. Des. Manuel José Martinez Lucas, j. 28-6-2006, *DJ* de 26-7-2006; TJRS, ApCrim 70023397227, 2ª CCrim, rel. Des. Jaime Piterman, j. 31-7-2008, *DJ* de 22-9-2008.

Entendendo cabível em caso de morte de sobrinha por afinidade: *RT* 522/373.

➥ Sogro/sogra

Hipótese de cabimento

"Comprovado que as consequências da infração atingiram o próprio agente, sob o aspecto moral, a concessão do perdão judicial encontra amparo. A tal situação se configura a morte do pai da companheira do réu, cuja união estável restou demonstrada" (*RT* 700/383).

"Os §§ 5º do art. 121 e 8º do art. 129 do CP não se referem a parentesco legal, amizade, concubinato, etc., entre as vítimas e o réu, mas sim que poderá ser aplicado o perdão, se as consequências da infração atingirem o próprio agente de forma tão grave que a sanção se torne desnecessária" (*JUTACrimSP* n. 95, p. 249).

Hipótese de descabimento

"É impossível a concessão de perdão judicial a motorista que, em acidente de trânsito, causa a morte de seu sogro e do irmão deste, caso não haja prova convincente da existência de ligação afetiva entre o agente e as vítimas, de modo que se tornasse dispensável a sanção penal" (*RJDTACrim* 21/253).

No mesmo sentido: TJSP, Ap. 0013808-33.2013.8.26.0482, 6ª CCrim, rel. Des. Machado de Andrade, j. 10-3-2016.

➥ Tio

Hipótese em que se reconheceu cabível: TJRS, ApCrim 70012024857, 2ª CCrim, rela. Desa. Lúcia de Fátima Cerveira, j. 18-12-2007, *DJ* de 29-1-2008.

➥ Vítima sem grau de parentesco ou relação de amizade

Não se concede perdão judicial.

No mesmo sentido: TJMG, ApCrim 1.0183.04.066889-3/001, 5ª CCrim, rel. Des. Antônio Armando dos Anjos, j. 3-7-2007; TJRS, ApCrim 70024215766, 3ª CCrim, rel. Des. José Antônio Hirt Preiss, j. 28-8-2008, *DJ* de 2-9-2008.

➥ Ressarcimento dos danos

Não é condição para a concessão do benefício.

"O ressarcimento do prejuízo em acidente de trânsito não é causa para concessão do perdão judicial" (*RJDTACrim* 20/53).

➥ Réu que ficou incapacitado para suas ocupações habituais por longo período

Entendendo incabível: *RJDTACrim* 23/277.

A desproporcionalidade dos resultados impede o benefício: *RJTACrim* 31/165.

➥ Réu com lesões permanentes

Entendendo incabível: TJPI, ApCrim 04.001711-7, 1ª Câm. Esp., rela. Desa. Eulália Maria Ribeiro Gonçalves Nascimento Pinheiro, j. 14-9-2004, *RT* 835/655.

➥ Réu que ficou aleijado de uma perna

Entendendo cabível: "Se as consequências do delito atingiram o agente deixando-o aleijado de uma perna, nenhum significado tem a reprimenda penal, sendo aplicável, portanto, o perdão judicial" (*RJDTACrim* 2/126).

➥ Réu que à época do delito estava em gozo de benefício concedido em outro processo que respondeu também por delito de trânsito

Admissibilidade: TJSP, ApCrim 1.036.081.3/0, 9ª CCrim, rel. Des. René Nunes, j. 3-10-2007, *Boletim de Jurisprudência* n. 137.

➥ Réu reincidente

"A reincidência e os maus antecedentes não impedem a concessão do perdão judicial, pois a lei exige apenas, em se tratando de delitos culposos, que as consequências da infração atinjam o agente de forma tão grave que a sanção penal se torne desnecessária. Se a lei não impõe outros requisitos é evidente que não pode fazê-lo o Julgador. Assim, os bons ou maus antecedentes do acusado, não têm qualquer reflexo na invocação do instituto" (*RJDTACrim* 2/122).

Em sentido contrário, entendendo incabível: *RJDTACrim* 3/152.

➥ Ônus da prova

"Embora possível o perdão judicial, no caso de alcançarem o próprio sujeito ativo, os reflexos morais do ilícito, em virtude da morte ou das lesões corporais por ele causadas em familiar ou em pessoa de suas relações, não se presumem, mas depende tal circunstância, da prova, a cargo do interessado, de que aludidas consequências o atingiram de forma tão grave, ao ponto de tornarem desnecessária a aplicação da pena" (*RJDTACrim* 21/188).

"Para a concessão do perdão judicial, com fundamento no art. 121, § 5º, do CP, faz-se mister que o acusado demonstre as graves consequências que lhe atingiram, como o sofrimento ou as graves sequelas decorrentes do sinistro" (*RJDTACrim* 25/73).

"É inaplicável a regra do perdão judicial ao agente que pratica o crime de homicídio culposo, na condução imprudente de veículo automotor, se não demonstra em que medida restou atingido subjetivamente, de maneira tal que o próprio evento já lhe bastasse como expiação da culpa" (*RJTACrim* 54/101).

"Para a aplicação do perdão judicial ao motorista que, infringindo o art. 302, *caput*, da Lei n. 9.503/97, causa a morte de sua esposa, é necessário estar devidamente provado o sofrimento do causador do ilícito" (*RJTACrim* 59/73).

➥ Prova insuficiente

"Apesar de legítima a concessão do perdão judicial nos casos de crimes de trânsito, previstos na Lei 9.503/97, é inadmissível sua aplicação se não há provas nos autos que conduzam a certeza de que a morte da vítima tenha atingido o agente com gravidade suficiente para tornar desnecessária a aplicação da pena, pois os reflexos morais do ilícito não se presumem" (*RT* 783/647).

"Nesse ponto, ainda, registra-se não ser cabível a concessão de perdão judicial, pois esse instituto deve ser aplicado apenas aos casos em que haja prova segura de que o réu, em razão do fato, sofresse em demasia, ou seja, além do que normalmente se admita ocorrer" (TJSP, Ap. 0001846-72.2011.8.26.0582, 15ª CCrim, rel. Des. Encinas Manfré, j. 18-8-2016).

"Para a concessão do perdão judicial é necessária a prova da dor moral causada ao agente. Não basta o mero arrependimento do autor pelo trágico acontecimento, natural de qualquer ser humano. É necessário que os fatos tenham causado sequelas psicológicas graves ao agente chegando a afetar sua saúde emocional" (TJSP, Ap. 0002994-24.2011.8.26.0484, 7ª CCrim, rel. Des. Freitas Filho, j. 10-11-2016).

No mesmo sentido: TJSP, Ap. 0013002-72.2011.8.26.0286, 1ª CCrim Extraordinária, rel. Des. Airton Vieira, j. 12-3-2015.

Generalidades

➥ Culpa exclusiva da vítima. Hipóteses de absolvição

"Se o acidente se deu por culpa exclusiva da vítima, conforme bem delineado no v. acórdão vergastado, não há como se imputar ao condutor do automóvel o delito de homicídio culposo na direção de veículo automotor (art. 302, do Código de Trânsito Brasileiro), sendo de rigor, portanto, sua absolvição" (STJ, REsp 873.353/AC, 5ª T., rel. Min. Felix Fischer, j. 15-3-2007, *DJ* de 16-4-2007, p. 224).

Criança que invade a via pública: TJMG, ApCrim 2.0000. 00.477605-2/000, 4ª CCrim, rel. Des. William Silvestrini, j. 16-5-2007.

Motociclista na contramão de direção: TJRS, ApCrim 70010298743, 2ª CCrim, rela. Desa. Laís Rogéria Alves Barbosa, j. 20-10-2005.

Vítima atropelada em rodovia movimentada: "A obrigação de diligência se transfere ao pedestre" (TJRS, ApCrim 70012310256, 2ª CCrim, rel. Des. José Antônio Cidade Pitrez, j. 25-5-2006).

Local inadequado para travessia de pedestre: "Não recomenda redução de velocidade. Inexistência de criação de risco proibido ou de incremento ao risco permitido. Resultado que não pode ser objetivamente imputado ao réu" (TJPR, ApCrim 0394176-8, 1ª CCrim, rela. Desa. Maria Aparecida Blanco de Lima, *DJPR* de 4-4-2008, p. 224, *Revista Magister de Direito Penal e Processual Penal* n. 23, p. 147).

Vítima que trafega à noite, com lanternas e faróis de seu veículo inoperantes ou apagados: "Em se tratando de acidente de trânsito, o fato da vítima estar trafegando, à noite, com farol e lanterna inoperantes, defeituosos ou apagados, configura circunstância imprevisível, que excetua a regra geral segundo a qual a culpa da colisão pela retaguarda é do motorista que trafega atrás" (*RJTACrim* 39/175).

A Lei n. 13.290, de 23 de maio de 2016, dispõe, entre outros temas, sobre a obrigatoriedade do uso, nas rodovias, de farol baixo aceso, mesmo durante o dia.

➥ Denúncia formalmente em ordem

Dispõe o art. 41 do CPP que a denúncia ou queixa deve conter: *(1)* a exposição do fato criminoso, com todas as suas circunstâncias; *(2)* a qualificação do acusado ou esclarecimentos pelos quais se possa identificá-lo; *(3)* a classificação do delito; e, *(4)* quando necessário, o rol de testemunhas.

Não são apenas esses os requisitos da inicial acusatória, o que permite afirmar que o art. 41 não é taxativo, mas apenas exemplificativo.

Outros requisitos: *(1)* endereçamento ao juízo competente; *(2)* ser escrita na língua oficial (português); *(3)* pedido de condenação; *(4)* indicação do local e data de sua elaboração; *(5)* identificação do nome e cargo ou profissão daquele que a subscreve (Promotor de Justiça ou advogado); e *(6)* assinatura do profissional identificado.

"A denúncia ostenta como premissa para seu recebimento a conjugação dos artigos 41 e 395 do CPP, porquanto deve conter os requisitos do artigo 41 do CPP e não incidir em nenhuma das hipóteses do art. 395 do mesmo diploma legal. Precedentes: Inq 1.990/RO, rel. Min. Cármen Lúcia, Pleno, *DJ* de 21-2-2011; Inq 3.016/SP, rel. Min. Ellen Gracie, Pleno, *DJ* de 16-2-2011; Inq 2.677/BA, rel. Min. Ayres Britto, Pleno, *DJ* de 21-10-2010; Inq 2.646/RN, rel. Min. Ayres Britto, Pleno, *DJ* de 6-5-2010" (STF, Inq 2.482/MG, Tribunal Pleno, rel. Min. Luiz Fux, j. 15-9-2011, *DJe* de 17-2-2012).

"A denúncia que descreve os fatos e aponta as circunstâncias do fato criminoso permite o exercício da ampla defesa e, por conseguinte, atende às exigências do art. 41 do Código de Processo Penal" (STF, HC 110.524/SP, 1ª T., rela. Mina. Cármen Lúcia, j. 22-5-2012, *DJe* de 12-6-2012).

"A jurisprudência da Suprema Corte firmou-se no sentido de que não se tranca a ação penal se a conduta descrita na denúncia configura, em tese, crime, como ocorre na hipótese" (STF, HC 84.808-7/DF, 2ª T., rel. Min. Carlos Velloso, *DJU* de 3-12-2004, *Revista IOB de Direito Penal e Processual Penal* n. 30, p. 82).

"Descabe falar em vício da denúncia quando esta descreve o fato criminoso, analisando as circunstâncias em que ocorrido o delito, e indica a qualificação do acusado, a classificação do crime e o rol de testemunhas" (STF, HC 83.490/MG, 1ª T., rel. Min. Marco Aurélio, *DJU* de 12-3-2004, *Revista Jurídica* n. 318, p. 165).

"O trancamento da ação penal, em *habeas corpus*, constitui medida excepcional que só deve ser aplicada nos casos de manifesta atipicidade da conduta, de presença de causa de extinção da punibilidade do paciente ou de ausência de indícios mínimos de autoria e materialidade delitivas, o que não ocorre na situação sob exame" (STF, HC 110.321/DF, 2ª T., rel. Min. Ricardo Lewandowski, j. 8-5-2012, *DJe* 158, de 13-8-2012).

"É pacífica a jurisprudência do Supremo Tribunal Federal quanto à excepcionalidade do trancamento de ação penal pela via processualmente contida do *habeas corpus*. Jurisprudência assentada na ideia-força de que o trancamento da ação penal é medida restrita a situações excepcionalíssimas. Precedentes: HCs 87.310, 91.005 e RHC 88.139, da minha relatoria; HC 87.293, da relatoria do ministro Eros Grau; HC 85.740, da relatoria do ministro Ricardo Lewandowski; e HC 85.134, da relatoria do ministro Marco Aurélio" (STF, HC 95.154/SP, 2ª T., rel. Min. Ayres Britto, j. 27-3-2012, *DJe* 180, de 13-9-2012).

"A jurisprudência das Cortes Superiores é uníssona no sentido de que o trancamento de ação penal por meio de *habeas corpus* é medida excepcional, somente cabível na hipótese de ausência de justa causa para o prosseguimento da persecução penal, aferível de plano, sem necessidade de revolvimento do conjunto fático-probatório. Com efeito, é necessário restar demonstrada, inequivocamente, a atipicidade da conduta, a inocência do acusado, a presença de causa extintiva da punibilidade, ou a existência de outra situação comprovável de plano, apta a justificar o prematuro encerramento da ação penal" (STJ, AgRg no RHC 45.518/RJ, 5ª T., rela. Mina. Regina Helena Costa, j. 3-6-2014, *DJe* de 6-5-2014).

➥ Denúncia inepta

É imprescindível ter em conta que o crime de homicídio culposo exige, para a sua configuração, a descrição de fato que revele a existência de negligência, imprudência ou imperícia, sendo atacável pela via do *habeas corpus* a denúncia anêmica, inepta, assim considerada aquela que não descreve adequadamente a conduta cuja imputação acene como pretendida, ou deixe de indicar com precisão a participação do agente (STJ, HC 74.781/SP, 5ª T., rel. Min. Arnaldo Esteves Lima, j. 4-10-2007, *DJ* de 5-11-2007, p. 310).

"O homicídio culposo se caracteriza com a imprudência, negligência ou imperícia do agente, modalidades da culpa que devem ser descritas na inicial acusatória, sob pena de se reconhecer impropriamente a responsabilidade penal objetiva. O simples fato de o réu estar na direção do veículo automotor no momento do acidente não autoriza a instauração de processo criminal por crime de homicídio culposo se não restar narrada a inobservância do dever objetivo de cuidado e sua relação com a morte da vítima, com indícios suficientes para a deflagração da ação penal. A inexistência absoluta de elementos individualizados, que apontem a relação entre o resultado morte e a conduta do acusado, ofende o princípio constitucional da ampla defesa, tornando, assim, inepta a denúncia" (STJ, RHC 44.320/BA, 5ª T., rela. Mina. Laurita Vaz, j. 18-6-2014, *DJe* de 1º-7-2014).

"A inicial de acusação que, sucinta e genérica, não descreve objetiva e concretamente conduta delitiva e a participação do denunciado é formalmente inepta, dada a inobservância do disposto no art. 41 do CPP" (STJ, RHC 18.771/PB, 5ª T., rel. Min. Félix Fischer, j. 14-11-2006, *DJ* de 12-2-2007, p. 274).

"A peça acusatória deve conter a exposição do fato delituoso em toda a sua essência e com todas as suas circunstâncias (HC 73.271/SP, 1ª T., rel. Min. Celso de Mello, *DJU* de 4-9-1996). Denúncias que não descrevem os fatos na sua devida conformação, não se coadunam com os postulados básicos do Estado de Direito (HC 86.000/PE, 2ª T., rel. Min. Gilmar Mendes, *DJU* de 2-2-2007). A inépcia da denúncia caracteriza situação configuradora de desrespeito estatal ao postulado do devido processo legal" (STJ, HC 76.122/BA, 5ª T., rel. Min. Felix Fischer, j. 23-10-2007, *DJ* de 19-11-2007, p. 254).

"Se, na *imputatio facti* da denúncia, não está descrito, de forma clara, em que consistiu a infração ao dever de cuidado, a inépcia da peça acusatória é manifesta (art. 41 do CPP). A denúncia deve vir acompanhada com o mínimo embasamento probatório, ou seja, com lastro probatório mínimo (HC 88.601/CE, 2ª T., rel. Min. Gilmar Mendes, *DJU* de 22-6-2007), apto a demonstrar, ainda que de modo indiciário, a efetiva realização do ilícito penal por parte do denunciado. Em outros termos, é imperiosa existência de um suporte legitimador que revele de modo satisfatório e consistente, a materialidade do fato delituoso e a existência de indícios suficientes de autoria do crime, a respaldar a acusação, de modo a tornar esta plausível. Não se revela admissível a imputação penal destituída de base empírica idônea (Inq. 1.978/PR, Tribunal Pleno, rel. Min. Celso de Mello, *DJU* de 17-8-2007) o que implica na ausência de justa causa a autorizar a instauração da *persecutio criminis in iudicio*" (STJ, HC 76.122/BA, 5ª T., rel. Min. Felix Fischer, j. 23-10-2007, *DJ* de 19-11-2007, p. 254).

➥ Justa causa para a ação penal

Para ser viável a ação penal, além da regularidade da inicial acusatória, é preciso estar demonstrada a ocorrência do ilícito penal imputado, a autoria e a materialidade, razão pela qual deve estar acompanhada de elementos de convicção.

A imputação não pode afastar-se do conteúdo probatório que lhe serve de suporte.

Para comportar recebimento, a denúncia (e também a queixa) deve estar formalmente em ordem (arts. 41 e 395 do CPP) e substancialmente autorizada.

Deve haver correlação entre os fatos apurados e a imputação.

Não havendo correlação entre o material probatório e a acusação, a petição inicial deverá ser rejeitada por falta de "justa causa".

"O trancamento da ação penal por meio do *habeas corpus* se situa no campo da excepcionalidade (HC 901.320/MG, 1ª T., rel. Min. Marco Aurélio, *DJU* de 25-5-2007), sendo medida que somente deve ser adotada quando houver comprovação, de plano, da atipicidade da conduta, da incidência de causa de extinção da punibilidade ou da ausência de indícios de autoria ou de prova sobre a materialidade do delito (HC 87.324/SP, 1ª T., rela. Mina. Cármen Lúcia, *DJU* de 18-5-2007). Ainda, a liquidez dos fatos constitui requisito inafastável na apreciação da justa causa (HC 91.634/GO, 2ª T., rel. Min. Celso de Mello, *DJU* de 5-10-2007), pois o exame de provas é inadmissível no espectro processual do *habeas corpus*, ação constitucional que pressupõe para seu manejo uma ilegalidade ou abuso de poder tão flagrante que pode ser demonstrada de plano (RHC 88.139/MG, 1ª T., rel. Min. Carlos Britto, *DJU* de 17-11-2006). Na hipótese, não há, com os dados existentes até aqui, o mínimo de elementos que autorizam o prosseguimento da ação penal. A mera referência a perda de controle do veículo desacompanhada de outros dados não implica em justa causa para a ação penal (HC 86.609/RJ, 1ª T., rel. Min. Cezar Peluso, *DJU* de 23-6-2006)" (STJ, HC 76.122/BA, 5ª T., rel. Min. Felix Fischer, j. 23-10-2007, *DJ* de 19-11-2007, p. 254).

"A falta de justa causa para a ação penal só pode ser reconhecida quando, sem a necessidade de exame aprofundado e valorativo dos fatos, indícios e provas, restar inequivocamente demonstrada, pela impetração, a atipicidade flagrante do fato, a ausência de indícios a fundamentarem a acusação ou, ainda, a extinção da punibilidade" (STJ, RHC 18.048/RS, 5ª T., j. 17-11-2005, rel. Min. Gilson Dipp, *DJU* de 12-12-2005, *RT* 848/499).

No mesmo sentido: STJ, RHC 22.025/SP, 5ª T., rela. Mina. Jane Silva, j. 20-11-2007, *DJ* de 10-12-2007, p. 399; STJ, HC 76.566/PA, 5ª T., rel. Min. Napoleão

Nunes Maia Filho, j. 13-9-2007, *DJ* de 13-10-2007, p. 333; STJ, HC 28.500/SP, 6ª T., rel. Min. Hamilton Carvalhido, j. 30-5-2006, *DJ* de 4-9-2006, p. 326.

➥ Pai que permite a condução de veículo por filho menor

Não responde pelo crime

"Em sede de homicídio culposo, é inadmissível a caracterização de coautoria no caso do pai que entrega carro a filho sem habilitação legal e este vem a provocar acidente com consequências letais, pois inexiste adesão do agente no que diz respeito a conduta culposa, máxime se o sinistro fatal decorreu de circunstância imprevisível ao agente" (*RJDTACrim* 14/84).

Responde pelo crime

"Os pais do adolescente infrator respondem pelos atos por este praticados na direção de veículo automotor, decorrentes da culpa *in vigilando*. Consoante orientação doutrinária e jurisprudencial, há incriminação dos pais que permitem ou não ao filho menor o uso de seu automóvel, respondendo criminalmente, nos termos do artigo 29 do CP, pelo evento culposo causado pelo inimputável, bastando para tanto a prova da cooperação material e psicológica da participação dos mesmos, como ocorreu. Com o comportamento anterior permissivo de franquear a direção do veículo ao filho dentro e nas cercanias da oficina mecânica, contribuíram para encorajá-lo a dirigir, como o fez no dia do fato. É a denominada ingerência, ou seja, quem cria o perigo de dano com uma conduta precedente tem o dever jurídico de impedir o resultado, respondendo por ele na modalidade dolosa ou culposa, conforme o caso" (TJRS, ApCrim 70014137517, 3ª CCrim, rel. Des. José Antonio Preiss, *DJ* de 22-6-2006, *Revista Jurídica* n. 349, p. 184).

"Reconhece-se a coautoria em crime culposo no caso de agente que, tendo plena consciência de que seu filho menor e portanto legalmente impedido de dirigir veículos automotores, permite que este pilote automóvel de sua propriedade, vindo este a atropelar e matar uma criança" (*RJDTACrim* 8/118).

"Estando o pai ciente de que o filho menor tem por costume dirigir seu caminhão e mantendo as chaves em lugar não seguro, coopera de forma indireta com o evento delituoso, devendo ser reconhecida sua coautoria em homicídio culposo praticado pelo filho, que intercepta motocicleta ao ingressar em cruzamento sem obedecer a sinalização do local" (*RJDTACrim* 14/41).

➥ Competência da Justiça Militar *versus* Justiça Comum

"Compete à Justiça Militar Estadual processar e julgar o delito decorrente de acidente de trânsito envolvendo viatura da Polícia Militar, quando o autor for policial militar, em serviço, e as vítimas forem civis e policiais militares, em situação de atividade" (STJ, CComp 34.749/RS, Terceira Seção, rel. Min. Felix Fischer, *DJU* de 18-11-2002, *Revista Jurídica* n. 302, p. 143).

Por outro vértice: "Cabe à Justiça Comum Estadual julgar homicídio decorrente de acidente automobilístico em que o acusado e a vítima, embora agentes do Exército Brasileiro, não se encontravam em exercício militar. Ademais, diante de atividade de natureza individual e particular não se há por correto cogitar-se de atividade militar *ratione materiae*" (STJ, CComp 2003/0029373-8-RS, Terceira Seção, rela. Mina. Maria Thereza de Assis Moura, j. 28-2-2007, *DJ* de 26-3-2007, p. 195).

SÚMULA 6 do STJ: "Compete à Justiça Comum Estadual processar e julgar delito decorrente de acidente de trânsito envolvendo viatura de polícia militar, salvo se autor e vítima forem policiais militares em situação de atividade".

→ Doutrina

ALBERTO SILVA FRANCO, RUI STOCO, JEFFERSON NINNO, ROBERTO PODVAL, e MAURÍCIO ZANOIDE DE MORAES, *Leis penais especiais e sua interpretação jurisprudencial*, 7. ed., São Paulo, Revista dos Tribunais, 2001; ALEXANDRE DE MORAES e GIANPAOLO POGGIO SMANIO, *Legislação penal especial*, 7. ed., São Paulo, Atlas, 2004; ARNALDO RIZZARDO, *Comentários do Código de Trânsito Brasileiro*, 6. ed., São Paulo, Revista dos Tribunais, 2006; ARIOSVALDO DE CAMPOS PIRES e SHEILA JORGE SELIM SALES, *Crimes de trânsito*, Belo Horizonte, Del Rey, 1998; BEATRIZ VARGAS RAMOS, *Do concurso de pessoas*, Belo Horizonte, Del Rey, 1996; CÁSSIO MATTOS HONORATO, *Alterações introduzidas pelo novo Código de Trânsito Brasileiro*, São Paulo, Sugestões Literárias, 1998; DAMÁSIO E. DE JESUS, *Crimes de trânsito*, 7. ed., São Paulo, Saraiva, 2008; FERNANDO CAPEZ e VICTOR EDUARDO RIOS GONÇALVES, *Aspectos criminais do Código de Trânsito Brasileiro*, São Paulo, Saraiva, 1999; FERNANDO CÉLIO DE BRITO NOGUEIRA, *Crimes do Código de Trânsito*, 2. ed., São Paulo, Mizuno, 2010; FERNANDO Y. FUKASSAWA, *Crimes de trânsito*, 2. ed., São Paulo, Juarez de Oliveira, 2003; GUILHERME DE SOUZA NUCCI, *Leis penais e processuais penais comentadas*, 3. ed., São Paulo, Revista dos Tribunais, 2008; LUIZ FLÁVIO GOMES, *Estudos de direito penal e processual penal*, São Paulo, Revista dos Tribunais, 1999; MARCELO CUNHA DE ARAÚJO, *Crimes de trânsito*, Belo Horizonte, Mandamentos, 2004; MAURÍCIO ANTONIO RIBEIRO LOPES, *Crimes de trânsito*, São Paulo, Revista dos Tribunais, 1998; PAULO JOSÉ DA COSTA JR. e MARIA ELIZABETH QUEIJO, *Comentários aos crimes do novo Código de Trânsito*, São Paulo, Revista dos Tribunais, 1998; ROMEU DE ALMEIDA SALLES JUNIOR, *Homicídio e lesão corporal culposos*, São Paulo, Oliveira Mendes, 1998; RUY CARLOS DE BARROS MONTEIRO, *Crimes de trânsito*, São Paulo, Juarez de Oliveira, 1999; VALDIR SZNICK, *Novo Código de Trânsito*, São Paulo, Ícone, 1998;

Fernando Yukio Fukassawa, Crimes de Trânsito (Primeiras reflexões sobre a Lei 9.503/97), *RT* 749/520 e *Justitia* 179/11; Damásio E. de Jesus, Perdão judicial nos delitos de trânsito, *RT* 749/546; Alexandre Wunderlich, O dolo eventual nos homicídios de trânsito: uma tentativa frustrada, *RT* 750/461; Cezar Roberto Bitencourt, Alguns aspectos penais controvertidos do Código de Trânsito, *RT* 754/480; Edison Miguel da Silva Jr. e Mozart Brum Silva, Crimes de trânsito – Lei 9.503/97 – Disposições gerais: uma interpretação possível nos paradigmas do Direito Penal Democrático, *RT* 757/432; André Luís Callegari, Homicídio e lesões culposas na direção de veículo automotor e concurso de pessoas, *RT* 795/477; Hélvio Simões Vidal, Dolo e culpa na embriaguez voluntária, *RT* 841/407; Geraldo de Faria Lemos Pinheiro, Enfim, o Código (Lei n. 9.503, de 23 de setembro de 1997), *Boletim IBCCrim* n. 60, p. 14; Sérgio Salomão Shecaira, Primeiras perplexidades sobre a Nova Lei de Trânsito, *Boletim IBCCrim* n. 61, p. 3; William Terra de Oliveira, CTB – "Controvertido Natimorto Tumultuado", *Boletim IBCCrim* n. 61, p. 5; Luiz Otavio de Oliveira Rocha, Código de Trânsito Brasileiro: primeiras impressões, *Boletim IBCCrim* n. 61, p. 6; Rui Stoco, Código de Trânsito Brasileiro: disposições penais e suas incongruências, *Boletim IBCCrim* n. 61, p. 8; Damásio E. de Jesus, Perdão judicial nos delitos de trânsito, *Boletim IBCCrim* n. 63, p. 2; Waléria Garcelan Loma Garcia, Código de Trânsito Brasileiro: o crime de homicídio culposo e a possibilidade de suspensão condicional do processo, *Boletim IBCCrim* n. 63, p. 4; Walter Martins Muller e Altair Ramos Leon, Comentários ao Novo Código de Trânsito Brasileiro, *Boletim IBCCrim* n. 63, p. 5; João José Leal, O CTB e o homicídio culposo de trânsito – Duas penas e duas medidas, *Boletim IBCCrim* n. 65, p. 3; Oswaldo Henrique Duek Marques, Crimes culposos no Novo Código de Trânsito, *Boletim IBCCrim* n. 66, p. 12; José Barcelos de Souza, Dolo eventual em crimes de trânsito, *Boletim IBCCrim* n. 73, p. 11; Márcia da Rocha Cruz e Juliana Poggiali G. e Oliveira, Substituição da pena de suspensão do direito de conduzir veículo automotor, *Boletim IBCCrim* n. 93, p. 9; Geraldo de Faria Lemos Pinheiro, Uma pequena análise das penalidades e penas do Código de Trânsito Brasileiro, *Boletim IBCCrim* n. 100, p. 5; Walter Antonio Dias Duarte, Ainda a Nova Lei de Trânsito e o homicídio culposo, *Boletim IBCCrim* n. 101, p. 6; José Carlos Gobbis Pagliuca, Coautoria culposa nos crimes de trânsito, *Boletim IBCCrim* n. 110, p. 13; Selma Pereira de Santana, Atualidades do delito culposo, *Boletim IBCCrim* n. 114, p. 6; Geraldo de Faria Lemos Pinheiro, Breve cotejo de penas do Código de Trânsito Brasileiro, *Boletim IBCCrim* n. 128, p. 7; Jairo José Gênova, O perdão judicial nos crimes de trânsito e nos crimes de menor potencial ofensivo, *Boletim IBCCrim* n. 134, p. 12; José Carlos Gobbis Pagliuca, Coautoria culposa nos crimes de trânsito, *Boletim do Instituto de Ciências Penais* – ICP, n. 26, p. 5;

Leoberto Baggio Caon, Delito culposo, *Informativo Incijur* (Instituto de Ciências Jurídicas) n. 69, p. 7; Milton Jordão, O perdão judicial no homicídio culposo e lesão corporal culposa de trânsito, *Revista Jurídica* n. 339, p. 57; Marcelo Liscio Pedrotti, Do concurso de agentes nos delitos de lesões corporais e homicídios culposos na direção de veículo automotor, *Revista do Ministério Público do Rio Grande do Sul* n. 44, p. 151; Haroldo Ferreira, Polícia judiciária e o Código de Trânsito Brasileiro, *Revista Brasileira de Ciências Criminais*, ano 6, n. 21, p. 117; Geraldo de Faria Lemos Pinheiro, O sistema punitivo no Código de Trânsito Brasileiro, *Revista Brasileira de Ciências Criminais* n. 23, p. 137; Geraldo de Faria Lemos Pinheiro, Anotações sobre alguns ilícitos no Código de Trânsito Brasileiro, *Revista Brasileira de Ciências Criminais* n. 38, p. 155; Leonardo D'Angelo Vargas Pereira, A função do resultado no delito culposo, *Revista IOB de Direito Penal e Processual Penal* n. 49, p. 36; Antônio Quintano Ripolles, Imprudência por meio de veículos, *Revista IOB de Direito Penal e Processual Penal* n. 49, p. 97; Luiz Flávio Gomes, Reforma do Código de Trânsito: condução temerária, homicida e suicida, *Revista Magister de Direito Penal e Processual Penal* n. 22, p. 10; Rômulo de Andrade Moreira, Homicídio culposo no trânsito: o artigo 302 do CTB e o artigo 121, § 3º, do Código Penal, *Revista Magister de Direito Penal e Processual Penal* n. 22, p. 50.

Lesão Corporal Culposa

Art. 303. *Praticar lesão corporal culposa na direção de veículo automotor:*

Penas – detenção, de seis meses a dois anos e suspensão ou proibição de se obter a permissão ou a habilitação para dirigir veículo automotor.

Parágrafo único. *Aumenta-se a pena de 1/3 (um terço) à metade, se ocorrer qualquer das hipóteses do § 1º do art. 302.*

→ **Ver:** arts. 279 e 301 do Código de Trânsito Brasileiro.

→ **Infrações administrativas**

Código de Trânsito Brasileiro:

Art. 176. Deixar o condutor envolvido em acidente com vítima:

I – de prestar ou providenciar socorro à vítima, podendo fazê-lo;

II – de adotar providências, podendo fazê-lo, no sentido de evitar perigo para o trânsito no local;

III – de preservar o local, de forma a facilitar os trabalhos da polícia e da perícia;

IV – de adotar providências para remover o veículo do local, quando determinadas por policial ou agente da autoridade de trânsito;

V – de identificar-se ao policial e de lhe prestar informações necessárias à confecção do boletim de ocorrência:

Infração – gravíssima;

Penalidade – multa (cinco vezes) e suspensão do direito de dirigir;

Medida administrativa – recolhimento do documento de habilitação.

Art. 177. Deixar o condutor de prestar socorro à vítima de acidente de trânsito quando solicitado pela autoridade e seus agentes:

Infração – grave;

Penalidade – multa.

→ **Classificação**

Crime comum; culposo; de dano, material e instantâneo.

→ **Objeto jurídico da tutela penal**

É a integridade física e mental do ser humano.

No mesmo sentido: Damásio E. de Jesus, *Crimes de trânsito*, cit., p. 129.

Segundo entende Guilherme de Souza Nucci, "o objeto jurídico é, primordialmente, a integridade física do ser humano, mas, secundariamente, a segurança viária".[26]

A lesão *corporal* é o dano que afeta o corpo ou a saúde, ou a ambos, conjuntamente, bem por isso Fernando Y. Fukassawa dizer que a tutela penal recai sobre "a integridade corporal ou a saúde da pessoa".[27]

➥ Sujeito ativo

Qualquer pessoa, regularmente habilitada ou não para conduzir veículo na via pública, na medida em que se trata de crime comum.

Não se exige qualquer qualidade especial do agente.

➥ Sujeito passivo

Qualquer pessoa viva; pedestre ou ocupante de outro veículo.

➥ Elemento subjetivo do tipo

É a culpa, que pode se verificar por imprudência, negligência ou imperícia (art. 18, II, do CP).

Culposos são os crimes "em que o resultado provém de imprudência, negligência ou imperícia do agente".[28]

➥ Culpa penal

Ensinou Luis Jiménez de Asúa que "la culpa en su sentido más clásico e general no es más que la ejecución de un acto que pudo y debió ser previsto, y que por falta de previsión en el agente, produce un efecto dañoso".[29]

O comportamento culposo tem como seu núcleo, assevera Miguel Reale Júnior, "a omissão de necessária diligência, no desrespeito ao dever de cuidado objetivo".[30]

"Na culpa em sentido estrito, a vontade não é propriamente dirigida à produção do evento proibido em lei".[31]

---

26 *Leis penais e processuais penais comentadas*, 1. ed., 2. tir., São Paulo, Revista dos Tribunais, 2006, p. 846.

27 *Crimes de trânsito*, 2. ed., São Paulo, Juarez de Oliveira, 2003, p. 144.

28 Aníbal Bruno, *Direito penal*; parte geral, 3. ed., Rio de Janeiro, Forense, 1967, t. 2, p. 223.

29 *Principios de derecho penal – la ley y el delito*, 3. ed., Buenos Aires, Abeledo-Perrot, 1997, p. 371.

30 *Instituições de direito penal*; parte geral, Rio de Janeiro, Forense, 2002, v. 1, p. 234.

31 Giulio Battaglini, *Direito penal*; parte geral, São Paulo, Saraiva, trad. de Paulo José da Costa Jr. e Ada Pellegrini Grinover, com notas de Euclides Custódio da Silveira, 1964, p. 266.

"A culpa consiste na omissão voluntária das diligências necessárias para não causar as consequências prováveis e possíveis do próprio fato".[32]

Consiste, "segundo a conceituação clássica de COSTA E SILVA, em proceder o agente sem a necessária cautela, deixando de empregar as precauções indicadas pela experiência como capazes de prevenir possíveis resultados lesivos (Comentários ao Código Penal, 2. ed., 1967, pág. 15)" (*JUTACrim* 87/241).

Culposos são, portanto, os crimes "em que o resultado provém de imprudência, negligência ou imperícia do agente".[33]

"O verdadeiro fundamento da culpa está na previsibilidade, pois ela consiste na conduta voluntária que produz um resultado antijurídico não querido, mas previsível ou excepcionalmente previsto, de tal modo que, com a devida atenção, poderia ser evitado. A culpa, conforme a lição de CARRARA [Programa, § 80], é a omissão voluntária de diligência no calcular as consequências possíveis e previsíveis do próprio fato; ou, como quer MAGGIORE [Direito Penal, vol. 1, pág. 460], 'conduta voluntária que produz um resultado antijurídico não querido, mas previsível, ou, excepcionalmente previsto, de tal modo que, com a devida atenção, poderia ser evitado'" (*RT* 415/242).

"É na previsibilidade dos acontecimentos e na ausência de precaução que reside a conceituação da culpa penal, pois é a omissão de certos cuidados nos fatos ordinários da vida, perceptíveis à atenção comum, que se configuram as modalidades culposas da imprudência e negligência" (TJMG, ApCrim 1.0453.03.001015-2/001, 3ª CCrim, rel. Des. Antônio Armando dos Anjos, j. 22-1-2008).

"Modernamente, para a caracterização do crime culposo é necessário: a) uma conduta humana; b) prática da conduta com inobservância do dever objetivo de cuidado, manifestado nas formas de imperícia, imprudência ou negligência; c) um resultado naturalístico; d) a existência de nexo causal entre a conduta e o resultado; e) previsibilidade objetiva do sujeito e f) previsão legal expressa da conduta culposa" (TJMG, ApCrim 1.0183.04.066889-3/001, 5ª CCrim, rel. Des. Antônio Armando dos Anjos, j. 3-7-2007).

Sobre culpa penal, consultar, ainda: ENRICO ALTAVILLA, *La culpa*, Bogotá, Temis, 1987; CARLOS A. CONDEIXA DA COSTA, *Da natureza formal dos crimes culposos*, Rio de Janeiro, Liber Juris, 1989; FÁBIO ROBERTO D'ÁVILA, *Crime culposo e a teoria da imputação objetiva*, São Paulo, Revista dos Tribunais, 2001; HEITOR COSTA

---

32 BENTO DE FARIA, *Código Penal brasileiro interpretado*; parte geral, 2. ed., Rio de Janeiro, Record, 1958, v. II, p. 159.

33 ANÍBAL BRUNO, *Direito penal*; parte geral, 3. ed., Rio de Janeiro, Forense, 1967, t. 2, p. 223.

Jr., *Teoria dos delitos culposos*, Rio de Janeiro, Lumen Juris, 1988; Juarez Tavares, *Direito penal da negligência*, São Paulo, Revista dos Tribunais, 1985; Jorge de Figueiredo Dias, *Liberdade, culpa, Direito Penal*, 3. ed., Coimbra, Coimbra Editora, 1995.

➥ Compensação de culpas

Não há compensação de culpas em Direito Penal.

"O Direito Penal não admite a compensação de culpas como causa excludente da culpabilidade do agente" (STJ, AgRg no Ag 1.153.407/SP, 5ª T., rel. Min. Marco Aurélio Bellizze, j. 19-9-2013, *DJe* de 26-9-2013).

"Em matéria penal não há que se falar em compensação e concorrência de culpas" (TJSP, Ap. 0026625-16.2010.8.26.0004, 8ª CCrim Extraordinária, rel. Des. Carlos Monnerat, j. 4-4-2017).

"Em se tratando de acidente de trânsito, o fato da vítima ter concorrido para a ocorrência do evento não exclui a responsabilidade do agente, pois no Direito Penal não há compensação de culpas" (*RJDTACrim* 21/108).

No mesmo sentido: TJSP, ApCrim 0001508-62.2006.8.26.0586, 9ª CCrim, rel. Des. Sérgio Coelho, j. 30-1-2014; TJSP, ApCrim 967.310-3/8, 5ª Câm. da S. Crim., rel. Des. Marcos Zanuzzi, j. 17-7-2007, *Boletim de Jurisprudência* n. 132; TJSP, Ap-Crim 851.684.3/2-0000-000, 14ª CCrim, rel. Des. Décio Barretti, j. 12-4-2007, *Boletim de Jurisprudência* n. 130; *RJDTACrim* 21/215, 21/234 e 25/265.

➥ Excepcionalidade do crime culposo

Acertadamente, ensinou Julio F. Mirabete que, "em princípio, a lei tipifica os crimes dolosos e, assim, o agente só responde pelos fatos que praticar se quis realizar a conduta típica. Mas a lei pode prever, excepcionalmente, a punição por crime por culpa em sentido estrito. Responderá o agente por crime culposo quando o fato for expressamente previsto na lei".[34]

A excepcionalidade do crime culposo decorre do disposto no parágrafo único do art. 18 do Código Penal, segundo o qual: "salvo os casos expressos em lei, ninguém pode ser punido por fato previsto como crime, senão quando o pratica dolosamente".

Na insuperável lição de Nélson Hungria: "A punibilidade a título de culpa tem caráter excepcional. Segundo generalizado critério de política jurídico-penal, a culpa só é incriminada quando se trata de salvaguarda de relevantes interesses ou bens jurídicos, e de eventos *efetivamente* lesivos ou extremamente perigosos à sua segurança ou incolumidade. Como exceção à *regra geral* da

[34] *Código Penal interpretado*, 3. ed., São Paulo, Atlas, 2003, p. 190.

punibilidade a título de dolo, a punibilidade a título de culpa só é reconhecida nos 'casos expressos'".[35]

➥ Objeto material

Objeto material do crime em questão é a pessoa lesionada em razão da conduta culposa do agente.

➥ Tipo objetivo

Praticar, aqui, é o mesmo que causar, produzir.

Lesão corporal, para os fins do tipo em questão, é a ofensa à integridade física ou mental, causada a terceira pessoa. A lesão *corporal* é o dano que afeta o corpo ou a saúde, ou a ambos, conjuntamente.

A autolesão culposa não é suficiente para a conformação típica.

Para os termos do art. 303 do Código de Trânsito, é imprescindível que a lesão seja causada por ato culposo do agente, entenda-se, por imprudência, negligência ou imperícia (art. 18, II, do CP), e que tal decorra de ação praticada na condução de veículo automotor.

Nos termos do Anexo I do Código de Trânsito Brasileiro, considera-se veículo automotor "todo veículo a motor de propulsão que circule por seus próprios meios, e que serve normalmente para o transporte viário de pessoas e coisas, ou para a tração viária de veículos utilizados para o transporte de pessoas e coisas. O termo compreende os veículos conectados a uma linha elétrica e que não circulam sobre trilhos (ônibus elétrico)".

"Sujeita-se às sanções do art. 303 do Código Nacional de Trânsito o agente que 'praticar lesão corporal culposa na direção de veículo automotor'" (TJPB, Ap. 098.2004.001410-6/001, CCrim, rel. Des. Leôncio Teixeira Câmara, j. 27-2-2007, *DJPB* de 2-3-2007, *RT* 861/654).

➥ Dor

A existência de *dor* como decorrência de acidente de trânsito, por si, não configura *lesão corporal* e desautoriza instauração de persecução penal, não justificando, evidentemente, proposta de transação penal e, menos ainda, imposição de condenação criminal.

"A simples presença de 'dor', constatada pelo laudo pericial, não tem o condão de caracterizar a lesão corporal culposa decorrente de acidente de trânsito, vez que tal fenômeno é indiferente ao Direito Penal" (*RJDTACrim* 10/182).

---

[35] *Comentários ao Código Penal*, 3. ed., Rio de Janeiro, Forense, 1955, v. I, t. 2, p. 210.

➥ Equimose

Configura lesão corporal.

"A equimose, que ocorre quando há rompimento de vasos profundos e derrame sanguíneo infiltrando os tecidos, é uma das espécies de ferimento contuso, caracterizando a sua presença, assim, o crime de lesão corporal" (*RJDTACrim* 11/116).

➥ Eritema

Simples eritema não configura lesão corporal.

No mesmo sentido: *RJDTACrim* 9/115.

➥ Torcicolo traumático

Configura lesão corporal.

"O torcicolo traumático, consequente da brusca contração dos músculos do pescoço, constitui lesão corporal, conceito que compreende toda e qualquer ofensa causada à normalidade funcional do corpo ou organismo humano, seja do ponto de vista fisiológico ou psicológico" (*RJDTACrim* 1/119).

➥ Princípio da insignificância

Reconhecimento

"Em caso de crime culposo, com induvidosa insignificância da lesão corporal, cuja inexpressividade é patente, cabe a adoção do princípio da insignificância, em face do comprometimento da materialidade do delito" (*RJDTACrim* 6/106).

Não reconhecimento

"Em sede de crime de lesão corporal é inadmissível a aplicação do princípio da insignificância, visto que, a integridade física do ser humano constitui bem superior que merece proteção especial da lei" (*RJDTACrim* 15/117).

"Nos crimes culposos, a integridade corporal do ofendido não pode ser equiparada a bem jurídico disponível, ainda que ele não tenha demonstrado interesse na condenação do acusado. Na realidade hodierna, as lesões corporais e homicídios culposos causados por veículos têm alcançado índices alarmantes, acarretando graves danos à sociedade, especialmente ao contexto individual e social. Desse modo, a pena deve ser aplicada ao culpado não tanto pela sua função retributiva que é de natureza leve, mas especialmente pela sua natureza preventiva que traz em si um caráter altamente pedagógico" (*RJDTACrim* 1/120).

No mesmo sentido: *RJDTACrim* 24/288.

➥ Consumação

Com a efetiva ofensa à integridade física ou mental da vítima.

"Lesões corporais culposas, ainda que mínimas, constituem a materialidade exigida para o reconhecimento do delito do art. 303, da L. 9.503/97" (TJRS, ACr 70005350897, 1ª CCrim, rel. Des. Manuel José Martinez Lucas, j. 12-3-2003, *Revista IOB de Direito Penal e Processual Penal* n. 23, p. 139).

➥ Tentativa

Não é possível.

Os crimes culposos não admitem a forma tentada.

"O dolo é essencial à tentativa. Assim, não há tentativa em crime culposo".[36]

Sobre tentativa, consultar: Francesco Carrara, *Programa de derecho criminal*; parte general, Santa Fé de Bogotá, Colômbia, 1996, v. I, p. 246; Telles Barbosa, *A tentativa*, 2. ed., São Paulo, Saraiva, 1946.

➥ Ação penal

Em regra a ação penal é *pública condicionada à representação do ofendido*, contudo, será *pública incondicionada*, por força do disposto no disposto no § 1º do art. 291 do Código de Trânsito Brasileiro, se na ocasião do acidente o agente estiver:

I – sob a influência de álcool ou qualquer outra substância psicoativa que determine dependência;

II – participando, em via pública, de corrida, disputa ou competição automobilística, de exibição ou demonstração de perícia em manobra de veículo automotor, não autorizada pela autoridade competente;

III – transitando em velocidade superior à máxima permitida para a via em 50 km/h (cinquenta quilômetros por hora).

Nas hipóteses previstas no § 1º do art. 291, deverá ser instaurado inquérito policial para a investigação da infração penal.

No mesmo sentido: STJ, RHC 33.478/MG, 5ª T., rel. Min. Jorge Mussi, j. 9-4-2013, *DJe* de 24-4-2013.

➥ Representação do ofendido

A representação do ofendido constitui manifestação positiva de vontade, no sentido de querer ver instaurada a investigação e ofertada eventual denúncia contra quem de direito.

---

36 Miguel Reale Júnior, *Instituições de direito penal*; parte geral, Rio de Janeiro, Forense, 2002, v. I, p. 291.

Na hipótese de ser a ação penal pública condicionada à representação do ofendido, a renúncia da vítima ao exercício do direito de representação é causa de extinção da punibilidade (*RT* 775/627; 797/614).

"A representação do ofendido, condição de procedibilidade no caso do delito tipificado no art. 303 da Lei n. 9.503/97, pode ser ofertada perante a autoridade policial" (STJ, RHC 16.461/SP, 6ª T., rel. Min. Hamilton Carvalhido, j. 30-5-2006, *DJ* de 5-2-2007, p. 379).

"Não há forma rígida para a representação, bastando a manifestação de vontade do ofendido para que fosse apurada a responsabilidade do paciente, em delito de lesão corporal culposa praticada na direção de veículo automotor, devendo ser considerada válida, para tanto, a representação oferecida pelo advogado constituído pela vítima. A ausência de poderes especiais do causídico para oferecer o referido instrumento de representação constitui tão somente nulidade relativa, passível de ser sanada a qualquer tempo, pois, de acordo com o art. 568 do CPP, esta Corte tem entendido no sentido de que eventuais omissões ou irregularidades no mandato, atinentes à legitimidade do procurador da parte, podem ser convalidadas mesmo após o prazo decadencial" (STJ, RO HC 11.406-PB, 5ª T., rel. Min. Gilson Dipp, j. 11-9-2001, *DJU* de 22-10-2001, *RT* 796/563).

"A representação não necessita ser exteriorizada de forma solene, sendo bastante que a vítima explicite sua intenção de ver processar o autor do ataque, mesmo que através de um simples boletim de ocorrência" (TJSP, Ap. 270.978-3/9-00, 3ª Câm., rel. Des. Segurado Braz, j. 29-6-1999, *RT* 769/570).

No mesmo sentido: STJ, RHC 19.044/SC, 6ª T., rel. Min. Paulo Medina, j. 18-5-2006, *DJ* de 1º-8-2006, p. 546; STJ, RO HC 10.872/SC, 5ª T., rel. Min. José Arnaldo da Fonseca, j. 15-3-2001, *DJU* de 4-6-2001, *RT* 795/545; STJ, RO HC 9.164/SP, 6ª T., rel. Min. Vicente Leal, j. 14-3-2000, *DJU* de 10-4-2000, *RT* 779/526; STJ, HC 7.985/PB, 6ª T., rel. Min. Vicente Leal, j. 22-6-1999, *DJU* de 9-8-1999, *RT* 771/544.

➥ Composição civil

Admite-se, em regra, a composição civil, com consequente extinção da punibilidade, por força do disposto no § 1º do art. 291 do Código de Trânsito Brasileiro, *exceto se* na ocasião do acidente o agente estiver:

I – sob a influência de álcool ou qualquer outra substância psicoativa que determine dependência;

II – participando, em via pública, de corrida, disputa ou competição automobilística, de exibição ou demonstração de perícia em manobra de veículo automotor, não autorizada pela autoridade competente;

III – transitando em velocidade superior à máxima permitida para a via em 50 km/h (cinquenta quilômetros por hora).

➥ Transação penal

É cabível,[37] por força do disposto no § 1º do art. 291 do Código de Trânsito Brasileiro, *exceto se* na ocasião do acidente o agente estiver:

I – sob a influência de álcool ou qualquer outra substância psicoativa que determine dependência;

II – participando, em via pública, de corrida, disputa ou competição automobilística, de exibição ou demonstração de perícia em manobra de veículo automotor, não autorizada pela autoridade competente;

III – transitando em velocidade superior à máxima permitida para a via em 50 km/h (cinquenta quilômetros por hora).

Se o crime for praticado nos moldes do parágrafo único do art. 303, não será cabível transação penal.

"O art. 61 da Lei n. 9.099/95 dispõe: Consideram-se infrações penais de menor potencial ofensivo, para os efeitos desta Lei, as contravenções penais e os crimes a que a lei comine pena máxima não superior a 2 (dois) anos, cumulada ou não com multa. Sendo a pena máxima prevista para a prática do crime previsto no art. 303 da Lei n. 9.503/97 c/c art. 302, par. único, IV, da mesma norma, maior de 2 anos, não incidem os benefícios da transação e do acordo civil, previstos pela Lei n. 9.099/95" (STJ, RHC 36.683/SP, 6ª T., rel. Min. Nefi Cordeiro, j. 5-4-2016, *DJe* de 18-4-2016).

Para uma visão prática da Lei 9.099/95, consultar: Jorge Assaf Maluly e Pedro Henrique Demercian, *Teoria e prática dos Juizados Especiais Criminais*, 4. ed., Rio de Janeiro, Forense, 2008.

➥ Transação penal descumprida

Doutrina e jurisprudência sempre debateram a respeito da possibilidade, ou não, de instauração de ação penal depois de feita e homologada transação penal em juízo, na hipótese de a avença restar injustificadamente descumprida.

---

37 "A transação é instituto despenalizador, pré-processual, que deve ser ofertada pelo Ministério Público antes mesmo do início da ação penal, durante a audiência prévia de conciliação" (STJ, HC 201.310/SP, 5ª T., rel. Min. Adilson Vieira Macabu, j. 19-6-2012, *DJe* de 29-6-2012).

"A transação penal insere-se no âmbito das medidas despenalizadoras, de sorte que o órgão acusatório deve fundamentar adequadamente a sua recusa, não ficando essas razões alheias ao exame judicial" (STJ, RHC 34.866/MG, 5ª T., rela. Mina. Laurita Vaz, j. 17-12-2013, *DJe* de 3-2-2014).

"O oferecimento da transação penal revela-se poder-dever do *Parquet*" (STJ, RHC 31.932/SP, 6ª T., rela. Mina. Maria Thereza de Assis Moura, j. 12-3-2013, *DJe* de 25-3-2013).

Segundo pensamos, o descumprimento injustificado de transação penal *homologada* não autoriza instauração de ação penal de conhecimento. Em casos tais, restará ao legitimado promover a execução do título judicial que se forma com a homologação.

Com vistas a pacificar a divergência, o Supremo Tribunal Federal editou a Súmula Vinculante 35, que tem o seguinte teor: "A homologação da transação penal prevista no art. 76 da Lei n. 9.099/1995 não faz coisa julgada material e, descumpridas suas cláusulas, retoma-se a situação anterior, possibilitando-se ao Ministério Público a continuidade da persecução penal mediante oferecimento de denúncia ou requisição de inquérito policial".

A hipótese mencionada não se iguala àquela adotada por muitos, na qual, entabulada a transação, o juiz determina inicialmente que se aguarde seu cumprimento em certo prazo, para depois homologá-la e, então, extinguir a punibilidade.

Por aqui, não é difícil concluir que, não tendo ocorrido homologação judicial, é cabível posterior oferecimento de denúncia em caso de restar descumprida a avença.

É preciso considerar, entretanto, que a rigor não se poderia pensar no cumprimento do acordo feito em juízo antes de sua efetiva homologação. Ainda assim, tal prática é recorrente na rotina judiciária.

➥ Conversão de transação penal descumprida em prisão

Descumprida a transação penal, resulta inviável a conversão da pena transacionada em pena privativa de liberdade.

"A transformação automática da pena restritiva de direitos, decorrente de transação, em privativa do exercício da liberdade discrepa da garantia constitucional do devido processo legal" (STF, HC 79.572/GO, 2ª T., rel. Min. Marco Aurélio, j. 29-2-2000, *DJ* de 22-2-2002, p. 34).

No mesmo sentido: STF, HC 80.802/MS, 1ª T., rela. Mina. Ellen Gracie, j. 24-4-2001, *DJ* de 18-5-2001, p. 434; STF, RE 268.320/PR, 1ª T., rel. Min. Octávio Gallotti, j. 15-8-2000, *DJ* de 10-11-2000, p. 105; STF, HC 80.164/MS, 1ª T., rel. Min. Ilmar Galvão, j. 26-9-2000, *DJ* de 7-12-2000, p. 5.

➥ Suspensão condicional do processo

É cabível, à luz do disposto no art. 89 da Lei n. 9.099/95, já que a pena mínima cominada não é superior a 1 (um) ano.

Sobre a matéria, conferir:

Súmula 723 do STF: "Não se admite a suspensão condicional do processo por crime continuado, se a soma da pena mínima da infração mais grave com o aumento mínimo de um sexto for superior a um ano".

SÚMULA 243 do STJ: "O benefício da suspensão do processo não é aplicável em relação às infrações penais cometidas em concurso material, concurso formal ou continuidade delitiva, quando a pena mínima cominada, seja pelo somatório, seja pela incidência da majorante, ultrapassar o limite de um (01) ano".

Sobre suspensão condicional do processo, consultar: LUIZ FLÁVIO GOMES, *Suspensão condicional do processo penal*, 2. ed., São Paulo, Revista dos Tribunais, 1997.

"O instituto da suspensão condicional do processo constitui importante medida despenalizadora, estabelecida por motivos de política criminal, com o objetivo de possibilitar, em casos previamente especificados, que o processo nem chegue a se iniciar" (STF, APn 512 AgR/BA, Tribunal Pleno, rel. Min. Ayres Britto, j. 15-3-2012, *DJe* n. 077, de 10-4-2012).

"O *sursis* processual, *ex vi* do art. 89 da Lei n. 9.099/95, consubstancia medida excepcional no ordenamento jurídico-penal brasileiro, voltada para infrações penais de menor potencial ofensivo" (STF, RHC 116.399/BA, 1ª T., rel. Min. Luiz Fux, j. 25-6-2013, *DJe* n. 159, de 15-8-2013).

"À luz do disposto no art. 89 da Lei 9.099/1995, nos crimes em que a pena mínima for igual ou inferior a 1 (um) ano, o Ministério Público, ao oferecer denúncia, poderá propor suspensão do curso do processo, pelo período de 2 (dois) a 4 (quatro) anos" (STF, HC 120.144/BA, 1ª T., rela. Mina. Rosa Weber, j. 24-6-2014, *DJe* n. 148, de 1-8-2014).

➥ Procedimento/competência

Para o processo por crime de lesão corporal culposa praticada na direção de veículo automotor, segue-se o *procedimento comum, sumaríssimo*, previsto para as infrações penais de menor potencial ofensivo (arts. 77 e s. da Lei n. 9.099/95).

A conclusão decorre do disposto no art. 291, *caput*, do Código de Trânsito Brasileiro, c/c o art. 61 da Lei n. 9.099/95, e do art. 394, § 1º, III, do CPP, pois a pena máxima cominada não é superior a 2 (dois) anos.

"Se as somas das penas máximas cominadas aos crimes em que o acusado for denunciado superarem o limite de dois anos, a competência será da Justiça Comum, pois as reprimendas, para esse fim, devem ser analisadas considerando-se o acréscimo do concurso formal e material, e não isoladamente" (TAMG, ACrim 376.904-4, 2ª Câm. Mista, rel. Juiz Sidney Alves Affonso, *DJMG* de 22-8-2003, *Revista Jurídica* n. 311, p. 168; *Revista IOB de Direito Penal e Processual Penal* n. 22, p. 119).

Entendendo que a competência é da Justiça Comum: TJSP, HC 01012054.3/1-0000-000, 6ª Câm. do 3º Gr. da S. Crim., rel. Des. Pedro Gagliardi, j. 7-12-2006, *RT* 859/607.

Sobre a Lei n. 9.099/95, consultar: ADA PELLEGRINI GRINOVER, ANTÔNIO MAGALHÃES GOMES FILHO, ANTONIO SCARANCE FERNANDES e LUIZ FLÁVIO GOMES, *Juizados especiais criminais*, 5. ed., São Paulo, Revista dos Tribunais, 2005.

Sobre conexão e continência na Lei n. 9.099/95, consultar: SIDNEI ELOY DALABRIDA, Conexão e continência na Lei 9.099/1995, *RT* 743/497.

➥ Crime cometido por policial militar, em serviço, contra civil

"Cabe ao Juizado Especial Criminal o processamento e julgamento de delito cometido por policial militar, em serviço, contra civil, à luz do Enunciado n. 6 da Súmula desta Corte Superior. O delito de lesão corporal culposa na direção de veículo automotor, previsto no art. 303 do Código de Trânsito Brasileiro, corporifica hipótese não tipificada pela legislação castrense" (STJ, CC 104.620/MG, Terceira Seção, rela. Mina. Maria Thereza de Assis Moura, j. 12-8-2009, *DJe* de 21-8-2009).

Em sentido contrário: STJ, CComp 34.749/RS, Terceira Seção, rel. Min. Felix Fischer, *DJU* de 18-11-2002, *Revista Jurídica* n. 302, p. 143; STJ, CComp 38.655-SP, 3ª T., rel. Min. Fontes de Alencar, j. 10-9-2003, *DJU* de 6-10-2003.

➥ Penas

Em sua forma fundamental (art. 303, *caput*), o crime de lesão corporal culposa praticado na direção de veículo automotor é punido com detenção, de 6 (seis) meses a 2 (dois) anos, *e* suspensão ou proibição de se obter a permissão ou a habilitação para dirigir veículo automotor.

O parágrafo único do art. 303 determina a aplicação das causas de aumento de pena estabelecidas no § 1º do art. 302, que impõe majoração de pena de 1/3 (um terço) a 1/2 (metade) se o agente:

I – não possuir Permissão para Dirigir ou Carteira de Habilitação;

II – praticá-lo em faixa de pedestres ou na calçada;

III – deixar de prestar socorro, quando possível fazê-lo sem risco pessoal, à vítima do acidente;

IV – no exercício de sua profissão ou atividade, estiver conduzindo veículo de transporte de passageiros.

Sobre individualização da pena, consultar: GUILHERME DE SOUZA NUCCI, *Individualização da pena*, 7. ed., São Paulo, Revista dos Tribunais, 2015; PAULO S. XAVIER DE SOUZA, *Individualização da pena no Estado Democrático de Direito*, Porto Alegre, Sergio Antonio Fabris Editor, 2006.

➥ Circunstâncias agravantes

Nos termos do art. 298 do Código de Trânsito Brasileiro, são circunstâncias que sempre agravam as penalidades dos crimes de trânsito, ter o condutor do veículo cometido a infração:

I – com dano potencial para duas ou mais pessoas ou com grande risco de grave dano patrimonial a terceiros;

II – utilizando o veículo sem placas, com placas falsas ou adulteradas;

III – sem possuir Permissão para Dirigir ou Carteira de Habilitação;

IV – com Permissão para Dirigir ou Carteira de Habilitação de categoria diferente da do veículo;

V – quando a sua profissão ou atividade exigir cuidados especiais com o transporte de passageiros ou de carga;

VI – utilizando veículo em que tenham sido adulterados equipamentos ou características que afetem a sua segurança ou o seu funcionamento de acordo com os limites de velocidade prescritos nas especificações do fabricante;

VII – sobre faixa de trânsito temporária ou permanentemente destinada a pedestres.

➥ Suspensão ou proibição de se obter a permissão ou a habilitação para dirigir veículo automotor

Ver arts. 292 a 296 do Código de Trânsito Brasileiro, e conferir nossas precedentes anotações ao art. 302, no subtítulo "SUSPENSÃO OU PROIBIÇÃO DE SE OBTER A PERMISSÃO OU A HABILITAÇÃO PARA DIRIGIR VEÍCULO AUTOMOTOR".

➥ Suspensão ou proibição cautelar de se obter a permissão ou a habilitação para dirigir veículo automotor

Conferir o art. 294 do Código de Trânsito Brasileiro e nossas anotações precedentes ao art. 302, no subtítulo "SUSPENSÃO OU PROIBIÇÃO DE SE OBTER A PERMISSÃO OU A HABILITAÇÃO PARA DIRIGIR VEÍCULO AUTOMOTOR".

➥ Multa reparatória

CÓDIGO DE TRÂNSITO BRASILEIRO:

Art. 297. A penalidade de multa reparatória consiste no pagamento, mediante depósito judicial em favor da vítima, ou seus sucessores, de quantia calculada com base no disposto no § 1º do art. 49 do Código Penal, sempre que houver prejuízo material resultante do crime.

§ 1º A multa reparatória não poderá ser superior ao valor do prejuízo demonstrado no processo.

§ 2º Aplica-se à multa reparatória o disposto nos arts. 50 a 52 do Código Penal.

§ 3º Na indenização civil do dano, o valor da multa reparatória será descontado.

➥ Regime de pena

Pena de detenção pode ser cumprida em regime aberto ou semiaberto, observadas as condicionantes dos arts. 33 e 59 do Código Penal.

➥ Penas restritivas de direitos

Admite-se a substituição da pena privativa de liberdade por restritiva de direito, com fundamento no art. 44 do Código Penal.

"A teor do disposto no artigo 44, inciso III, do Código Penal, as consequências do crime não obstaculizam a substituição da pena privativa da liberdade pela restritiva de direitos" (STF, HC 125.602/MG, 1ª T., rel. Min. Dias Toffoli, rel. p/ o acórdão Min. Marco Aurélio, j. 3-3-2015, *DJe* n. 067, de 10-4-2015).

"Uma vez aplicada pena em patamar a atrair a incidência do disposto no artigo 44 do Código Penal, cumpre implementar a substituição da restritiva da liberdade pela limitadora de direitos" (STF, HC 113.577/RS, 1ª T., rel. Min. Marco Aurélio, j. 10-11-2015, *DJe* n. 237, de 25-11-2015).

"O princípio do livre convencimento exige fundamentação concreta, vinculada, do ato decisório. A escolha das penas restritivas de direito dentre as previstas no art. 43 do CP, sem apontar qualquer fundamento, não preenche as exigências constitucionais e infraconstitucionais (art. 93, inciso IX, 2ª parte da Carta Magna e arts. 157, 381 e 387 do CPP). Não se pode confundir livre convencimento com convicção íntima" (STJ, HC 45.397/MG, 5ª T., rel. Min. Felix Fischer, j. 14-8-2007, *DJ* de 1º-10-2007, p. 302).

"As circunstâncias judiciais quando desfavoráveis revelam a inviabilidade da substituição da sanção corporal, em razão do não preenchimento dos requisitos elencados no artigo 44, inciso III, do Código Penal. Precedentes: RHC 112.875, Primeira Turma, Relator o Ministro Luiz Fux, *DJ* de 19.11.12; RHC 114.742, Primeira Turma, Relator o Ministro Dias Toffoli, *DJ* de 08.11.12 e HC 103.824, Segunda Turma, Relator o Ministro Ayres Britto, *DJ* de 05.11.10" (STF, RHC 118.658/SP, 1ª T., rel. Min. Luiz Fux, j. 13-5-2014, *DJe* n. 105, de 2-6-2014).

Sobre penas restritivas de direitos, consultar: CEZAR ROBERTO BITENCOURT, *Novas penas alternativas*, São Paulo, Saraiva, 1999; DAMÁSIO E. DE JESUS, *Penas alternativas*, São Paulo, Saraiva, 1999; RENÉ ARIEL DOTTI, *Bases e alternativas para o sistema de penas*, São Paulo, Revista dos Tribunais, 1998.

O art. 2º da Lei n. 13.281/2016, entre outras providências, acrescentou dispositivo novo ao Código de Trânsito Brasileiro, nos seguintes termos: "Art. 312-A. Para os crimes relacionados nos arts. 302 a 312 deste Código, nas situações em que o juiz aplicar a substituição de pena privativa de liberdade por pena restritiva de direitos, esta deverá ser de prestação de serviço à comunidade ou a entidades públicas, em uma das seguintes atividades: I – trabalho, aos fins de semana, em equipes de resgate dos corpos de bombeiros e em outras unidades móveis especializadas no atendimento a vítimas de trânsito; II – trabalho em unidades de pronto-socorro de hospitais da rede pública que recebem vítimas de acidente de trânsito e politraumatizados; III – trabalho em clínicas ou instituições especializadas na recuperação de acidentados de trânsito; IV – outras atividades relacionadas ao resgate, atendimento e recuperação de vítimas de acidentes de trânsito.

As repercussões do dispositivo transcrito estão analisadas no local próprio, observada a metodologia adotada nesta obra.

➥ Prisão em flagrante

Embora de rara verificação na realidade prática, é juridicamente possível a prisão em flagrante, mesmo em se tratando de infração penal de pequeno potencial ofensivo, conforme decorre do disposto no parágrafo único do art. 69 da Lei n. 9.099/95.

Conforme dispõe o art. 301 do Código de Trânsito Brasileiro: "Ao condutor de veículo, nos casos de acidentes de trânsito de que resulte vítima, não se imporá a prisão em flagrante, nem se exigirá fiança, se prestar pronto e integral socorro àquela".

Impende que se observe a necessidade de prévia *representação do ofendido*, nas hipóteses em que exigida, para que, sendo caso, se possa efetivar a prisão em flagrante (art. 291, § 1º, do Código de Trânsito Brasileiro, c/c o art. 88 da Lei n. 9.099/95 e art. 5º, § 4º, do CPP), o que pressupõe certa concomitância, sob pena de não persistir a situação de flagrante justificadora da prisão cautelar, nos moldes do art. 302 do CPP.

Sobre prisão em flagrante, consultar: Tales Castelo Branco, *Da prisão em flagrante*, 5. ed., São Paulo, Saraiva, 2001; Renato Marcão, *Prisões cautelares, liberdade provisória e medidas cautelares restritivas*, 2. ed., São Paulo, Saraiva, 2012; *Curso de processo penal*, 3. ed., São Paulo, Saraiva, 2017, e *Código de Processo Penal comentado*, São Paulo, Saraiva, 2016.

➥ Fiança

Ver o art. 301 do Código de Trânsito Brasileiro e os arts. 322 a 350 do CPP.

Imprudência

➥ Noção

"Caracteriza o crime culposo, por imprudência, o fato de o agente proceder sem a necessária cautela, deixando de empregar as precauções indicadas pela experiência como capazes de prevenir possíveis resultados lesivos" (TJMG, ApCrim 1.0183.04.066889-3/001, 5ª CCrim, rel. Des. Antônio Armando dos Anjos, j. 3-7-2007).

"Sobre o dever de cuidado, componente normativo do tipo objetivo culposo que é, hoje, amplamente reconhecido como prioritário e decisivo por quase toda a doutrina, confira-se a lição de Eugenio Raúl Zaffaroni e José Henrique Pierangeli: 'O estudo da culpa a partir do resultado e da causalidade desviou a ciência jurídico-penal do caminho correto acerca da compreensão do problema. A causação do resultado e a previsibilidade podem ocorrer – e de fato ocorrem – em numerosíssimas condutas que nada têm de culposas. Todo sujeito que conduz um veículo sabe que introduz um certo perigo para os bens jurídicos alheios, a ponto de contratar seguros 'por danos a terceiros'. Sem embargo, isto é absolutamente insuficiente para caracterizar a culpa. O entendimento correto do fenômeno da culpa é recente na doutrina, surgindo a partir da focalização da atenção científica sobre a violação do dever de cuidado, que é o ponto de partida para a construção dogmática do conceito (Eugenio Raúl Zaffaroni e José Henrique Pierangeli. *Manual de Direito Penal Brasileiro*; Parte Geral, 3ª ed., rev. e atual., São Paulo, Editora RT, 2001, p. 518)" (TJMG, ApCrim 1.0183.04.066889-3/001, 5ª CCrim, rel. Des. Antônio Armando dos Anjos, j. 3-7-2007).

➥ Dever de atenção

Conforme dispõe o art. 28 do Código de Trânsito Brasileiro: "O condutor deverá, a todo momento, ter domínio de seu veículo, dirigindo com atenção e cuidados indispensáveis à segurança do trânsito".

"Adeptos das mais variadas Escolas Penais não discrepam sobre a circunstância de que a culpa se fundamenta no descumprimento da *obligatio ad diligentiam*, ou seja, na falta de atenção ou cuidado. Até mesmo para aqueles que se filiaram à corrente da teoria finalista da ação, a falta de atenção ou de cuidado é o requisito primordial para fundamentar a punição do delito culposo" (*RJDTACrim* 1/115).

"O condutor deverá ter, a todo momento, domínio de seu veículo, dirigindo-o com atenção e cuidados indispensáveis à segurança do trânsito" (TJMG, ApCrim 1.0058.01.000824-9/001, 4ª CCrim, rel. Des. William Silvestrini, j. 7-3-2007).

"O motorista tem o dever de cautela para com os veículos que trafegam a sua frente" (TJMS, Ap. 71.405-0, 2ª T., rel. Des. João Carlos Brandes Garcia, j. 1º-3-2000, *RT* 780/650).

➥ Previsibilidade

"Para a caracterização da culpa *stricto sensu* é necessário que o evento seja previsível, isto é, que exista a possibilidade do agente de prever o resultado" (*RJDTACrim* 27/207).

"A previsibilidade – tal como a correlata noção de evitabilidade, a integrar o cerne da culpa *stricto sensu* – pauta-se pela latitude do que o agente, em face do caso concreto, razoavelmente poderia antever como efeitos de sua conduta – tipo no mundo fenomênico" (*RJDTACrim* 3/132).

"Nos crimes culposos o tipo é aberto, porque cabe ao Juiz identificar a conduta proibida, contrária ao cuidado objetivo, causadora do resultado. Neste tipo de crime não há vontade dirigida ao resultado, a ação dirigida a outros fins deve ser praticada com negligência, imprudência ou imperícia. É proibida e, pois, típica, a ação que, desatendendo ao cuidado, à diligência ou à perícia exigíveis nas circunstâncias em que o fato ocorreu, provoca o resultado. A inobservância do cuidado objetivo exigível conduz à antijuridicidade. É exigível o cuidado objetivo quando o resultado era previsível para uma pessoa razoável e prudente" (*RJDTACrim* 6/86).

No mesmo sentido: TJMG, ApCrim 1.0058.01.000824-9/001, 4ª CCrim, rel. Des. William Silvestrini, j. 7-3-2007.

➥ Ambulância

A prioridade de passagem na via e no cruzamento, de que gozam as ambulâncias, deverá se dar com velocidade reduzida e com os devidos cuidados de segurança, obedecidas as normas do Código de Trânsito brasileiro, conforme se extrai do art. 29, VII, *d*, do CTB.

"Aos veículos com sirene e farol ligados são conferidos preferência no trânsito e não imunidade para trafegarem desrespeitando regras de trânsito, de forma que pode até ser tolerado em determinadas situações o avanço de sinal vermelho, mas desde que com a máxima prudência" (TJMG, ApCível 1.0105.07.217319-5/001, 3ª T., 6ª CCível, rel. Des. Antônio Sérvulo, j. 12-8-2008).

"O privilégio de trânsito de que gozam, por lei, as ambulâncias e outros veículos que prestam serviço de socorro ou assistência, não desobriga os respectivos motoristas da total observância das regras e sinais de tráfego" (*RJDTACrim* 5/115).

"Embora os veículos destinados ao socorro tenham o direito de prioridade no trânsito, devem obedecer aos cuidados de segurança" (*Revista Jurídica* n. 314, p. 142).

No mesmo sentido: TJMG, AC 46.167/3, 1ª Câm., rel. Des. Antônio Hélio Silva, j. 20-6-1995, *Revista Jurídica* n. 244, p. 151.

➥ Atropelamento

É imprudente o condutor que atropela pedestre que está na iminência de concluir a travessia da via pública.

No mesmo sentido: TJMG, ApCrim 1.0024.05.629487-9/001, 4ª CCrim, rel. Des. Herbert Carneiro, j. 17-12-2009; *RJDTACrim* 7/120 e 7/122.

➥ Colisão na traseira

Nos precisos termos do art. 29, II, do CTB: "o condutor deverá guardar distância de segurança lateral e frontal entre o seu e os demais veículos, bem como em relação ao bordo da pista, considerando-se, no momento, a velocidade e as condições do local, da circulação, do veículo e as condições climáticas".

"A parada repentina de veículos no trânsito é comum e previsível. Deve, por isso, o motorista manter um espaço livre a sua frente, a fim de que, em caso de brusca parada do veículo que lhe está na dianteira, possa também deter o seu conduzido sem causar colisão" (*JUTACRIM* 93/178).

"Segundo as normas do Código de Trânsito, a pessoa que transita nas vias públicas deve manter distância segura em relação ao veículo que trafega a sua frente, posto que assim o condutor terá um domínio maior de seu automóvel, controlando-o quando aquele que segue a sua frente diminui a velocidade ou para abruptamente. Daí advém a presunção de que a culpa nos acidentes de trânsito em que um dos veículos colide na traseira de outro deve ser imputada àquele que violou o dever preexistente de cuidado imposto pelo ordenamento jurídico" (TJMG, ApCível 1.0145.06.341212-9/001, 11ª CCível, rela. Desa. Selma Marques, j. 1º-4-2009).

"Culpa do motorista que colide na traseira de moto por não guardar distância regulamentar de segurança" (TJRS, ACr 70005350897, 1ª CCrim, rel. Des. Manuel José Martinez Lucas, j. 12-3-2003, *Revista IOB de Direito Penal e Processual Penal* n. 23, p. 139).

"Pratica o crime do art. 303, *caput*, da Lei n. 9.503/97 o motorista que, dirigindo em velocidade excessiva, colide com a traseira de veículo – parado em razão do sinal semafórico –, arremessando-o contra uma jardineira localizada na calçada e provocando, em consequência dessa última colisão, lesões graves na vítima" (*Revista Jurídica* n. 315, p. 167).

No mesmo sentido: *RJDTACrim* 3/137.

➥ Condutor com calçado impregnado de barro

Hipótese em que se reconheceu imprudência: "Age imprudentemente quem dirige veículo automotor, com o calçado impregnado de barro, sendo-lhe previsível eventual falha no uso dos pedais, sobretudo em face de situações de emergência para frear o conduzido" (*RJDTACrim* 1/124).

➥ Conduzir passageiro em trator

"Age com culpa e responde pelas consequências do sinistro, o agente que dirige trator levando pessoa mal acomodada na parte dianteira do veículo, vindo esta a cair e lesionar-se" (*RJDTACrim* 20/93).

"Age com culpa, na modalidade de imprudência, o motorista que transporta pessoa no para-lama de seu trator, vindo esta a escorregar e cair, sofrendo lesões corporais, vez que tal fato é previsível a ele, tendo-se presente que tal veículo não é adequado para transporte de passageiros" (*RJDTACrim* 21/240).

➥ Contramão

É evidente a imprudência de quem se põe a conduzir veículo automotor na contramão da via pública e com seu agir dá causa à acidente de trânsito com vítima.

"Em sede de lesão corporal culposa, caracteriza imprudência a conduta do motorista que trafega pela contramão, dando causa a acidente de trânsito" (*RJTACrim* 35/264).

No mesmo sentido: *RJTACrim* 44/172 e *RJDTACrim* 15/33.

➥ Cruzamento não sinalizado

Na dicção do art. 29, III, do CTB, quando veículos, transitando por fluxos que se cruzem, se aproximarem de local não sinalizado, terá preferência de passagem: a) no caso de apenas um fluxo ser proveniente de rodovia, aquele que estiver circulando por ela; b) no caso de rotatória, aquele que estiver circulando por ela; c) nos demais casos, o que vier pela direita do condutor.

Hipóteses em que se reconheceu preferência de passagem de quem vinha pela direita: *RJDTACrim* 5/124, 6/105, 7/121 e 17/115; *RJTACrim* 29/46.

"Num cruzamento não sinalizado, em princípio, a preferência é do veículo que vem da direita, consoante determina o art. 29, III, *c*, do CTB. Contudo, se as vias têm fluxo de trânsito muito distinto, como ocorre entre ruas e avenidas, a regra de experiência determina que o veículo que trafega pela rua dê preferência ao veículo que trafega pela avenida, independentemente da sinalização. (...) A regra geral do art. 29, § 2º, do CTB é expressa em determinar a responsabilidade dos veículos maiores pela segurança dos veículos menores no trânsito, o que incrementa o dever de cuidado dos motoristas de veículos pesados" (STJ, REsp 1.069.446/PR, 3ª T., rela. Mina. Nancy Andrighi, j. 20-10-2011, *DJE* de 3-11-2011).

➥ Derrapagem

É acontecimento previsível.

No mesmo sentido: "A derrapagem é acontecimento previsível que normalmente se verifica devido ao excesso de velocidade ou imperícia do motorista. Mais transparente exsurge a culpa quando a pista está molhada, úmida ou enlameada. (*RJDTACrim* 6/107).

No mesmo sentido: *RJDTACrim* 16/62.

➥ Desrespeito ao sinal "PARE"

Configura manifesta imprudência desrespeitar sinalização que determine parada obrigatória de veículo no tráfego viário, a autorizar, sem sombra de dúvida, o reconhecimento de culpa penal atribuível àquele que assim procede e, com tal agir, dá causa a acidente de trânsito com vítima.

"Age com imprudência o motorista que ingressa em cruzamento dotado de placa 'Pare', em momento impróprio, sem observar o direito preferencial de passagem do outro veículo" (*RJDTACrim* 1/121).

"Age com culpa e responde pelas consequências do sinistro, o motorista que ingressa em cruzamento devidamente sinalizado com placa 'PARE', sem as devidas cautelas, causando lesões corporais em terceiros que detinham a preferência" (*RJDTACrim* 22/278).

"Age com imprudência o motorista que, trafegando por via secundária, desobedece a sinalização existente, advertência de 'PARE', vindo a interceptar a trajetória de outro veículo e causando lesões em seu condutor, vez que se trata de fato previsível, necessitando, pois, de cautela e cuidado em relação às regras de trânsito" (*RJDTACrim* 21/238).

"Age com imprudência o motorista que, com seu conduzido, não toma os cuidados objetivos necessários à observância do duplo comando do sinal 'Pare', dando causa a acidente e lesão corporal na vítima, vez que tal sinalização exige que o agente efetivamente pare no cruzamento e só retorne ao movimento com a certeza de que não obstruirá a marcha do veículo que estiver trafegando pela preferencial" (*RJDTACrim* 19/53).

No mesmo sentido: *RJDTACrim* 21/234 e 23/275; *RJTACrim* 39/152.

➥ Dormir ao volante

Se o agente dorme na condução de veículo automotor e em razão disso dá causa a acidente de trânsito do qual resultam lesões corporais à terceira pessoa, é inafastável sua condenação a título de culpa, na modalidade imprudência.

No mesmo sentido: *RJDTACrim* 21/217.

➥ Embriaguez

Age com culpa, na modalidade de imprudência, o agente que dirige veículo em estado de embriaguez, vindo a provocar colisão e consequente ferimento em outrem.

No mesmo sentido: *RJDTACrim* 21/88.

Na dicção do art. 6º da Lei n. 11.705, de 19 de junho de 2008, "consideram-se bebidas alcoólicas, para efeitos desta Lei, as bebidas potáveis que contenham álcool em sua composição, com grau de concentração igual ou superior a meio grau Gay-Lussac".

➥ Marcha à ré

Exige cautela redobrada do condutor, por ser manobra perigosa.

"Motorista de caminhão que efetua marcha à ré, com visibilidade prejudicada, causando lesões corporais na vítima, pratica manifesta imprudência, pois a manobra à ré é sempre perigosa e temerária" (*RJDTACrim* 3/137).

"A marcha à ré é manobra anormal, que implica em alteração do ritmo comum do trânsito, podendo surpreender especialmente pedestres. Deve, por isso, ser cercada de todas as cautelas e, em se tratando de caminhão, cuja visão à retaguarda é praticamente nula, deve, também, ser orientada por ajudante. A ausência desses cuidados, caracteriza a imprudência" (*RJDTACrim* 3/139).

No mesmo sentido: *RJDTACrim* 26/129.

➥ Obstáculo que dificulta a visão

"Se a visibilidade no cruzamento não é boa, deve o motorista redobrar-se em cautela e não avançar nem um pouco, pois constitui manifesta imprudência adentrar, ainda que um pouco, numa confluência sem ter visibilidade do seu trânsito" (*RJDTACrim* 2/100).

"A existência de um obstáculo que prejudique a visão do motorista para manobras de conversão faz com que ele deva ter redobradas cautelas na direção de um automóvel, não se podendo valer de tal circunstância para se escusar da responsabilidade de evento lesivo culposo ocasionado por colisão" (*RJDTACrim* 28/174).

"Ao propósito de superar embaraços de visibilidade em cruzamentos, toleram-se excepcionalmente pequenos avanços dos veículos procedentes de via secundária, desde o limite do mínimo possível, vale dizer, na justa medida a ensejar ao motorista certificar-se com segurança e cautela a respeito do tráfego na preferencial, que de forma alguma há de ser interceptado por surpreendentes e temerários surgimentos dessa ordem" (*RJDTACrim* 6/106).

➥ Ofuscamento

"No crime de lesão corporal culposa resultante de acidente de trânsito, o ofuscamento pelos faróis de veículos transitando em sentido oposto da rodovia é fato perfeitamente previsível, que não elide a culpa penal em caso de colisão, sendo irrelevante se indagar a respeito da velocidade com que transitava o veículo atingido, por não ser esta a causa determinante do acidente" (*RT* 821/593).

➥ Pista molhada

Exige redobrada cautela do condutor, porquanto previsível a maior possibilidade de acidente quando se está diante de condições adversas ao tráfego, como é o caso.

"Réu que conduzia seu veículo e perdeu o controle do mesmo, invadindo a pista contrária, ocasionando acidente com duas vítimas fatais. Pista molhada e velocidade do veículo acima da média. Imprudência caracterizada" (TJSP, Ap. 0013808-33.2013.8.26.0482, 6ª CCrim, rel. Des. Machado de Andrade, j. 10-3-2016).

No mesmo sentido: *RJDTACrim* 6/107, 12/97 e 16/62.

➥ Semáforo com luz amarela

"A luz amarela indica que a marcha do veículo deve ser interrompida, significando que não deve estimular a travessia" (*RJDTACrim* 19/53).

"Luz amarela, em semáforo, não autoriza efetivação do cruzamento, pois significa que o veículo deve ser parado pelo seu condutor. Mudança da cor de farol é circunstância perfeitamente previsível, cabendo aos motoristas se acautelarem quanto a tal possibilidade" (*RJDTACrim* 5/127).

"Age com culpa, na modalidade de imprudência e imperícia, o motorista que não obedece sinal semafórico amarelo, e inicia travessia de cruzamento movimentado, não conseguindo frear o seu conduzido devido ao estado escorregadio da pista molhada, ocasionando colisão e consequentes ferimentos na vítima" (*RJDTACrim* 24/479).

No mesmo sentido: *RJDTACrim* 19/56.

➥ Semáforo com luz vermelha

Desrespeitar a obrigação de parada obrigatória decorrente de sinal semafórico com coloração vermelha é demonstração de máxima imprudência e descaso com o alheio dano, impondo-se a condenação do agente que assim procede e causa lesões corporais a outrem.

No mesmo sentido: *RJDTACrim* 22/276.

Solo escorregadio

Exige redobrada cautela do condutor, porquanto mais suscetível a acidentes.

No mesmo sentido: *RJDTACrim* 3/138 e 6/107.

Velocidade incompatível

"A presença ou não de velocidade excessiva se mede pelas circunstâncias de fato do evento" (*RJDTACrim* 5/133).

"Em sede de acidente de trânsito, velocidade 'inadequada' ou 'incompatível' com o local e o momento não se confunde obrigatoriamente com velocidade 'excessiva', 'elevada', 'exagerada', 'exorbitante', vez que a inadequação entre velocidade e circunstâncias é dado eminentemente relativo, indicado pelas particularidades de cada acontecimento e revelado pela impossibilidade de satisfatório domínio da máquina, diante de previsíveis vicissitudes do trânsito" (*RJTACrim* 62/37).

"A ideia de incompatibilidade entre velocidade e local raramente pode ser expressa em valores numéricos, ou, dito de outro modo, dificilmente, pode ser enunciada sob a forma convencional de relação espaço-tempo. Acontece que não se trata de conceito absoluto. Não é noção que se possa formular *a priori*, deduzida de abstratos padrões de quantização. É dado eminentemente relativo, indicado pelas circunstâncias e particularidades de cada acontecimento, e revelado pela impossibilidade de satisfatório domínio da máquina, diante de previsíveis vicissitudes do trânsito, entre as quais se insere a imobilização de veículo em razão de falha mecânica. Velocidade 'incompatível' aqui, não o será, ali, 'compatível', agora, não o será, sempre. A relação de compatibilidade, por seu imanente relativismo, é manifesta pelas singularidades do local, em momento determinado. Daí que não seja possível estabelecer *a priori* algo como um coeficiente de incompatibilidade válido para todas as variáveis de velocidade para todo e qualquer local, em todos os instantes" (*RJDTACrim* 12/95).

"Réu que conduzia seu veículo e perdeu o controle do mesmo, invadindo a pista contrária, ocasionando acidente com duas vítimas fatais. Pista molhada e velocidade do veículo acima da média. Imprudência caracterizada" (TJSP, Ap. 0013808-33.2013.8.26.0482, 6ª CCrim, rel. Des. Machado de Andrade, j. 10-3-2016).

No mesmo sentido: *RJDTACrim* 17/130.

Vítima colhida no acostamento

Trafegar pelo acostamento revela imprudência acentuada.

Hipótese em que se reconheceu a culpa do condutor do veículo: *RJTACrim* 32/103.

Negligência

Sobre o tema, consultar: Juarez Tavares, *Direito penal da negligência*, São Paulo, Revista dos Tribunais, 1985; Jorge de Figueiredo Dias, *Temas básicos da doutrina penal*, Coimbra, Coimbra Editora, 2001, p. 349/380.

➥ Conceito

Lembrando que para muitos a negligência é expressão suficiente para ministrar todo o substrato da culpa, podendo, assim, as ideias de imprudência e imperícia caberem dentro da correspondente à negligência, E. Magalhães Noronha ensinou que: "É a negligência inação, inércia e passividade. Decorre de inatividade material (corpórea) ou subjetiva (psíquica). Reduz-se a uma conduta ou comportamento negativo. Negligente é quem, podendo e devendo agir de determinado modo, por indolência ou preguiça mental não age ou se comporta de modo diverso; é quem não observa normas de conduta que obrigam à atenção e perspicácia no agir ou atuar, é, em suma, quem omite essas cautelas. Tal omissão não deve necessariamente ser voluntária, no sentido de que imprescindivelmente há de ser omitida diligência ou perspicácia com *advertência* psicológica, mas é suficiente a ausência de poderes ativos quando se tem a obrigação de usá-los" (*Do crime culposo*, 2. ed., São Paulo, Saraiva, 1966, p. 91-92).

➥ Noção

"O proprietário de um veículo tem a obrigação de o manter apto para o tráfego efetuando revisões periódicas. Se não as faz e ocorre um infortúnio, devido o veículo não estar em condições de trafegar, ele é culpado, eis que agira com negligência" (*RJDTACrim* 7/124).

➥ Pneus lisos

Hipótese em que se reconheceu a culpa do condutor: *RJDTACrim* 20/41.

Imperícia

➥ Conceito

Para E. Magalhães Noronha "consiste na incapacidade, na falta de conhecimento ou habilitação para o exercício de determinado mister. Toda arte, toda profissão tem princípios e normas que devem ser conhecidos pelos que a elas se dedicam. É mister que estes tenham consciência do grau de seus conhecimentos, de sua aptidão profissional, a fim de não irem além do ponto até onde podem chegar. Se o fizerem, cônscios de sua incapacidade ou ignorantes dela, violam a lei e respondem pelas consequências".[38]

Prova

➥ Laudo pericial

O crime de lesões corporais é crime material, que deixa vestígios, decorrendo, pois, imprescindível a presença de laudo de exame de corpo de delito fundamentado que prove a natureza e sede das lesões, conforme determina o art. 158 do Código de Processo Penal, para que se possa reconhecer a materialidade.

"É necessária a comprovação da materialidade delitiva através do exame de corpo de delito, a fim de verificar a real ocorrência de lesões corporais na vítima, suas extensões e gravidade" (*RJTACrim* 40/236).

"No crime que deixa vestígios o exame de corpo de delito direto é indispensável (art. 158 do CPP), salvo se impossível a constatação direta (art. 167 do CPP). E, ainda que em tese admissível a elaboração de laudo indireto, a partir de ficha clínica, deve estar nos autos para que se possa comprovar a materialidade do delito" (*RJDTACrim* 6/85).

"A realidade das lesões corporais é comprovada pelo laudo de exame de corpo de delito" (*RJDTACrim* 5/122).

➥ Laudo pericial indireto

Tornando-se inviável a realização do exame pericial direto, é possível que se faça a prova da materialidade delitiva mediante laudo pericial indireto, realizado com base em apontamentos hospitalares a respeito das lesões sofridas pela vítima.

"Não se exige o exame direto da vítima, como *conditio sine qua non* para que sejam atestadas as lesões" (*RJDTACrim* 8/132).

"A prova da materialidade do delito, embora representada por laudos com base em ficha médica do hospital onde a vítima foi socorrida, satisfaz as exigências da lei, à vista do princípio da verdade real, que domina a fase probatória do processo" (*RJDTACrim* 4/111).

"Nas lesões corporais, o exame de corpo de delito indireto, baseado em ficha de internação hospitalar do ofendido, constitui subsídio mais que suficiente, sendo perfeitamente válido para se atestar a materialidade do crime" (*RJTACrim* 64/136).

---

38 *Do crime culposo*, 2. ed., São Paulo, Saraiva, 1966, p. 93.

"Não é nulo o laudo de exame de corpo de delito indireto elaborado com base em atestado passado pelo Médico que assistiu a vítima de lesões corporais no pronto-socorro" (*RJDTACrim* 4/137).

No mesmo sentido: *RJDTACrim* 6/85 e *RJTACrim* 44/112.

↪ Materialidade. Ausência de laudo

A prova da materialidade das lesões reclama a presença de laudo pericial, direto ou indireto. Não produzida referida prova, a improcedência da ação penal é de rigor.

"Deve ser absolvido o acusado da prática do art. 303 da Lei n. 9.503/97 quando inexistir nos autos laudo de exame de corpo de delito afirmando a ocorrência de lesões" (*Revista Jurídica* n. 314, p. 142).

↪ Prova acusatória frágil

Se o conjunto probatório é frágil, de modo a não autorizar certeza a respeito dos fatos imputados ou da culpa atribuída, a improcedência da ação penal e a consequente absolvição do réu é a única via a se trilhar.

A prova frágil proporciona dúvida, e esta, no Estado Democrático de Direito, sempre se resolve em favor do réu, cuja inocência é presumida por imperativo constitucional.

"Pairando dúvidas acerca da autoria ou da existência do delito, a absolvição é medida imperiosa, diante da aplicação do princípio *in dubio pro reo*" (TJRS, ApCrim 70013448782, 3ª CCrim, rel. Des. José Antônio Hirt Preiss, j. 28-6-2007).

No mesmo sentido: Turmas Recursais do RS, RCrim 71001359496, TRCrim, rel. Juiz Alberto Delgado Neto, j. 8-10-2007; Turmas Recursais do RS, RCrim 71001133842, TRCrim, rel. Juiz Alberto Delgado Neto, j. 26-3-2007; Turmas Recursais do RS, RCrim 71000911776, TRCrim, rela. Juíza Nara Leonor Castro Garcia, j. 18-12-2006.

Generalidades

↪ Absorção do crime de embriaguez ao volante

"O delito previsto no art. 306 do CTB (condução de veículo automotor sob influência de álcool) constitui crime de perigo, tendo o dano se materializado na efetiva colisão entre o veículo do acusado e a motocicleta das vítimas, causando-lhes lesão corporal (art. 303 do CTB), de modo que, considerando-se a completa vinculação entre as condutas, o primeiro delito restou absorvido pelo segundo. Precedentes" (STJ, AgRg no AREsp 611.237/MS, 6ª T., rel. Min. Nefi Cordeiro, j. 15-12-2016, *DJe* de 2-2-2017).

"De acordo com a atual jurisprudência consolidada deste Superior Tribunal de Justiça, a aplicação do princípio da consunção pressupõe a existência de ilícitos penais (delitos meio) que funcionem como fase de preparação ou de execução de outro crime (delito fim), com evidente vínculo de dependência ou subordinação entre eles; não sendo obstáculo para sua aplicação a proteção de bens jurídicos diversos ou a absorção de infração mais grave pelo de menor gravidade. Precedentes" (STJ, REsp 1.294.411/SP, 5ª T., rela. Mina. Laurita Vaz, j. 10-12-2013, *DJe* de 3-2-2014).

"A jurisprudência desta Corte Superior de Justiça é no sentido de que 'o princípio da consunção pressupõe que haja um delito-meio ou fase normal de execução do outro crime (crime-fim), sendo que a proteção de bens jurídicos diversos e a absorção de infração mais grave pelo de menor gravidade não são motivos para, de per si, impedirem a referida absorção' (AgRg no REsp 1.472.834/SC, rel. Ministro Sebastião Reis Júnior, Sexta Turma, julgado em 7-5-2015, *DJe* 18-5-2015). Precedentes" (STJ, AgRg no REsp 1.221.504/MG, 5ª T., rel. Min. Reynaldo Soares da Fonseca, j. 24-11-2015, *DJe* de 1-12-2015).

"Consoante a jurisprudência deste Superior Tribunal, o princípio da consunção pressupõe que haja um delito-meio ou fase normal de execução do outro crime (crime-fim), sendo que a proteção de bens jurídicos diversos e a absorção de infração mais grave pelo de menor gravidade não são motivos para, de per si, impedirem a referida absorção (Súmula 83/STJ)" (STJ, AgRg no REsp 1.472.834/SC, 6ª T., rel. Min. Sebastião Reis Júnior, j. 7-5-2015, *DJe* de 18-5-2015).

Em sentido contrário ao que pensamos seja correto, conforme acima exposto, a Egrégia 6ª Turma do STJ também já decidiu que: "De acordo com a jurisprudência deste Tribunal Superior, os crimes de embriaguez ao volante e o de lesão corporal culposa em direção de veículo automotor são autônomos, não sendo o primeiro meio necessário, nem fase de preparação ou execução para o cometimento do segundo. Portanto, não há como reconhecer a consunção pretendida pelo agravante" (STJ, AgRg no REsp 1.626.641/SP, 6ª T., rel. Min. Sebastião Reis Júnior, j. 1-12-2016, *DJe* de 14-12-2016). "Os crimes de embriaguez ao volante e o de lesão corporal culposa em direção de veículo automotor são autônomos e o primeiro não é meio normal, nem fase de preparação ou execução para o cometimento do segundo, não havendo falar em aplicação do princípio da consunção" (STJ, REsp 1.636.976/SP, 6ª T., rela. Mina. Maria Thereza de Assis Moura, j. 28-3-2017, *DJe* de 4-4-2017).

➥ Absorção do crime de direção inabilitada

"O crime de lesão corporal culposa (crime de dano), cometido na direção de veículo automotor (Código de Trânsito Brasileiro, art. 303), por motorista desprovido de permissão ou de habilitação para dirigir, absorve o delito de falta de habilitação ou permissão tipificado no art. 309 do Código de Trânsito Brasileiro (crime de perigo). Com a extinção da punibilidade do agente, quanto ao delito de lesão corporal culposa, tipificado no art. 303 do Código de Trânsito Brasileiro (crime de dano), motivada pela ausência de representação da vítima, deixa de subsistir, autonomamente, a infração penal consistente na falta de habilitação/permissão para dirigir veículo automotor, prevista no art. 309 do Código de Trânsito Brasileiro (crime de perigo)" (STF, HC 80.289-3/MG, rel. Min. Celso de Mello, *DJU* de 2-2-2001, *Revista Jurídica* n. 280, p. 140-143).

"Há conflito aparente de normas quando uma mesma conduta infracional se encontra prevista em mais de uma norma penal incriminadora, devendo o operador jurídico valer-se de princípios lógicos e processos de valoração jurídica do fato, a fim de atribuir ao agente a tipificação exata em que se encontrar incurso. Assim, se da entrega da direção de veículo automotor a pessoa inabilitada resultar lesão corporal culposa em terceiro, haverá concurso aparente de normas penais a ser resolvido pela aplicação do princípio da consunção, em que o agente responderá apenas pelo crime mais grave de dano, pois, embora se vislumbre a ocorrência de duas figuras penais, em que a primeira comparece como meio para a execução de outro fato típico preponderante em face do bem jurídico lesado, tem-se que, na relação entre essas condutas criminosas e independentes, se deve aplicar o princípio *maior absorvet minorem*" (TAMG, ACrim 405.764-7, 1ª Câm. Mista, rel. Juiz William Silvestrini, *DJMG* de 2-3-2004, *Revista Jurídica* n. 317, p. 168).

"Tendo sido declarada extinta a punibilidade do paciente do delito descrito no art. 303 do Código de Trânsito Brasileiro, por ausência de representação da vítima, não subsiste o delito do art. 309 – dirigir veículo automotor, em via pública, sem a devida permissão para dirigir ou habilitação, que restou absorvido pelo delito de maior gravidade. Se a vítima não oferecer a necessária representação pelo delito de lesão, desaparecem ambos os fatos, pelo princípio da consunção" (Turmas Recursais do RS, RCrim 71001534882, TRCrim, rela. Juíza Nara Leonor Castro Garcia, j. 21-1-2008).

No mesmo sentido: Turmas Recursais do RS, RCrim 71001008366, TRCrim, rela. Juíza Nara Leonor Castro Garcia, j. 4-12-2006.

➥ Culpa exclusiva da vítima

Se a culpa pela eclosão do acidente é exclusiva da vítima, a absolvição do réu é medida que se impõe, restando inviável até mesmo a instauração da ação penal quando verificável tal hipótese de plano.

"A culpa 'stricto sensu' somente se caracteriza com a conjugação dos dois elementos, o objetivo – uma das modalidades de culpa inscrita no Direito

Penal, a imprudência, negligência e imperícia – e o subjetivo – a imprevisibilidade do resultado –, não havendo de que se falar em culpa quando a vítima se põe, inopinadamente, à frente do veículo" (*RJDTACrim* 2/240).

"Inadmissível atribuir-se culpa ao motorista que vem a atropelar vítima que atravessa avenida de tráfego intenso, em momento inoportuno e sem antes observar a movimentação de veículos, vez que, em tais condições, impossibilitado está, o agente, de ter reais condições de manobra, ainda que em velocidade moderada" (*RJDTACrim* 21/221).

➥ Denúncia

A petição inicial da ação penal deve narrar de maneira adequada os fatos imputados e descrever com clareza, em que consistiu a conduta culposa. É preciso que esclareça em que exatamente consistiu a imprudência, a negligência ou a imperícia, não bastando a simples menção ao fato de ter o réu agido com culpa por uma das modalidades indicadas (ou duas; ou todas).

"É inepta a denúncia que, imputando ao réu a prática de lesões corporais culposas, em acidente de veículo, causado por alegada imperícia, não descreve o fato em que teria esta consistido" (STF, HC 86.609-3-RJ, 1ª T., rel. Min. Cezar Peluso, j. 6-5-2006, *DJU* de 23-6-2006, *RT* 852/489; *Revista Jurídica* n. 345, p. 141).

"A jurisprudência da Suprema Corte firmou-se no sentido de que não se tranca a ação penal se a conduta descrita na denúncia configura, em tese, crime, como ocorre na hipótese" (STF, HC 84.808-7/DF, 2ª T., rel. Min. Carlos Velloso, *DJU* de 3-12-2004, *Revista IOB de Direito Penal e Processual Penal* n. 30, p. 82).

"Descabe falar em vício da denúncia quando esta descreve o fato criminoso, analisando as circunstâncias em que ocorrido o delito, e indica a qualificação do acusado, a classificação do crime e o rol de testemunhas" (STF, HC 83.490/MG, 1ª T., rel. Min. Marco Aurélio, *DJU* de 12-03-2004, *Revista Jurídica* n. 318, p. 165).

"A nulidade da denúncia há de ser veiculada antes da prolação da sentença, considerada esta no sentido amplo, a envolver a pronúncia" (STF, HC 83.490/MG, 1ª T., rel. Min. Marco Aurélio, *DJU* de 12-03-2004, *Revista Jurídica* n. 318, p. 165).

➥ Justa causa para a ação penal

"O trancamento da ação penal por meio do *habeas corpus* se situa no campo da excepcionalidade (HC 901.320/MG, 1ª T., rel. Min. Marco Aurélio, *DJU* de 25-5-2007), sendo medida que somente deve ser adotada quando houver comprovação, de plano, da atipicidade da conduta, da incidência de causa de extinção da punibilidade ou da ausência de indícios de autoria ou de prova sobre a materialidade do delito (HC 87.324/SP, 1ª T., rela. Mina. Cármen Lúcia, *DJU* de 18-5-2007). Ainda, a liquidez dos fatos constitui requisito inafastável na apreciação da justa causa (HC 91.634/GO, 2ª T., rel. Min. Celso de Mello, *DJU* de 5-10-2007), pois o exame de provas é inadmissível no espectro processual do *habeas corpus*, ação constitucional que pressupõe para seu manejo uma ilegalidade ou abuso de poder tão flagrante que pode ser demonstrada de plano (RHC 88.139/MG, 1ª T., rel. Min. Carlos Britto, *DJU* de 17-11-2006). Na hipótese, não há, com os dados existentes até aqui, o mínimo de elementos que autorizam o prosseguimento da ação penal. A mera referência a perda de controle do veículo desacompanhada de outros dados não implica em justa causa para a ação penal (HC 86.609/RJ, 1ª T., rel. Min. Cezar Peluso, *DJU* de 23-6-2006)" (STJ, HC 76.122/BA, 5ª T., rel. Min. Felix Fischer, j. 23-10-2007, *DJ* de 19-11-2007, p. 254).

"A falta de justa causa para a ação penal só pode ser reconhecida quando, sem a necessidade de exame aprofundado e valorativo dos fatos, indícios e provas, restar inequivocamente demonstrada, pela impetração, a atipicidade flagrante do fato, a ausência de indícios a fundamentarem a acusação ou, ainda, a extinção da punibilidade" (STJ, RHC 18.048/RS, 5ª T., rel. Min. Gilson Dipp, j. 17-11-2005, *DJU* de 12-12-2005, *RT* 848/499).

No mesmo sentido: STJ, HC 76.566/PA, 5ª T., rel. Min. Napoleão Nunes Maia Filho, j. 13-9-2007, *DJ* de 13-10-2007, p. 333; STJ, HC 28.500/SP, 6ª T., rel. Min. Hamilton Carvalhido, j. 30-5-2006, *DJ* de 4-9-2006, p. 326.

➥ Doutrina

Alberto Silva Franco, Rui Stoco, Jefferson Ninno, Roberto Podval, e Maurício Zanoide de Moraes, *Leis penais especiais e sua interpretação jurisprudencial*, 7. ed., São Paulo, Revista dos Tribunais, 2001; Alexandre de Moraes e Gianpaolo Poggio Smanio, *Legislação penal especial*, 7. ed., São Paulo, Atlas, 2004; Arnaldo Rizzardo, *Comentários do Código de Trânsito brasileiro*, 6. ed., São Paulo, Revista dos Tribunais, 2006; Ariosvaldo de Campos Pires e Sheila Jorge Selim Sales, *Crimes de trânsito*, Belo Horizonte, Del Rey, 1998; Cássio Mattos Honorato, *Alterações introduzidas pelo novo Código de Trânsito brasileiro*, São Paulo, Sugestões Literárias, 1998; Damásio E. de Jesus, *Crimes de trânsito*, 7. ed., São Paulo, Saraiva, 2008; Fernando Capez e Victor Eduardo Rios Gonçalves, *Aspectos criminais do Código de Trânsito brasileiro*, São Paulo, Saraiva, 1999; Fernando Célio de Brito Nogueira, *Crimes do Código de Trânsito*, 2. ed., São Paulo, Mizuno, 2010; Fernando Y. Fukassawa, *Crimes de trânsito*, 2. ed., São Paulo, Juarez de Oliveira, 2003; Guilherme de Souza Nucci, *Leis penais e processuais penais comentadas*, 3. ed., São Paulo, Revista dos Tribunais, 2008; Jaime Pimentel e Walter Francisco Sampaio

FILHO, *Crimes de trânsito*, São Paulo, Editora Iglu, 1998; JOÃO ROBERTO PARIZATTO, *Delitos em acidentes de trânsito*, São Paulo, Leud, 1988; JOSÉ CARLOS GOBBIS PAGLIUCA, *Direito Penal do Trânsito*, São Paulo, Juarez de Oliveira, 2000; JOSÉ GERALDO DA SILVA, WILSON LAVORENTI e FABIANO GENOFRE, *Leis penais especiais anotadas*, 4. ed., Campinas, Millennium, 2003; JOSÉ MARCOS MARRONE, *Delitos de trânsito*, São Paulo, Atlas, 1998; LUIZ FLÁVIO GOMES, *Estudos de direito penal e processual penal*, São Paulo, Revista dos Tribunais, 1999; MARCELO CUNHA DE ARAÚJO, *Crimes de Trânsito*, Belo Horizonte, Mandamentos, 2004; MAURÍCIO ANTONIO RIBEIRO LOPES, *Crimes de trânsito*, São Paulo, Revista dos Tribunais, 1998; PAULO JOSÉ DA COSTA JR. e MARIA ELIZABETH QUEIJO, *Comentários aos Crimes do novo Código de Trânsito*, São Paulo, Revista dos Tribunais, 1998; RICARDO ANTONIO ANDREUCCI, *Legislação penal especial*, 4. ed., São Paulo, Saraiva, 2008; ROMEU DE ALMEIDA SALLES JUNIOR, *Homicídio e lesão corporal culposos*, São Paulo, Oliveira Mendes, 1998; RUY CARLOS DE BARROS MONTEIRO, *Crimes de trânsito*, São Paulo, Juarez de Oliveira, 1999; VALDIR SZNICK, *Novo Código de Trânsito*, São Paulo, Ícone, 1998; FERNANDO YUKIO FUKASSAWA, Crimes de trânsito (primeiras reflexões sobre a Lei 9.503/97), *RT* 749/520 e *Justitia* 179/11; DAMÁSIO E. DE JESUS, Perdão judicial nos delitos de trânsito, *RT* 749/546; CEZAR ROBERTO BITENCOURT, Alguns aspectos penais controvertidos do Código de Trânsito, *RT* 754/480; EDISON MIGUEL DA SILVA JR. e MOZART BRUM SILVA, Crimes de trânsito – Lei 9.503/97 – disposições gerais: uma interpretação possível nos paradigmas do direito penal democrático, *RT* 757/432; PEDRO KREBS, A inconstitucionalidade e ilegalidade do art. 303 da Lei 9.503, de 23.09.1997 (Código de Trânsito Brasileiro), *RT* 767/485; ANDRÉ LUÍS CALLEGARI, Homicídio e lesões culposas na direção de veículo automotor e concurso de pessoas, *RT* 795/477; HÉLVIO SIMÕES VIDAL, Dolo e culpa na embriaguez voluntária, *RT* 841/407; WILLIAM TERRA DE OLIVEIRA, CTB – "Controvertido Natimorto Tumultuado", *Boletim IBCCrim* n. 61, p. 5; LUIZ OTAVIO DE OLIVEIRA ROCHA, Código de Trânsito Brasileiro: primeiras impressões, *Boletim IBCCrim* n. 61, p. 6; RUI STOCO, Código de Trânsito Brasileiro: disposições penais e suas incongruências, *Boletim IBCCrim* n. 61, p. 8; BRUNO AMARAL MACHADO, Termo circunstanciado e delitos de trânsito, *Boletim IBCCrim* n. 62, p. 7; DAMÁSIO E. DE JESUS, Perdão judicial nos delitos de trânsito, *Boletim IBCCrim* n. 63, p. 2; WALTER MARTINS MULLER e ALTAIR RAMOS LEON, Comentários ao novo Código de Trânsito Brasileiro, *Boletim IBCCrim* n. 63, p. 5; MARCELLUS POLASTRI LIMA, Crimes de trânsito e a transação penal, *Boletim IBCCrim* n. 66, p. 10; OSWALDO HENRIQUE DUEK MARQUES, Crimes culposos no novo Código de Trânsito, *Boletim IBCCrim* n. 66, p. 12; VITORE ANDRÉ ZILIO MAXIMIANO, O Juizado Especial Criminal e os novos delitos de trânsito, *Boletim IBCCrim* n. 67, p. 3; JOSÉ GERALDO DA SILVA, Os crimes de trânsito e a Lei 9.099/95, *Boletim IBCCrim* n. 67, p. 5; ALEXANDRE MEYR, A polícia judiciária e o art. 303 do CTB, *Boletim IBCCrim* n. 67, p. 6; LUCIANA SPERB DUARTE, Da competência para o processamento e julgamento dos crimes de embriaguez ao volante, lesão corporal culposa no trânsito e participação em competição não autorizada, *Boletim IBCCrim* n. 72, p. 12; JOSÉ BARCELOS DE SOUZA, Dolo eventual em crimes de trânsito, *Boletim IBCCrim* n. 73, p. 11; CYRO VIDAL, O Código de Trânsito merece vida longa, *Boletim IBCCrim* n. 93, p. 7; GERALDO DE FARIA LEMOS PINHEIRO, Uma pequena análise das penalidades e penas do Código de Trânsito Brasileiro, *Boletim IBCCrim* n. 100, p. 5; JOSÉ CARLOS GOBBIS PAGLIUCA, Coautoria culposa nos crimes de trânsito, *Boletim IBCCrim* n. 110, p. 13; SELMA PEREIRA DE SANTANA, Atualidades do delito culposo, *Boletim IBCCrim* n. 114, p. 6; GERALDO DE FARIA LEMOS PINHEIRO, Breve cotejo de penas do Código de Trânsito Brasileiro, *Boletim IBCCrim* n. 128, p. 7; JAIRO JOSÉ GÊNOVA, O perdão judicial nos crimes de trânsito e nos crimes de menor potencial ofensivo, *Boletim IBCCrim* n. 134, p. 12; MARCELO MATIAS PEREIRA, Competência dos Juizados Especiais Criminais nos crimes dos artigos 306 e 304, parágrafo único, do Código de Trânsito, e nos crimes previstos no Estatuto do Idoso, *Boletim IBCCrim* n. 138, p. 12; JOSÉ CARLOS GOBBIS PAGLIUCA, Coautoria culposa nos crimes de trânsito, *Boletim do Instituto de Ciências Penais* – ICP, n. 26, p. 5; LEOBERTO BAGGIO CAON, Delito culposo, *Informativo Incijur* (Instituto de Ciências Jurídicas) n. 69, p. 7; MILTON JORDÃO, O perdão judicial no homicídio culposo e lesão corporal culposa de trânsito, *Revista Jurídica* n. 339, p. 57; MARCELO LISCIO PEDROTTI, Do concurso de agentes nos delitos de lesões corporais e homicídios culposos na direção de veículo automotor, *Revista do Ministério Público do Rio Grande do Sul* n. 44, p. 151; MARCELO MATIAS PEREIRA, Competência dos Juizados Especiais Criminais nos crimes dos artigos 306 e 303, parágrafo único, do Código de Trânsito e dos crimes previstos no Estatuto do Idoso, *Cadernos Jurídicos da Escola Paulista da Magistratura* n. 21, p. 89; GERALDO DE FARIA LEMOS PINHEIRO, Anotações sobre alguns ilícitos no Código de Trânsito Brasileiro, *Revista Brasileira de Ciências Criminais* n. 38, p. 155; LEONARDO D'ANGELO VARGAS PEREIRA, A função do resultado no delito culposo, *Revista IOB de Direito Penal e Processual Penal* n. 49, p. 36; ANTÔNIO QUINTANO RIPOLLES, Imprudência por meio de veículos, *Revista IOB de Direito Penal e Processual Penal* n. 49, p. 97.

Omissão de Socorro ou de Solicitação de Auxílio

Art. 304. *Deixar o condutor do veículo, na ocasião do acidente, de prestar imediato socorro à vítima, ou, não podendo fazê-lo diretamente, por justa causa, deixar de solicitar auxílio da autoridade pública:*

Penas – detenção, de seis meses a um ano, ou multa, se o fato não constituir elemento de crime mais grave.

Parágrafo único. *Incide nas penas previstas neste artigo o condutor do veículo, ainda que a sua omissão seja suprida por terceiros ou que se trate de vítima com morte instantânea ou com ferimentos leves.*

➥ **Ver:** arts. 301, 302, § 1º, III, e 305 do Código de Trânsito Brasileiro; art. 135 do Código Penal.

➥ **Infrações administrativas**

Código de Trânsito Brasileiro:

Art. 176. Deixar o condutor envolvido em acidente com vítima:

I – de prestar ou providenciar socorro à vítima, podendo fazê-lo;

II – de adotar providências, podendo fazê-lo, no sentido de evitar perigo para o trânsito no local;

III – de preservar o local, de forma a facilitar os trabalhos da polícia e da perícia;

IV – de adotar providências para remover o veículo do local, quando determinadas por policial ou agente da autoridade de trânsito;

V – de identificar-se ao policial e de lhe prestar informações necessárias à confecção do boletim de ocorrência:

Infração – gravíssima;

Penalidade – multa (cinco vezes) e suspensão do direito de dirigir;

Medida administrativa – recolhimento do documento de habilitação.

Art. 177. Deixar o condutor de prestar socorro à vítima de acidente de trânsito quando solicitado pela autoridade e seus agentes:

Infração – grave;

Penalidade – multa.

➥ Omissão de socorro como crime comum

Código Penal Brasileiro:

Art. 135. Deixar de prestar assistência, quando possível fazê-lo sem risco pessoal, à criança abandonada ou extraviada, ou à pessoa inválida ou ferida, ao desamparo ou em grave e iminente perigo; ou não pedir, nesses casos, o socorro da autoridade pública:

Pena – detenção, de 1 (um) a 6 (seis) meses, ou multa.

Parágrafo único. A pena é aumentada de metade, se da omissão resulta lesão corporal de natureza grave, e triplicada, se resulta a morte.

➥ Classificação

Crime doloso; omissivo puro; próprio; formal; instantâneo; de perigo e subsidiário (só haverá crime se o fato não constituir elemento de crime mais grave).

Sobre omissão em Direito Penal, consultar: Giuseppe Bettiol, *Direito penal*, 2. ed. rev. e atual. da 8ª ed. italiana, São Paulo, Revista dos Tribunais, trad. de Paulo José da Costa Jr. e Alberto Silva Franco, v. I, 1977, p. 319; Gunther Jakobs, *Ação e omissão no Direito Penal*, Coleção estudos de Direito Penal, 1. ed. brasileira, Barueri-SP, Manole, 2003, v. 2; Gunther Jakobs, *A imputação penal da ação e da omissão*, Coleção Estudos de Direito Penal, 1. ed. brasileira, Barueri-SP, Manole, 2003, v. 7; Sebastian Soler, *Derecho penal argentino*, 3. ed., Buenos Aires, Tipografia Editora Argentina, 1973, p. 291.

➥ Objeto jurídico da tutela penal

É a proteção da vida e da incolumidade física da pessoa, vítima de acidente de trânsito envolvendo veículo automotor.

No mesmo sentido: Guilherme de Souza Nucci, *Leis penais e processuais penais comentadas*, 1. ed., 2. tir., São Paulo, Revista dos Tribunais, 2006, p. 847; Marcelo Cunha de Araújo, *Crimes de trânsito*, Belo Horizonte, Mandamentos, 2004, p. 72.

Para Maurício Antonio Ribeiro Lopes "o objeto da tutela jurídica é a solidariedade humana, além do ideal de segurança da vida e da saúde das pessoas".[39]

➥ Sujeito ativo

Cuida a hipótese de crime próprio, em que somente o condutor de veículo automotor *envolvido no acidente* pode ser autor. A regra não alcança o *condutor*

---

39 *Crimes de trânsito*, São Paulo Revista dos Tribunais, 1998, p. 211.

causador do acidente do qual tenha resultado morte ou lesão corporal de qualquer natureza em outrem. O *condutor causador* que deixa de prestar socorro à vítima responde pelo crime causado, homicídio culposo ou lesão corporal culposa, de forma agravada, por força do disposto no § 1º, III, do art. 302, e parágrafo único do art. 303, respectivamente, ambos do Código de Trânsito Brasileiro. Nesse sentido também é a valiosa lição de MAURÍCIO ANTONIO RIBEIRO LOPES, para quem "é clássico o entendimento de que a natureza de causa de aumento de pena prefere o concurso de crimes em face da especialidade". E segue o mesmo autor: "Ademais disso a lei é clara no sentido de que o atual crime é subsidiário, apenas *se configurando se o fato não constituir elemento de crime mais grave*".[40]

Sendo vários os condutores *envolvidos*, todos os que se omitirem, nos termos do art. 304 do Código de Trânsito, responderão pelo crime, observado o acima anotado.

Terceiros, condutores de veículos ou pedestres, que possam transitar pelo local quando do sinistro não estão obrigados, por força do art. 304 do Código de Trânsito Brasileiro, a prestar socorro à vítima, mas poderão responder pelo crime de omissão de socorro previsto no art. 135 do Código Penal, se deixarem de fazê-lo.

Atento às discussões sobre o tema, MAURÍCIO ANTONIO RIBEIRO LOPES assevera: "O crime se caracteriza quando *o condutor do veículo, na ocasião do acidente, deixar de prestar imediato socorro à vítima* e não quando *um condutor, na ocasião do acidente, deixar de prestá-lo.* O emprego dos artigos definidos no singular evidenciam que se dirige o tipo ao condutor envolvido no acidente".[41]

Concordamos, portanto, com DAMÁSIO E. DE JESUS, quando afirma que sujeito da omissão é o condutor de veículo automotor sem culpa *envolvido* em acidente com vítima: qualquer pessoa, habilitada ou não. Não é o causador do acidente com morte culposa ou lesão corporal culposa, casos em que devem ser aplicados os arts. 302, § 1º, III, e 303, parágrafo único, do CT, i. e., o motorista responde por crimes de homicídio culposo ou lesão corporal culposa com a pena agravada (a omissão de socorro atuando como causa de aumento de pena).[42]

No mesmo sentido: MARCELO CUNHA DE ARAÚJO, *Crimes de trânsito*, Belo Horizonte, Mandamentos, 2004, p. 72-73.

Em sentido contrário há o escólio de FERNANDO CÉLIO DE BRITO NOGUEIRA, para quem "sujeito ativo é o condutor do veículo causador do acidente, o condutor

---

40 *Crimes de trânsito*, São Paulo, Revista dos Tribunais, 1998, p. 206-207.

41 *Crimes de trânsito*, São Paulo Revista dos Tribunais, 1998, p. 208.

42 DAMÁSIO E. DE JESUS, *Crimes de trânsito*, 6. ed., São Paulo, Saraiva, 2006, p. 138-139.

implicado no acidente, o condutor testemunha do acidente e o condutor que passe pelo local no momento do acidente, em condições de prestar socorro a alguém e não o faz. Uma primeira leitura do preceito primário leva a pensar que o sujeito ativo deveria ser o condutor causador do acidente. Mas o tipo foi amplo, genérico, não restringiu seu alcance exigindo qualidade especial do sujeito ativo, e o dever de prestar socorro às vítimas de acidentes, além disso, alcança todos os condutores de veículos, de modo geral".[43]

No mesmo sentido: FERNANDO Y. FUKASSAWA, *Crimes de trânsito*, 2. ed., São Paulo, Juarez de Oliveira, 2003, p. 171.

Cuidando do dever de assistência à vítima GUILHERME DE SOUZA NUCCI assim se posiciona: "A obrigação é do condutor de veículo envolvido no evento, não necessariamente culpado pelo acidente. Aliás, se for o causador de lesão à vítima, em razão de sua imprudência, negligência ou imperícia, responderá pelo delito próprio, com causa de aumento (art. 302, parágrafo único [atual § 1º], III; art. 303, parágrafo único)".[44]

➥ Sujeito passivo

A vítima do acidente de trânsito causado por outrem na direção de veículo automotor, seja pedestre, condutor de veículo ou passageiro.

➥ Elemento subjetivo do tipo

É o dolo, que não se presume. Basta o dolo genérico.

Não há forma culposa.

Sabendo da necessidade alheia, o omitente se furta ao dever de solidariedade e deixa de prestar socorro *imediato* à vítima, ou, não podendo fazê-lo diretamente, por justa causa, deixa de solicitar auxílio da autoridade pública.

"El dolo es la forma típica de la voluntad culpable y en cierto sentido su verdadera forma. Siendo el delito violación de un mandato legal, la desobediencia, la rebelión, es plena y completa solo cuando el sujeto ha querido el hecho prohibido".[45]

Sobre dolo em direito penal, consultar, ainda: SOUZA NETO, *O motivo e o dolo*, 2. ed., Rio de Janeiro, Freitas Bastos, 1956; ELIO MORSELLI, *La función del comportamiento interior en la estructura del delito*, Bogotá, Temis, 1992.

---

43 *Crimes do Código de Trânsito*, 2. ed., São Paulo, Mizuno, 2010, p. 195-196.

44 *Leis penais e processuais penais comentadas*, 1. ed., 2. tir., São Paulo, Revista dos Tribunais, 2006, p. 846.

45 FRANCESCO ANTOLISEI, *Manual de derecho penal*; parte general, 8. ed., Bogotá, Temis, 1988, p. 239-240.

➥ Objeto material

É a pessoa atingida em sua integridade corporal como decorrência de acidente de trânsito envolvendo veículo automotor.

"É o corpo humano".[46]

➥ Tipo objetivo

O crime em questão pode ocorrer por falta de *socorro imediato* ou *socorro mediato*. Em duas situações distintas, portanto, sendo que *na primeira* o agente deixa, podendo, de prestar imediato socorro à vítima do acidente em que se envolveu; e *na segunda* o agente, nas circunstâncias, por justa causa, está autorizado a não socorrer a vítima diretamente, mas descumpre o dever subsidiário de solicitar auxílio da autoridade pública para que o faça.

Deixar, para os fins da conformação típica em questão, significa omitir.

Condutor é aquele que conduz, que pilota; que propicia, com seu agir, a movimentação do veículo que passa a ser colocado em trânsito.

Veículo: nos termos do Anexo I do Código de Trânsito Brasileiro, considera-se veículo automotor "todo veículo a motor de propulsão que circule por seus próprios meios, e que serve normalmente para o transporte viário de pessoas e coisas, ou para a tração viária de veículos utilizados para o transporte de pessoas e coisas. O termo compreende os veículos conectados a uma linha elétrica e que não circulam sobre trilhos (ônibus elétrico)".

Socorro imediato é o auxílio incontinenti que deve ser prestado no exato momento seguinte ao acidente, para que seja o mais eficaz possível.

O socorro imediato deve ser prestado *à vítima do acidente* em que tenha se *envolvido* o agente, sem que dele tenha sido o *causador*.

Se por alguma *justa causa* (elemento normativo do tipo) não for possível ao agente prestar auxílio de mãos próprias, diretamente à vítima, ainda assim deverá solicitar auxílio da autoridade pública para que o faça, sob pena de se ter por configurado o crime.

A lei não permite alternativas ao agente. Ou ele presta socorro imediato diretamente, com suas próprias mãos, ou, havendo justa causa para que assim não proceda, entenda-se, estando impedido por alguma razão séria (ferido de forma a impedir que se movimente; em estado de choque, ou sob ameaça de iminente linchamento, v.g.), deverá solicitar auxílio da autoridade pública. O *dever primário*, portanto, é de agir diretamente, e tal só ficará excluído diante

---

46 Luiz Flávio Gomes, *Estudos de direito penal e processual penal*, São Paulo, Revista dos Tribunais, 1999, p. 44.

de situação extrema, surgindo, aí, a *obrigação consequente ou sucessiva* de acionar a autoridade pública.

Embora possa parecer desnecessário, cumpre esclarecer que ao nos referimos ao *socorro imediato* que se deve prestar *diretamente, de mãos próprias,* não estamos dizendo, exatamente, que o *tratamento médico* reclamado pela vítima deva ser dispensado pelo condutor envolvido, muito embora algumas vezes, tendo conhecimento técnico, possa ele assim proceder.

Cabe ressaltar que incide nas penas previstas no art. 304 o condutor do veículo, ainda que a sua omissão seja suprida por terceiros ou que se trate de vítima com ferimentos leves.

Para LUIZ FLÁVIO GOMES a obrigação de prestar socorro à vítima com morte instantânea é "incompreensível e absurda".[47]

Entretanto, pensamos que a respeito desse tema sensível – prestação de socorro à vítima com morte instantânea – é preciso ponderar as diversas possibilidades que a realidade fática permite materializar, e, sendo assim, concordamos com GUILHERME DE SOUZA NUCCI quando diz que, "Se a vítima morrer instantaneamente, situação nítida e clara, torna-se ilógico exigir que o condutor do veículo preste socorro. Não se auxilia cadáver, constituindo crime impossível (objeto absolutamente impróprio, conforme prevê o art. 17 do Código Penal). Haveria condição de punir o condutor se o ofendido (morto instantaneamente) deixar de ser socorrido, mas não houver certeza acerca da sua morte. Essa é uma hipótese viável, uma vez que a obrigação de ser solidário é um dos fundamentos de existência do tipo penal de omissão de socorro (art. 304, Lei 9.503/97; art. 135)".[48]

Se a vítima recusa o socorro, diz LUIZ FLÁVIO GOMES, "afasta-se o delito". E arremata, com acerto: "O condutor não pode compeli-la fisicamente a ir ao pronto-socorro".[49]

"A omissão do condutor de veículo abalroador que, mesmo não incidindo em culpa, prefere de logo abandonar o local do acidente a prestar socorro às vítimas, podendo fazê-lo diretamente, tipifica a omissão de socorro apenada no art. 304 do Código de Trânsito Brasileiro" (TJDF, ACr 1998.01.1.038810-5 (131.641), 1ª T., rel. Des. Everards Mota e Matos, *DJU* de 22-11-2000, *Revista IOB de Direito Penal e Processual Penal* n. 6, p. 139).

Sobre omissão de socorro, consultar: JOÃO BERNARDINO GONZAGA, *O crime de omissão de socorro,* São Paulo, Max Limonad, 1957.

---

47 *Estudos de direito penal e processual penal,* São Paulo, Revista dos Tribunais, 1999, p. 44.

48 *Leis penais e processuais penais comentadas,* 1. ed., 2. tir., São Paulo, Revista dos Tribunais, 2006, p. 848.

49 *Estudos de direito penal e processual penal,* São Paulo, Revista dos Tribunais, 1999, p. 44.

➥ Pressuposto do crime

Pressuposto do delito é que a vítima tenha sofrido lesões corporais, decorrentes do acidente de trânsito em que fora envolvida.

➥ Abalo emocional

A alegação defensiva no sentido de ter deixado de prestar socorro por encontrar-se abalado emocionalmente em razão do acidente não isenta o agente de sua responsabilidade penal.

"O abalo emocional derivado do trágico atropelamento de outrem, sobretudo o experimentado por quem conduzia, sem culpa demonstrada, o automóvel atropelador, caracteriza reação previsível e normal que, em princípio, se mostra inidônea para justificar a omissão de socorro, máxime quando evidenciada a persistência do *self-control*" (TJDF, ACr 2000.01.1.094922-8, (209315), 1ª T, rel. Des. Fernando Habibe, *DJU* de 6-4-2005, *Revista IOB de Direito Penal e Processual Penal* n. 32, p. 144).

➥ Vítima com ferimentos leves

Em caso de lesões leves, recusando-se a vítima à prestação de socorro, o que algumas vezes ocorre inclusive em razão da insignificância das lesões, não é adequado entender deva o condutor envolvido no acidente levá-la à força para atendimento imediato, visando livrar-se da imputação penal.

➥ Consumação

Com a prática efetiva de qualquer das condutas previstas.

"Não é preciso resultado naturalístico. Consuma-se com a simples omissão".[50]

➥ Tentativa

É impossível.

Os crimes omissivos próprios não admitem a forma tentada.

Sobre tentativa, consultar: Francesco Carrara, *Programa de derecho criminal*; parte general, Santa Fé de Bogotá, Colômbia, 1996, v. I, p. 246.

➥ Ação penal

Pública incondicionada.

---

50 Luiz Flávio Gomes, *Estudos de direito penal e processual penal*, São Paulo, Revista dos Tribunais, 1999, p. 44.

➥ Composição civil

É incabível, pois se trata de crime de ação penal pública incondicionada (art. 74, parágrafo único, da Lei n. 9.099/95).

➥ Transação penal

É cabível, nos termos do art. 76 da Lei n. 9.099/95, pois se trata de infração penal de pequeno potencial ofensivo (no art. 291, *caput*, do Código de Trânsito Brasileiro, c/c o art. 61 da Lei n. 9.099/95).

"A transação é instituto despenalizador, pré-processual, que deve ser ofertada pelo Ministério Público antes mesmo do início da ação penal, durante a audiência prévia de conciliação" (STJ, HC 201.310/SP, 5ª T., rel. Min. Adilson Vieira Macabu, j. 19-6-2012, *DJe* de 29-6-2012).

"A transação penal insere-se no âmbito das medidas despenalizadoras, de sorte que o órgão acusatório deve fundamentar adequadamente a sua recusa, não ficando essas razões alheias ao exame judicial" (STJ, RHC 34.866/MG, 5ª T., rela. Mina. Laurita Vaz, j. 17-12-2013, *DJe* de 3-2-2014).

"O oferecimento da transação penal revela-se poder-dever do *Parquet*" (STJ, RHC 31.932/SP, 6ª T., rela. Mina. Maria Thereza de Assis Moura, j. 12-3-2013, *DJe* de 25-3-2013).

➥ Transação penal descumprida

Doutrina e jurisprudência sempre debateram a respeito da possibilidade, ou não, de instauração de ação penal depois de feita e homologada transação penal em juízo, na hipótese de a avença restar injustificadamente descumprida.

Segundo pensamos, o descumprimento injustificado de transação penal *homologada* não autoriza instauração de ação penal de conhecimento. Em casos tais, restará ao legitimado promover a execução do título judicial que se forma com a homologação.

Com vistas a pacificar a divergência, o Supremo Tribunal Federal editou a Súmula Vinculante 35, que tem o seguinte teor: "A homologação da transação penal prevista no art. 76 da Lei n. 9.099/1995 não faz coisa julgada material e, descumpridas suas cláusulas, retoma-se a situação anterior, possibilitando-se ao Ministério Público a continuidade da persecução penal mediante oferecimento de denúncia ou requisição de inquérito policial".

A hipótese mencionada não se iguala àquela adotada por muitos, na qual, entabulada a transação, o juiz determina inicialmente que se aguarde seu cumprimento em certo prazo, para depois homologá-la e, então, extinguir a punibilidade.

Por aqui, não é difícil concluir que, não tendo ocorrido homologação judicial, é cabível posterior oferecimento de denúncia em caso de restar descumprida a avença.

É preciso considerar, entretanto, que a rigor não se poderia pensar no cumprimento do acordo feito em juízo antes de sua efetiva homologação. Ainda assim, tal prática é recorrente na rotina judiciária.

➥ Conversão de transação penal descumprida em prisão

Descumprida a transação penal, resulta inviável a conversão da pena transacionada em pena privativa de liberdade.

"A transformação automática da pena restritiva de direitos, decorrente de transação, em privativa do exercício da liberdade discrepa da garantia constitucional do devido processo legal" (STF, HC 79.572/GO, 2ª T., rel. Min. Marco Aurélio, j. 29-2-2000, *DJ* de 22-2-2002, p. 34).

No mesmo sentido: STF, HC 80.802/MS, 1ª T., rela. Mina. Ellen Gracie, j. 24-4-2001, *DJ* de 18-5-2001, p. 434; STF, RE 268.320/PR, 1ª T., rel. Min. Octávio Gallotti, j. 15-8-2000, *DJ* de 10-11-2000, p. 105; STF, HC 80.164/MS, 1ª T., rel. Min. Ilmar Galvão, j. 26-9-2000, *DJ* de 7-12-2000, p. 5.

➥ Suspensão condicional do processo

É cabível, pois a pena mínima cominada não é superior a 1 (um) ano (art. 89 da Lei n. 9.099/95).

Sobre a matéria, conferir:

Súmula 723 do STF: "Não se admite a suspensão condicional do processo por crime continuado, se a soma da pena mínima da infração mais grave com o aumento mínimo de um sexto for superior a um ano".

Súmula 243 do STJ: "O benefício da suspensão do processo não é aplicável em relação às infrações penais cometidas em concurso material, concurso formal ou continuidade delitiva, quando a pena mínima cominada, seja pelo somatório, seja pela incidência da majorante, ultrapassar o limite de um (01) ano".

"O instituto da suspensão condicional do processo constitui importante medida despenalizadora, estabelecida por motivos de política criminal, com o objetivo de possibilitar, em casos previamente especificados, que o processo nem chegue a se iniciar" (STF, APn 512 AgR/BA, Tribunal Pleno, rel. Min. Ayres Britto, j. 15-3-2012, *DJe* n. 077, de 10-4-2012).

"O *sursis* processual, *ex vi* do art. 89 da Lei n. 9.099/95, consubstancia medida excepcional no ordenamento jurídico-penal brasileiro, voltada para infrações penais de menor potencial ofensivo" (STF, RHC 116.399/BA, 1ª T., rel. Min Luiz Fux, j. 25-6-2013, *DJe* n. 159, de 15-8-2013).

"À luz do disposto no art. 89 da Lei 9.099/1995, nos crimes em que a pena mínima for igual ou inferior a 1 (um) ano, o Ministério Público, ao oferecer denúncia, poderá propor suspensão do curso do processo, pelo período de 2 (dois) a 4 (quatro) anos" (STF, HC 120.144/BA, 1ª T., rela. Mina. Rosa Weber, j. 24-6-2014, *DJe* n. 148, de 1-8-2014).

"A suspensão condicional do processo, prevista no art. 89 da Lei n. 9.099/95, é inaplicável ao crime cuja pena mínima cominada ultrapassar o *quantum* de 1 ano. O instituto da suspensão condicional do processo não sofreu qualquer alteração com o advento da Lei 10.259/2001, sendo permitido apenas para os crimes que tenham pena mínima não superior a 1 ano" (STJ, RHC 15.687/SP, 5ª T., rel. Min. Gilson Dipp, *DJU* de 7-6-2004, *Revista IOB de Direito Penal e Processual Penal* n. 27, p. 153).

➥ Procedimento

Não há procedimento especial tipificado na Lei n. 9.503, de 23 de setembro de 1997.

Em face de crime previsto no art. 304 do Código de Trânsito Brasileiro, adota-se o *procedimento comum, sumaríssimo*, previsto para as infrações penais de menor potencial ofensivo (arts. 77 e s. da Lei n. 9.099/95), conforme deflui do disposto no art. 291, *caput*, do Código de Trânsito Brasileiro, c/c o art. 61 da Lei n. 9.099/95, e do art. 394, § 1º, III, do CPP, pois a pena máxima cominada não é superior a 2 (dois) anos.

➥ Penas

Detenção, de 6 (seis) meses a 1 (um) ano, *ou* multa.

"Inexiste previsão legal para a isenção da pena de multa, em razão da situação econômica do réu, devendo esta servir tão somente de parâmetro para a fixação de seu valor" (STJ, REsp 760.050/RS, 5ª T., rel. Min. Felix Fischer, j. 17-8-2006, *DJ* de 2-10-2006, p. 303).

"A pena-base deve aproximar-se da mínima cominada, se a maioria das circunstâncias judiciais comparece favorável ao réu" (TJDF, ACr 2000.01.1.094922-8 (209315), 1ª T., rel. Des. Fernando Habibe, *DJU* de 6-4-2005, *Revista IOB de Direito Penal e Processual Penal* n. 32, p. 144).

Com vistas à individualização da pena, consultar: GRÉGORE MOREIRA DE MOURA, *Do princípio da co-culpabilidade no Direito Penal*, Belo Horizonte, D'Plácido Editora, 2014; GUILHERME DE SOUZA NUCCI, *Individualização da pena*, 2. ed., São Paulo, Revista dos Tribunais, 2007.

➥ Circunstâncias agravantes

Além das agravantes genéricas a que se encontra exposto o agente, previstas nos arts. 61 e 62 do Código Penal, nos termos do art. 298 do Código de Trânsito Brasileiro, são circunstâncias que sempre agravam as penalidades dos crimes de trânsito, ter o condutor do veículo cometido a infração:

I – com dano potencial para duas ou mais pessoas ou com grande risco de grave dano patrimonial a terceiros;

II – utilizando o veículo sem placas, com placas falsas ou adulteradas;

III – sem possuir Permissão para Dirigir ou Carteira de Habilitação;

IV – com Permissão para Dirigir ou Carteira de Habilitação de categoria diferente da do veículo;

V – quando a sua profissão ou atividade exigir cuidados especiais com o transporte de passageiros ou de carga;

VI – utilizando veículo em que tenham sido adulterados equipamentos ou características que afetem a sua segurança ou o seu funcionamento de acordo com os limites de velocidade prescritos nas especificações do fabricante;

VII – sobre faixa de trânsito temporária ou permanentemente destinada a pedestres.

➥ Suspensão ou proibição de se obter a permissão ou a habilitação para dirigir veículo automotor

Ver arts. 292 a 296 do Código de Trânsito Brasileiro, e conferir nossas precedentes anotações ao art. 302, no subtítulo "SUSPENSÃO OU PROIBIÇÃO DE SE OBTER A PERMISSÃO OU A HABILITAÇÃO PARA DIRIGIR VEÍCULO AUTOMOTOR".

➥ Suspensão ou proibição cautelar de se obter a permissão ou a habilitação para dirigir veículo automotor

Conferir o art. 294 do Código de Trânsito Brasileiro e nossas anotações precedentes ao art. 302, no subtítulo "SUSPENSÃO OU PROIBIÇÃO DE SE OBTER A PERMISSÃO OU A HABILITAÇÃO PARA DIRIGIR VEÍCULO AUTOMOTOR".

➥ Multa reparatória

Ver art. 297 do Código de Trânsito Brasileiro.

➥ Regime de pena

É possível o cumprimento da pena privativa de liberdade em regime aberto ou semiaberto, observadas as molduras ditadas pelos arts. 33 e 59 do Código Penal.

➥ Pena restritiva de direito

É possível a substituição da pena privativa de liberdade por restritiva de direito, a depender da satisfação dos requisitos subjetivos.

A esse respeito, ver nossos comentários ao art. 312-A, inserido no Código de Trânsito Brasileiro pela Lei n. 13.281/2016.

➥ *Sursis*

"O *sursis* (CP, art. 77) é instituto subsidiário, do qual somente se cogita quando inviável a substituição da pena privativa de liberdade por sanção alternativa" (TJDF, ACr 2000.01.1.094922-8, (209315), 1ª T., rel. Des. Fernando Habibe, *DJU* de 6-4-2005, *Revista IOB de Direito Penal e Processual Penal* n. 32, p. 144).

➥ Prova acusatória insuficiente

Se a prova dos autos é contraditória em relação aos fatos imputados, de molde a resultar dúvida a respeito da responsabilidade do réu, impõe-se a improcedência da ação penal, com a consequente absolvição.

"Presente contradição na prova sobre a possibilidade de o réu, com segurança, prestar socorro à vítima da colisão em que se envolveu, piloto da motocicleta no qual colidiu, isto porque teria, no local, sofrido atos de hostilidades tais quais arremessos de pedras na sua direção, melhor é a solução de se absolvê-lo da omissão de socorro" (TJRS, ACr 699.214.292 (00343518), 2ª CCrim, rel. Des. Marcelo Bandeira Pereira, j. 2-3.2000, *Revista IOB de Direito Penal e Processual Penal* n. 3, p. 127).

➥ Doutrina

ALBERTO SILVA FRANCO, RUI STOCO, JEFFERSON NINNO, ROBERTO PODVAL, e MAURÍCIO ZANOIDE DE MORAES, *Leis penais especiais e sua interpretação jurisprudencial*, 7. ed., São Paulo, Revista dos Tribunais, 2001; ALEXANDRE DE MORAES e GIANPAOLO POGGIO SMANIO, *Legislação penal especial*, 7. ed., São Paulo, Atlas, 2004; ARNALDO RIZZARDO, *Comentários do Código de Trânsito Brasileiro*, 6. ed., São Paulo, Revista dos Tribunais, 2006; ARIOSVALDO DE CAMPOS PIRES e SHEILA JORGE SELIM SALES, *Crimes de trânsito*, Belo Horizonte, Del Rey, 1998; CÁSSIO MATTOS HONORATO, *Alterações introduzidas pelo novo Código de Trânsito Brasileiro*, São Paulo, Sugestões Literárias, 1998; DAMÁSIO E. DE JESUS, *Crimes de trânsito*, 7. ed., São Paulo, Saraiva, 2008; FERNANDO CAPEZ e VICTOR EDUARDO RIOS GONÇALVES, *Aspectos criminais do Código de Trânsito Brasileiro*, São Paulo, Saraiva, 1999; FERNANDO CÉLIO DE BRITO NOGUEIRA, *Crimes do Código de Trânsito*, 2. ed., São Paulo, Mizuno, 2010; FERNANDO Y. FUKASSAWA, *Crimes de trânsito*, 2. ed., São Paulo, Juarez de Oliveira, 2003;

Guilherme de Souza Nucci, *Leis penais e processuais penais comentadas*, 3. ed., São Paulo, Revista dos Tribunais, 2008; Jaime Pimentel e Walter Francisco Sampaio Filho, *Crimes de trânsito*, São Paulo, Editora Iglu, 1998; João Roberto Parizatto, *Delitos em acidentes de trânsito*, São Paulo, Leud, 1988; José Carlos Gobbis Pagliuca, *Direito Penal do Trânsito*, São Paulo, Juarez de Oliveira, 2000; José Geraldo da Silva, Wilson Lavorenti e Fabiano Genofre, *Leis penais especiais anotadas*, 4. ed., Campinas, Millennium, 2003; José Marcos Marrone, *Delitos de trânsito*, São Paulo, Atlas, 1998; Luiz Flávio Gomes, *Estudos de direito penal e processual penal*, São Paulo, Revista dos Tribunais, 1999; Marcelo Cunha de Araújo, *Crimes de Trânsito*, Belo Horizonte, Mandamentos, 2004; Maurício Antonio Ribeiro Lopes, *Crimes de trânsito*, São Paulo, Revista dos Tribunais, 1998; Paulo José da Costa Jr. e Maria Elizabeth Queijo, *Comentários aos crimes do novo Código de Trânsito*, São Paulo, Revista dos Tribunais, 1998; Ricardo Antonio Andreucci, *Legislação penal especial*, 4. ed., São Paulo, Saraiva, 2008; Ruy Carlos de Barros Monteiro, *Crimes de trânsito*, São Paulo, Juarez de Oliveira, 1999; Valdir Sznick, Novo Código de Trânsito, São Paulo, Ícone, 1998; Fernando Yukio Fukassawa, Crimes de trânsito (primeiras reflexões sobre a Lei 9.503/97), *RT* 749/520 e *Justitia* 179/11; Cezar Roberto Bitencourt, Alguns aspectos penais controvertidos do Código de Trânsito, *RT* 754/480; Luiz Flávio Gomes, CTB: primeiras notas interpretativas, *Boletim IBCCrim* n. 61, p. 4; William Terra de Oliveira, CTB – "Controvertido Natimorto Tumultuado", *Boletim IBCCrim* n. 61, p. 5; Luiz Otavio de Oliveira Rocha, Código de Trânsito Brasileiro: primeiras impressões, *Boletim IBCCrim* n. 61, p. 6; Julio Fabbrini Mirabete, Crimes de trânsito têm normas gerais específicas, *Boletim IBCCrim* n. 61, p. 13; Bruno Amaral Machado, Termo circunstanciado e delitos de trânsito, *Boletim IBCCrim* n. 62, p. 7; Damásio E. de Jesus, Perdão judicial nos delitos de trânsito, *Boletim IBCCrim* n. 63, p. 2; Walter Martins Muller e Altair Ramos Leon, Comentários ao novo Código de Trânsito Brasileiro, *Boletim IBCCrim* n. 63, p. 5; Bruno Amaral Machado, Omissão de socorro e vítima com morte instantânea, *Boletim IBCCrim* n. 66, p. 11; Vitore André Zilio Maximiano, O Juizado Especial Criminal e os novos delitos de trânsito, *Boletim IBCCrim* n. 67, p. 3; José Geraldo da Silva, Os crimes de trânsito e a Lei 9.099/95, *Boletim IBCCrim* n. 67, p. 5; Geraldo de Faria Lemos Pinheiro, Uma pequena análise das penalidades e penas do Código de Trânsito Brasileiro, *Boletim IBCCrim* n. 100, p. 5; Leonardo da Silva Vilhena, Oferecimento da proposta de transação penal na Lei n. 9.099/95: a atuação do Ministério Público, do Juiz e do Advogado, *Boletim IBCCrim* n. 100, p. 7; Geraldo de Faria Lemos Pinheiro, A reincidência no Código de Trânsito Brasileiro – breve estudo comparativo; *Boletim IBCCrim* n. 112, p. 8; Geraldo de Faria Lemos Pinheiro, Breve cotejo de penas do Código de Trânsito Brasileiro, *Boletim IBCCrim* n. 128, p. 7; Cezar Roberto Bitencourt, alguns aspectos do crime omissivo impróprio,

Boletim IBCCrim n. 140, p. 12; RENATO DE LIMA CASTRO, Alguns aspectos dos crimes omissivos, *Revista Jurídica*, n. 304, p. 71; FERNANDO A. N. GALVÃO DA ROCHA, Imputação objetiva nos delitos omissivos, *Revista Brasileira de Ciências Criminais* n. 33, p. 101; JOÃO JOSÉ CALDEIRA BASTOS, Crime de omissão de socorro: divergências interpretativas e observações críticas, *Revista Brasileira de Ciências Criminais* n. 34, p. 45; MARÍLIA GONÇALVES PIMENTA, A omissão penalmente relevante: alguns comentários sobre os crimes omissivos, *Revista de Direito da Associação dos Defensores Públicos do Estado do Rio de Janeiro* – ADPERJ, v. II, p. 189; GERALDO DE FARIA LEMOS PINHEIRO, Anotações sobre alguns ilícitos no Código de Trânsito Brasileiro, *Revista Brasileira de Ciências Criminais* n. 38, p. 155.

Fuga Injustificada do Local do Acidente

> **Art. 305.** *Afastar-se o condutor do veículo do local do acidente, para fugir à responsabilidade penal ou civil que lhe possa ser atribuída:*
>
> *Penas – detenção, de seis meses a um ano, ou multa.*

➥ **Ver:** arts. 301, 302, § 1º, III, e 304 Código de Trânsito Brasileiro; art. 135 do Código Penal.

➥ **Infração administrativa**

CÓDIGO DE TRÂNSITO BRASILEIRO:

Art. 176. Deixar o condutor envolvido em acidente com vítima:

I – de prestar ou providenciar socorro à vítima, podendo fazê-lo;

II – de adotar providências, podendo fazê-lo, no sentido de evitar perigo para o trânsito no local;

III – de preservar o local, de forma a facilitar os trabalhos da polícia e da perícia;

IV – de adotar providências para remover o veículo do local, quando determinadas por policial ou agente da autoridade de trânsito;

V – de identificar-se ao policial e de lhe prestar informações necessárias à confecção do boletim de ocorrência:

Infração – gravíssima;

Penalidade – multa (cinco vezes) e suspensão do direito de dirigir;

Medida administrativa – recolhimento do documento de habilitação.

➥ **Classificação**

Crime doloso; próprio; em regra comissivo, podendo ser comissivo por omissão (art. 13, § 2º, do CP); formal (*RJTACrim* 43/45).

➥ **Objeto jurídico da tutela penal**

A tutela penal se dirige ao mesmo tempo, e com igual intensidade, à administração da justiça criminal e ao interesse da vítima em obter justa recomposição civil de seu interesse lesado.

DAMÁSIO E. DE JESUS[51] e GUILHERME DE SOUZA NUCCI[52] lecionam que o objeto jurídico da tutela penal é a administração da justiça, apenas.

➥ Sujeito ativo

Crime próprio que é, só pode ser praticado por condutor de veículo envolvido em acidente, a quem se possa atribuir alguma responsabilidade civil ou penal em razão de sua contribuição para que o mesmo se verificasse.

"O passageiro do veículo que o acompanhar não deverá responder como coautor, a menos que o concite ou instigue ao afastamento".[53]

"Conquanto não seja possível a coautoria no delito de afastamento do local do acidente (CTB, art. 305), posto tratar-se de crime próprio do condutor do veículo, é perfeitamente admissível a participação, nos termos do Código Penal, art. 29" (STJ, HC 14.021/SP, 5ª T., rel. Min. Edson Vidigal, j. 28-11-2000, *DJ* de 18-12-2000, p. 222).

➥ Sujeito passivo

Na hipótese em que o condutor do veículo foge do local do acidente para tentar furtar-se à responsabilização penal, sujeito passivo, vítima, portanto, é o Estado, interessado e responsável maior pela apuração dos fatos na esfera criminal.

Por outro vértice, na hipótese de fuga do condutor do veículo com o objetivo de tentar eximir-se de responsabilidade civil decorrente do sinistro, sujeito passivo é a pessoa prejudicada com o evento, a quem cabe reparação civil.

Não raras vezes a fuga terá duplo objetivo, envolvendo as duas situações antes mencionadas, do que também decorrerá a identificação de dupla e concomitante sujeição passiva: o Estado e o ofendido a quem caiba recomposição de dano civil em decorrência do acidente.

Objetivamente, PAULO JOSÉ DA COSTA JR. e MARIA ELIZABETH QUEIJO apontam como sujeito passivo apenas "aquele que padece o dano".[54]

Para DAMÁSIO E. DE JESUS[55] e GUILHERME DE SOUZA NUCCI[56] que não identificam qualquer distinção entre as situações previstas, sujeito passivo é sempre o Estado.

---

[51] *Crimes de trânsito*, 6. ed., São Paulo, Saraiva, 2006, p. 148.

[52] *Leis penais e processuais penais comentadas*, 1. ed., 2. tir., São Paulo, Revista dos Tribunais, 2006, p. 848.

[53] PAULO JOSÉ DA COSTA JR. e MARIA ELIZABETH QUEIJO, *Comentários aos crimes do novo Código de Trânsito*, São Paulo, Saraiva, 1998, p. 69.

[54] *Comentários aos crimes do novo Código de Trânsito*, São Paulo, Saraiva, 1998, p. 69.

[55] *Crimes de trânsito*, 6. ed., São Paulo, Saraiva, 2006, p. 148.

[56] *Leis penais e processuais penais comentadas*, 1. ed., 2. tir., São Paulo, Revista dos Tribunais, 2006, p. 848.

Elemento subjetivo do tipo

É o dolo, que não se presume.

Exige-se *dolo específico*, pois a conduta do agente deve ter por objetivo *fugir à responsabilidade penal ou civil que lhe possa ser atribuída.*

"Exige uma vontade livre e consciente para a obtenção do resultado fuga à responsabilidade penal ou civil" (TJSP, ApCrim 990.09.222896-0, 7ª CCrim, rel. Des. Sydnei de Oliveira Junior, j. 11-3-2010).

Não há forma culposa.

Há dolo específico "na hipótese de se verificar também finalidade particular por parte do agente".[57]

Objeto material

É o local do acidente, pessoa(s) e bem(ns) atingidos.

Tipo objetivo

À conformação típica exige-se que o condutor do veículo envolvido em acidente se afaste do local para fugir à responsabilidade penal ou civil que lhe possa ser atribuída.

Fugir é o mesmo que abandonar deliberadamente o local.

A fuga, aqui, deve ter por objeto claro o desejo de livrar-se da responsabilidade, civil ou penal, decorrente do acidente.

"O delito previsto no art. 305 do Código de Trânsito Brasileiro é crime formal, pois se aperfeiçoa com o simples afastamento do condutor do veículo do local do acidente, sendo irrelevante a frustração da fuga, ou ocorrência de dano para a outra parte envolvida, já que o resultado de perigo está ínsito na própria conduta praticada pelo agente" (*RJTACrim* 43/45).

"A justa causa para que o agente possa deixar de prestar socorro às vítimas seria a existência de um obstáculo grave e sério que efetivamente o impedisse de dar assistência pela possibilidade de sofrer risco pessoal, sendo que, mesmo neste caso, o condutor do veículo deve solicitar auxílio à autoridade pública, pois caso contrário terá omitido socorro" (TJMG, ApCrim 1.0278.05.931585-5/001, 5ª CCrim, rel. Des. Vieira de Brito, j. 29-6-2006).

Pressuposto do crime

É a existência de um acidente envolvendo veículo automotor, com ou sem vítima.

---

57 Giulio Battaglini, *Direito penal*; parte geral, trad. de Paulo José da Costa Jr. e Ada Pellegrini Grinover, com notas de Euclides Custódio da Silveira, São Paulo, Saraiva, 1964, p. 261.

↪ Constitucionalidade do dispositivo

Discute-se na doutrina a constitucionalidade do art. 305 do Código de Trânsito Brasileiro, por entenderem alguns doutos que a regra determinadora da obrigação de permanência no local do acidente ofende garantia prevista na Carta Magna, asseguradora do princípio segundo o qual ninguém é obrigado a produzir prova contra si mesmo.

Guilherme de Souza Nucci é taxativo a respeito, sustentando a inconstitucionalidade nos seguintes termos: "Contraria, frontalmente, o princípio de que ninguém é obrigado a produzir prova contra si mesmo – *nemo tenetur se detegere*. Inexiste razão plausível para obrigar alguém a se autoacusar, permanecendo no lugar do crime, para sofrer as consequências penais e civis do que provocou. Qualquer agente criminoso pode fugir à responsabilidade, exceto o autor de delito de trânsito. Logo, cremos inaplicável o art. 305 da Lei 9.503/97".[58]

Nesta mesma linha, indicando para a inconstitucionalidade do art. 305, são as anotações de Damásio E. de Jesus[59] e Luiz Flávio Gomes.[60]

Por assim entender, o Órgão Especial do E. Tribunal de Justiça do Estado de São Paulo decidiu que "É inconstitucional, por violar o art. 5º, LXIII, da Constituição Federal, o tipo penal previsto no art. 305 do Código de Trânsito Brasileiro" (TJSP, Arguição de Inconstitucionalidade n. 990.10.159020-4, Suscitante 8ª Câmara Criminal, rel. Des. Boris Kauffmann, *DJ* 14-7-2010).

No mesmo sentido: TJSP, HC 990.09.343549-7, 8ª CCrim, rel. Des. Roberto Mortari, j. 4-3-2010; TJSC, ApCrim 2009.026222-9, 2ª Câm., rela. Desa. Salete Silva Sommariva, j. 30-1-2012; TJSP, Ap. 0011716-65.2009.8.26.0048, 9ª CCrim Extraordinária, rel. Des. Souza Nery, j. 14-10-2016; TJSP, Ap. 0010985-37.2014.8.26.0196, 4ª CCrim, rel. Des. Euvaldo Chaib, j. 24-10-2016.

Ousamos divergir.

A permanência do agente no local do acidente não determina que o mesmo preste qualquer tipo de informação, a quem quer que seja, capaz de constituir prova contra si mesmo; autoincriminar-se, contrariando o que está assegurado na Convenção Americana sobre Direitos Humanos (art. 8º, II, *g*), até porque, sob a vigência do art. 5º, LXIII, da Constituição Federal, subsiste o direito de permanecer calado; persiste a garantia ao silêncio constitucional, do que decorre inexorável a possibilidade de, mantendo-se honradamente no local, deixar de prestar informações que envolvam matéria de prova a ser produzida

---

58 *Leis penais e processuais penais comentadas*, 1. ed., 2. tir., São Paulo, Revista dos Tribunais, 2006, p. 848.

59 *Crimes de trânsito*, 6. ed., São Paulo, Saraiva, 2006, p. 148)

60 *Estudos de direito penal e processual penal*, São Paulo, Revista dos Tribunais, 1999, p. 47.

em regular investigação, ou, num âmbito mais limitado, deixar de colaborar com informações que possam contrariar seu interesse, nada nobre, de furtar-se à responsabilidade penal ou civil pelo mal que causou a terceiro inocente.

Não se deve homenagear o descaso com a integridade alheia; com o alheio dano, ainda mais quando o próprio condutor do veículo, por culpa, deu causa ao infortúnio.

O legislador penal, em vários momentos, estimula a nobreza de conduta do agente, conforme está claro no art. 301 do Código de Trânsito Brasileiro e no art. 16 do Código Penal, por exemplo.

"O art. 305 do Código de Trânsito, que tipifica a conduta do condutor de veículo que foge do local do acidente, para se furtar à responsabilidade penal ou civil que lhe possa ser atribuída, não viola a garantia da não autoincriminação, que assegura que ninguém pode ser obrigado por meio de fraude ou coação, física e moral, a produzir prova contra si mesmo" (STJ, HC 137.340/SC, 5ª T., rela. Mina. Laurita Vaz, j. 20-9-2011, *DJe* de 3-10-2011).

"Ao definir o fato como crime, quis o legislador evitar que o condutor de veículo automotor que vier a dar causa a acidente e danos a terceiros, abandone o local do fato, deixando, assim, de prestar eventual atendimento à vítima ou a qualquer pessoa, independentemente de vir ou não a assumir sua responsabilidade pelo acidente" (TJSP, ApCrim 0008634-35.2011.8.26.0281, 3ª CCrim, rel. Des. Toloza Neto, j. 26-11-2013).

Ademais, "A Corte Constitucional ainda não reconheceu a inconstitucionalidade da lei, sendo razoável concluir que a norma não padece de vício material" (STJ, AgRg RHC 73.783/SP, 6ª T., rel. Min. Nefi Cordeiro, j. 13-9-2016, *DJe* de 20-9-2016).

No mesmo sentido, acolhendo expressamente nosso entendimento, conferir, dentre outros: TJSP, ApCrim 0009318-20.2009.8.26.0510, 5ª CCrim, rel. Des. Juvenal Duarte, j. 23-5-2013; TJSP, ApCrim 0080073-86.2012.8.26.0050, 3ª CCrim, rel. Des. Geraldo Wohlers, j. 30-7-2013.

➥ Consumação

Ocorre com a efetiva saída do agente do local do acidente, visando *fugir à responsabilidade penal ou civil que lhe possa ser atribuída*. Se o afastamento do local ocorre por razão justificada (para evitar linchamento, v.g.), não haverá crime.

Infelizmente, são comuns situações em que o causador do acidente foge do local e sua identificação só ocorre posteriormente, já em sede de formal investigação criminal.

"Tendo se demonstrado o afastamento da ré do local do acidente para fugir à responsabilidade penal ou civil, pois reconhecida pelas testemunhas, é suficiente para manutenção da condenação" (Turmas Recursais do RS, RCrim 71001474154, TRCrim, rel. Juiz Alberto Delgado Neto, j. 10-12-2007).

No mesmo sentido: TJRS, ApCrim 70016515934, 1ª CCrim, rel. Des. Manuel José Martinez Lucas, j. 28-2-2007.

➥ Tentativa

É possível, e até ocorre com razoável frequência.

Situação corriqueira, após envolver-se em acidente de trânsito o condutor procura deixar o local do evento sem prestar qualquer tipo de socorro ou ao menos verificar as consequências do sinistro, mas acaba impedido por transeuntes. Como disse LUIZ FLÁVIO GOMES, "o verbo núcleo do tipo (afastar-se) permite desdobramento naturalístico".[61]

Não se trata, *in casu*, de mero descumprimento do dever de solidariedade, mas de flagrante e odiosa insensibilidade moral; covardia latente e reveladora de acentuado desvio de caráter.

➥ Ação penal

Pública incondicionada.

➥ Composição civil visando extinção da punibilidade

É incabível, pois se trata de crime de ação penal pública incondicionada (art. 74, parágrafo único, da Lei n. 9.099/95).

➥ Transação penal

É cabível, nos termos do art. 76 da Lei n. 9.099/95, pois se trata de infração penal de pequeno potencial ofensivo (art. 61 da Lei n. 9.099/95).

"A transação é instituto despenalizador, pré-processual, que deve ser ofertada pelo Ministério Público antes mesmo do início da ação penal, durante a audiência prévia de conciliação" (STJ, HC 201.310/SP, 5ª T., rel. Min. Adilson Vieira Macabu, j. 19-6-2012, *DJe* de 29-6-2012).

"A transação penal insere-se no âmbito das medidas despenalizadoras, de sorte que o órgão acusatório deve fundamentar adequadamente a sua recusa, não ficando essas razões alheias ao exame judicial" (STJ, RHC 34.866/MG, 5ª T., rela. Mina. Laurita Vaz, j. 17-12-2013, *DJe* de 3-2-2014).

"O oferecimento da transação penal revela-se poder-dever do *Parquet*" (STJ, RHC 31.932/SP, 6ª T., rela. Mina. Maria Thereza de Assis Moura, j. 12-3-2013, *DJe* de 25-3-2013).

---

61 *Estudos de direito penal e processual penal*, São Paulo, Revista dos Tribunais, 1999, p. 46.

➥ Transação penal descumprida

Doutrina e jurisprudência sempre debateram a respeito da possibilidade, ou não, de instauração de ação penal depois de feita e homologada transação penal em juízo, na hipótese de a avença restar injustificadamente descumprida.

Segundo pensamos, o descumprimento injustificado de transação penal *homologada* não autoriza instauração de ação penal de conhecimento. Em casos tais, restará ao legitimado promover a execução do título judicial que se forma com a homologação.

Com vistas a pacificar a divergência, o Supremo Tribunal Federal editou a Súmula Vinculante 35, que tem o seguinte teor: "A homologação da transação penal prevista no art. 76 da Lei n. 9.099/1995 não faz coisa julgada material e, descumpridas suas cláusulas, retoma-se a situação anterior, possibilitando-se ao Ministério Público a continuidade da persecução penal mediante oferecimento de denúncia ou requisição de inquérito policial".

A hipótese mencionada não se iguala àquela adotada por muitos, na qual, entabulada a transação, o juiz determina inicialmente que se aguarde seu cumprimento em certo prazo, para depois homologá-la e, então, extinguir a punibilidade.

Por aqui, não é difícil concluir que, não tendo ocorrido homologação judicial, é cabível posterior oferecimento de denúncia em caso de restar descumprida a avença.

É preciso considerar, entretanto, que a rigor não se poderia pensar no cumprimento do acordo feito em juízo antes de sua efetiva homologação. Ainda assim, tal prática é recorrente na rotina judiciária.

➥ Conversão de transação penal descumprida em prisão

Descumprida a transação penal, resulta inviável a conversão da pena transacionada em pena privativa de liberdade.

"A transformação automática da pena restritiva de direitos, decorrente de transação, em privativa do exercício da liberdade discrepa da garantia constitucional do devido processo legal" (STF, HC 79.572/GO, 2ª T., rel. Min. Marco Aurélio, j. 29-2-2000, *DJ* de 22-2-2002, p. 34).

No mesmo sentido: STF, HC 80.802/MS, 1ª T., rela. Mina. Ellen Gracie, j. 24-4-2001, *DJ* de 18-5-2001, p. 434; STF, RE 268.320/PR, 1ª T., rel. Min. Octávio Gallotti, j. 15-8-2000, *DJ* de 10-11-2000, p. 105; STF, HC 80.164/MS, 1ª T., rel. Min. Ilmar Galvão, j. 26-9-2000, *DJ* de 7-12-2000, p. 5.

➥ Suspensão condicional do processo

É cabível, à luz do disposto no art. 89 da Lei n. 9.099/95, já que a pena mínima cominada não é superior a 1 (um) ano.

Sobre a matéria, conferir:

SÚMULA 723 do STF: "Não se admite a suspensão condicional do processo por crime continuado, se a soma da pena mínima da infração mais grave com o aumento mínimo de um sexto for superior a um ano".

SÚMULA 243 do STJ: "O benefício da suspensão do processo não é aplicável em relação às infrações penais cometidas em concurso material, concurso formal ou continuidade delitiva, quando a pena mínima cominada, seja pelo somatório, seja pela incidência da majorante, ultrapassar o limite de um (01) ano".

➥ Competência/procedimento

Em se tratando de crime previsto no art. 305 do Código de Trânsito Brasileiro, a competência, em regra, é do Juizado Especial Criminal, e segue-se o *procedimento comum, sumaríssimo*, previsto para as infrações penais de menor potencial ofensivo (arts. 77 e s. da Lei n. 9.099/95).

A conclusão decorre do disposto no art. 291, *caput*, do Código de Trânsito Brasileiro, c/c o art. 61 da Lei n. 9.099/95, e do art. 394, § 1º, III, do CPP, pois a pena máxima cominada não é superior a 2 (dois) anos.

Na hipótese de ocorrer concurso de crimes, se as penas máximas somadas excederem a 2 (dois) anos, a competência se desloca para o Juízo Comum. Nesse sentido: TJRS, CComp 70011511201, 3ª CCrim, rel. Des. José Antônio Hirt Preiss, j. 24-5-2005.

➥ Penas

Detenção, de 6 (seis) meses a 1 (um) ano, *ou* multa.

"Inexiste previsão legal para a isenção da pena de multa, em razão da situação econômica do réu, devendo esta servir tão somente de parâmetro para a fixação de seu valor" (STJ, REsp 760.050/RS, 5ª T., rel. Min. Félix Fischer, j. 17-8-2006, *DJ* de 2-10-2006, p. 303).

"Adequada a fixação da pena-base acima do mínimo legal quando presentes circunstâncias judiciais do art. 59 do Código Penal sopesadas negativamente" (TJRS, ApCrim 70016515934, 1ª CCrim, rel. Des. Manuel José Martinez Lucas, j. 28-2-2007).

"Inviável o afastamento da pena de multa prevista cumulativamente no tipo em razão de pobreza do réu" (Turmas Recursais do RS, RCrim 71001258102, TRCrim, rel. Juiz Alberto Delgado Neto, j. 25-6-2007).

"Não pode ser reconhecida a atenuante da confissão espontânea quando o réu limita-se a reconhecer o fato, alegando a ausência de culpa ou pretendendo atribuí-la exclusivamente à vítima" (TJRS, ApCrim 70016 515934, 1ª CCrim, rel. Des. Manuel José Martinez Lucas, j. 28-2-2007).

➥ Circunstâncias agravantes

Nos termos do art. 298 do Código de Trânsito Brasileiro, são circunstâncias que sempre agravam as penalidades dos crimes de trânsito, ter o condutor do veículo cometido a infração:

I – com dano potencial para duas ou mais pessoas ou com grande risco de grave dano patrimonial a terceiros;

II – utilizando o veículo sem placas, com placas falsas ou adulteradas;

III – sem possuir Permissão para Dirigir ou Carteira de Habilitação;

IV – com Permissão para Dirigir ou Carteira de Habilitação de categoria diferente da do veículo;

V – quando a sua profissão ou atividade exigir cuidados especiais com o transporte de passageiros ou de carga;

VI – utilizando veículo em que tenham sido adulterados equipamentos ou características que afetem a sua segurança ou o seu funcionamento de acordo com os limites de velocidade prescritos nas especificações do fabricante;

VII – sobre faixa de trânsito temporária ou permanentemente destinada a pedestres.

➥ Suspensão ou proibição de se obter a permissão ou a habilitação para dirigir veículo automotor

Ver arts. 292 a 296 do Código de Trânsito Brasileiro, e conferir nossas precedentes anotações ao art. 302, no subtítulo "Suspensão ou proibição de se obter a permissão ou a habilitação para dirigir veículo automotor".

➥ Suspensão ou proibição cautelar de se obter a permissão ou a habilitação para dirigir veículo automotor

Conferir o art. 294 do Código de Trânsito Brasileiro e nossas anotações precedentes ao art. 302, no subtítulo "Suspensão ou proibição de se obter a permissão ou a habilitação para dirigir veículo automotor".

➥ Multa reparatória

Ver art. 297 do Código de Trânsito Brasileiro.

➥ Regime de pena

É possível o cumprimento da pena privativa de liberdade em regime aberto ou semiaberto, a depender do que resultar da incidência das norteadoras dos arts. 33 e 59 do Código Penal no processo individualizador.

➥ Pena restritiva de direito

Observadas as regras do art. 44 do Código Penal, admite-se a substituição da pena privativa de liberdade por restritiva de direito.

A respeito dessa matéria, ver nossos comentários ao art. 312-A, inserido no Código de Trânsito Brasileiro pela Lei n. 13.281/2016.

Sobre penas restritivas de direitos, consultar: René Ariel Dotti, Miguel Reale Júnior, Francisco de Assis Toledo, Sérgio Salomão Shecaira, David Teixeira de Azevedo e Maurício Antonio Ribeiro Lopes, *Penas restritivas de direitos*, São Paulo, Revista dos Tribunais, 1999.

➥ Prova acusatória insuficiente

Se da prova produzida nos autos não se extrai certeza a respeito dos fatos; da autoria ou da culpa atribuída, a improcedência da ação penal com a consequente absolvição do réu é a única solução viável.

"A condenação exige certeza da existência do fato, da autoria e da culpabilidade do agente. Não sendo possível aferir com precisão a verdade real acerca da culpa pelo delito imputado ao réu, impõe-se a sua absolvição, sob pena de afrontar o princípio do *in dubio pro reo*" (TJRS, ApCrim 70013072277, 3ª CCrim, rel. Des. Danúbio Edon Franco, j. 26-1-2006).

"Não evidenciado o dolo do agente quanto a se eximir da responsabilidade civil ou penal, acertada a sua absolvição, com base no art. 386, inciso III, do CPP" (TJRS, ApCrim 70013072277, 3ª CCrim, rel. Des. Danúbio Edon Franco, j. 26-1-2006).

"Não tendo se demonstrado que o afastamento do réu do local do acidente se deu para fugir à responsabilidade penal ou civil, pois esta sequer se apresenta, e tendo o réu participado no local juntamente com outro envolvido, apenas duas versões conflitantes não são suficientes para a condenação. Impõe-se a absolvição do acusado" (Turmas Recursais do RS, RCrim 71001206218, TRCrim, rel. Juiz Alberto Delgado Neto, j. 7-5-2007).

"Inexistindo prova de ter o réu concorrido para a infração penal, a absolvição proferida pelo juízo de origem deve ser mantida" (Turmas Recursais do RS, RCrim 71001258755, TRCrim, rela. Juíza Nara Leonor Castro Garcia, j. 16-4-2007).

No mesmo sentido: Turmas Recursais do RS, RCrim 71001281302, TRCrim, rel. Juiz Alberto Delgado Neto, j. 16-7-2007; Turmas Recursais do RS, RCrim 71001178847, TRCrim, rel. Juiz Alberto Delgado Neto, j. 16-4-2007; Turmas Recursais do RS, RCrim 71001051473, TRCrim, rel. Juiz Alberto Delgado Neto, j. 12-2-2007.

➥ Prova suficiente

Havendo prova das elementares do tipo de ilícito imputado; da autoria e do dolo, e não militando em favor do réu qualquer causa de exclusão da ilicitude ou da culpabilidade, a condenação é de rigor.

"Tendo o réu saído do local sem tomar as cautelas inerentes aos acidentes de trânsito, especialmente porque comprovados os danos causados, é de ser condenado pelo delito do artigo 305, do Código de Trânsito Brasileiro" (Turmas Recursais do RS, RCrim 71001258102, TRCrim, rel. Juiz Alberto Delgado Neto, j. 25-6-2007).

"Tendo o réu saído do local do acidente, sem tomar as cautelas inerentes aos acidentes de trânsito envolvendo vítimas, especialmente criança, é de ser condenado pelo delito do artigo 305, do Código de Trânsito Brasileiro. O fato de ter parado e saído do veículo, sem o atendimento ou comunicação do fato à autoridade, indica o dolo específico" (Turmas Recursais do RS, RCrim 71000902924, TRCrim, rel. Juiz Alberto Delgado Neto, j. 18-12-2006).

No mesmo sentido: Turmas Recursais do RS, RCrim 71000971531, TRCrim, rela. Juíza Angela Maria Silveira, j. 4-12-2006.

➥ Doutrina

Alberto Silva Franco, Rui Stoco, Jefferson Ninno, Roberto Podval, e Maurício Zanoide de Moraes, *Leis penais especiais e sua interpretação jurisprudencial*, 7. ed., São Paulo, Revista dos Tribunais, 2001; Alexandre de Moraes e Gianpaolo Poggio Smanio, *Legislação penal especial*, 7. ed., São Paulo, Atlas, 2004; Arnaldo Rizzardo, *Comentários do Código de Trânsito Brasileiro*, 6. ed., São Paulo, Revista dos Tribunais, 2006; Ariosvaldo de Campos Pires e Sheila Jorge Selim Sales, *Crimes de trânsito*, Belo Horizonte, Del Rey, 1998; Cássio Mattos Honorato, *Alterações introduzidas pelo novo Código de Trânsito Brasileiro*, São Paulo, Sugestões Literárias, 1998; Damásio E. de Jesus, *Crimes de trânsito*, 7. ed., São Paulo, Saraiva, 2008; Fernando Célio de Brito Nogueira, *Crimes do Código de Trânsito*, 2. ed., São Paulo, Mizuno, 2010; Fernando Y. Fukassawa, *Crimes de trânsito*, São Paulo, Juarez de Oliveira, 2003; Jaime Pimentel e Walter Francisco Sampaio Filho, *Crimes de trânsito*, São Paulo, Editora Iglu, 1998; João Roberto Parizatto, *Delitos em acidentes de trânsito*, São Paulo, Leud, 1988; José Carlos Gobbis Pagliuca, *Direito Penal do Trânsito*, São Paulo, Juarez de Oliveira, 2000; José Geraldo da Silva, Wilson Lavorenti e Fabiano Genofre, *Leis penais especiais anotadas*, 4. ed., Campinas, Millennium, 2003; José Marcos Marrone, *Delitos de trânsito*, São Paulo, Atlas, 1998; Luiz Flávio Gomes, *Estudos de direito penal e processual penal*, São Paulo, Revista dos Tribunais, 1999; Marcelo Cunha de Araújo, *Crimes de trânsito*, Belo Horizonte, Mandamentos, 2004; Maurício Antonio Ribeiro Lopes,

Crimes de trânsito, São Paulo, Revista dos Tribunais, 1998; PAULO JOSÉ DA COSTA JR. e MARIA ELIZABETH QUEIJO, *Comentários aos crimes do novo Código de Trânsito*, São Paulo, Revista dos Tribunais, 1998; RUY CARLOS DE BARROS MONTEIRO, *Crimes de trânsito*, São Paulo, Juarez de Oliveira, 1999; VALDIR SZNICK, *Novo Código de Trânsito*, São Paulo, Ícone, 1998; FERNANDO YUKIO FUKASSAWA, Crimes de trânsito (primeiras reflexões sobre a Lei 9.503/97), *RT* 749/520 e *Justitia* 179/11; CEZAR ROBERTO BITENCOURT, Alguns aspectos penais controvertidos do Código de Trânsito, *RT* 754/480; EDISON MIGUEL DA SILVA JR. e MOZART BRUM SILVA, Crimes de trânsito – Lei 9.503/97 – disposições gerais: uma interpretação possível nos paradigmas do direito penal democrático, *RT* 757/432; LUIZ FLÁVIO GOMES, CTB: primeiras notas interpretativas, *Boletim IBCCrim* n. 61, p. 4; WILLIAM TERRA DE OLIVEIRA, CTB – "Controvertido Natimorto Tumultuado", *Boletim IBCCrim* n. 61, p. 5; LUIZ OTAVIO DE OLIVEIRA ROCHA, Código de Trânsito Brasileiro: primeiras impressões, *Boletim IBCCrim* n. 61, p. 6; BRUNO AMARAL MACHADO, Termo circunstanciado e delitos de trânsito, *Boletim IBCCrim* n. 62, p. 7; DAMÁSIO E. DE JESUS, Perdão judicial nos delitos de trânsito, *Boletim IBCCrim* n. 63, p. 2; WALTER MARTINS MULLER e ALTAIR RAMOS LEON, Comentários ao novo Código de Trânsito Brasileiro, *Boletim IBCCrim* n. 63, p. 5; VITORE NEREU JOSÉ GIACOMOLLI, A Lei n. 9.099/95 e o Código de Trânsito Brasileiro, *Boletim IBCCrim* n. 69, p. 13; MARCELO ROCHA MONTEIRO, Ausência de proposta do Ministério Público na transação penal: uma reflexão à luz do sistema acusatório, *Boletim IBCCrim* n. 69, p. 18; BRUNO AMARAL MACHADO e MÁRCIA ROCHA CRUZ, Crimes de trânsito – aplicação da Lei n. 9.099/95 e competência recursal, *Boletim IBCCrim* n. 80, p. 10; GERALDO DE FARIA LEMOS PINHEIRO, Uma pequena análise das penalidades e penas do Código de Trânsito Brasileiro, *Boletim IBCCrim* n. 100, p. 5; GERALDO DE FARIA LEMOS PINHEIRO, A reincidência no Código de Trânsito Brasileiro – breve estudo comparativo; *Boletim IBCCrim* n. 112, p. 8; GERALDO DE FARIA LEMOS PINHEIRO, Breve cotejo de penas do Código de Trânsito Brasileiro, *Boletim IBCCrim* n. 128, p. 7; PAULO QUEIROZ, Inconstitucionalidade dos crimes omissivos impróprios?, *Boletim do Instituto de Ciências Penais* – ICP, n. 30, p. 2; ANGELO ANSANELLI JUNIOR, Os crimes omissivos impróprios e o princípio da legalidade, *Boletim do Instituto de Ciências Penais* – ICP, n. 50, p. 10; RENATO DE LIMA CASTRO, Alguns aspectos dos crimes omissivos, *Revista Jurídica* n. 304, p. 71; FERNANDO A. N. GALVÃO DA ROCHA, Imputação objetiva nos delitos omissivos, *Revista Brasileira de Ciências Criminais*, n. 33, p. 101; GERALDO DE FARIA LEMOS PINHEIRO, Anotações sobre alguns ilícitos no Código de Trânsito Brasileiro, *Revista Brasileira de Ciências Criminais*, n. 38, p. 155; LUIZ VICENTE CERNICCHIARO, Crime comissivo por omissão, *Revista IOB de Direito Penal e Processual Penal* n. 7, p. 16.

Art. 306. *Conduzir veículo automotor com capacidade psicomotora alterada em razão da influência de álcool ou de outra substância psicoativa que determine dependência:*

Penas – detenção, de seis meses a três anos, multa e suspensão ou proibição de se obter a permissão ou a habilitação para dirigir veículo automotor.

§ 1º As condutas previstas no caput *serão constatadas por:*

I – concentração igual ou superior a 6 decigramas de álcool por litro de sangue ou igual ou superior a 0,3 miligrama de álcool por litro de ar alveolar; ou

II – sinais que indiquem, na forma disciplinada pelo CONTRAN, alteração da capacidade psicomotora.

§ 2º A verificação do disposto neste artigo poderá ser obtida mediante teste de alcoolemia ou toxicológico, exame clínico, perícia, vídeo, prova testemunhal ou outros meios de prova em direito admitidos, observado o direito à contraprova.

§ 3º O CONTRAN disporá sobre a equivalência entre os distintos testes de alcoolemia ou toxicológicos para efeito de caracterização do crime tipificado neste artigo.

➡ **Ver:** art. 39 da Lei n. 11.343, de 26 de agosto de 2006 (Lei de Drogas); art. 277 da Lei n. 9.503, de 23 de setembro de 1997 (Código de Trânsito Brasileiro); Decreto n. 6.488, de 19 de junho de 2008; Resolução CONTRAN n. 432, de 23 de janeiro de 2013.

➡ **Infrações administrativas**

CÓDIGO DE TRÂNSITO BRASILEIRO:

Art. 165. Dirigir sob a influência de álcool ou de qualquer outra substância psicoativa que determine dependência:

Infração – gravíssima;

Penalidade – multa (dez vezes) e suspensão do direito de dirigir por 12 (doze) meses.

Medida administrativa – recolhimento do documento de habilitação e retenção do veículo, observado o disposto no § 4º do art. 270 da Lei n. 9.503, de 23 de setembro de 1997 (Código de Trânsito Brasileiro).

Parágrafo único. Aplica-se em dobro a multa prevista no *caput* em caso de reincidência no período de até 12 (doze) meses.

Art. 165-A. Recusar-se a ser submetido a teste, exame clínico, perícia ou outro procedimento que permita certificar influência de álcool ou outra substância psicoativa, na forma estabelecida pelo art. 277:

Infração – gravíssima;

Penalidade – multa (dez vezes) e suspensão do direito de dirigir por 12 (doze) meses;

Medida administrativa – recolhimento do documento de habilitação e retenção do veículo, observado o disposto no § 4º do art. 270.

Parágrafo único. Aplica-se em dobro a multa prevista no *caput* em caso de reincidência no período de até 12 (doze) meses.

Art. 276. Qualquer concentração de álcool por litro de sangue ou por litro de ar alveolar sujeita o condutor às penalidades previstas no art. 165 deste Código.

Parágrafo único. O CONTRAN disciplinará as margens de tolerância quando a infração for apurada por meio de aparelho de medição, observada a legislação metrológica.

Art. 277. O condutor de veículo automotor envolvido em acidente de trânsito ou que for alvo de fiscalização de trânsito poderá ser submetido a teste, exame clínico, perícia ou outro procedimento que, por meios técnicos ou científicos, na forma disciplinada pelo CONTRAN, permita certificar influência de álcool ou outra substância psicoativa que determine dependência.

§ 1º (Revogado).

§ 2º A infração prevista no art. 165 também poderá ser caracterizada mediante imagem, vídeo, constatação de sinais que indiquem, na forma disciplinada pelo CONTRAN, alteração da capacidade psicomotora ou produção de quaisquer outras provas em direito admitidas.

§ 3º Serão aplicadas as penalidades e medidas administrativas estabelecidas no art. 165-A deste Código ao condutor que se recusar a se submeter a qualquer dos procedimentos previstos no *caput* deste artigo.

↪ Classificação

Crime doloso; comum; vago; comissivo; formal; de perigo abstrato.

No sentido que é de mera conduta: TJSP, HC 990.09.067674-4, 6ª CCrim, rel. Des. Machado de Andrade, j. 18-6-2009; TJRS, ACR 70007057987, 1ª CCrim, rel. Des. Ranolfo Vieira, j. 10-12-2003, *Revista IOB de Direito Penal e Processual Penal* n. 25, p. 143; TAPR, Ap. 222.507-2, 4ª Câm., rel. Juiz Lauro Augusto Fabrício de Melo, j. 26-6-2003, *DJPR* de 8-8-2003, *RT* 819/685.

"O crime previsto no art. 306 do Código de Trânsito Brasileiro (embriaguez ao volante) é crime de perigo, cujo objeto jurídico tutelado é a incolumidade pública e o sujeito passivo, a coletividade" (STF, RHC 82.517/CE, 1ª T., rela. Mina. Ellen Gracie, j. 10-12-2002, *DJ* de 21-2-2003, p. 46).

É crime de perigo abstrato: STF, HC 109.269/MG, 2ª T., rel. Min. Ricardo Lewandowski, j. 27-9-2011, *DJe* 195, de 11-10-2011, *RT* 916/639; STJ, AgRg no AREsp 462.247/RJ, 5ª T., rel. Min. Marco Aurélio Bellizze, j. 27-3-2014, *DJe* de 7-4-2014; STJ, HC 332.954/RS, 5ª T., rel. Min. Reynaldo Soares da Fonseca, j. 3-5-2016, *DJe* de 10-5-2015; STJ, AgRg no AREsp 786.092/PR, 5ª T., rel. Min. Joel Ilan Paciornik, j. 4-8-2016, *DJe* de 15-8-2016; STJ, HC 358.607/RS, 5ª T., rel. Min. Felix Fischer, j. 1-9-2016, *DJe* de 26-9-2016; STJ, REsp 1.554.196/RJ, 6ª T., rel. Min. Rogério Schietti Cruz, j. 7-4-2016, *DJe* de 20-4-2016.

"Os crimes de perigo abstrato são os que prescindem de comprovação da existência de situação que tenha colocado em risco o bem jurídico tutelado, ou seja, não se exige a prova de perigo real, pois este é presumido pela norma, sendo suficiente a periculosidade da conduta, que é inerente à ação. As condutas punidas por meio dos delitos de perigo abstrato são as que perturbam não apenas a ordem pública, mas lesionam o direito à segurança, daí porque se justifica a presunção de ofensa ao bem jurídico" (STJ, HC 237.875/MT, 5ª T., rel. Min. Jorge Mussi, j. 9-4-2013, *DJe* de 19-4-2013).

➥ Objeto jurídico da tutela penal

É a segurança no trânsito, que irá proporcionar a preservação da incolumidade pública, um dos direitos fundamentais previsto expressamente no art. 5º, *caput*, da CF.

"A objetividade jurídica do delito tipificado na mencionada norma transcende a mera proteção da incolumidade pessoal, para alcançar também a tutela da proteção de todo corpo social" (STF, HC 109.269/MG, 2ª T., rel. Min. Ricardo Lewandowski, j. 27-9-2011, *DJe* 195, de 11-10-2011, *RT* 916/369).

"A objetividade jurídica imediata é a segurança viária e, de forma indireta, a incolumidade pública" (STJ, HC 166.117/RJ, 5ª T., rel. Min. Gilson Dipp, j. 3-5-2011, *DJe* de 1º-8-2011).

No mesmo sentido: STF, RHC 82.517/CE, 1ª T., rela. Mina. Ellen Gracie, j. 10-12-2002, *DJ* de 21-2-2003, p. 46; TJSP, RSE 1.102.786-3/2, 9ª Câm., 5º Gr. da S. Crim., rel. Des. Ubiratan de Arruda, j. 26-9-2007, *Boletim de Jurisprudência* n. 135; TJRS, ACR 70007057987, 1ª CCrim, rel. Des. Ranolfo Vieira, j. 10-12-2003, *Revista IOB de Direito Penal e Processual Penal* n. 25, p. 143; TJRS, ACrim 70001193903, 7ª CCrim, rel. Des. Luis Carlos Ávila de Carvalho Leite, j. 3-8-2000, *Revista Jurídica* n. 282, p. 161.

➥ Sujeito ativo

Qualquer pessoa que se ponha a conduzir veículo automotor, habilitada ou não, na medida em que se trata de crime comum.

Não exige qualquer qualidade especial do agente.

➥ Sujeito passivo

Cuida-se de crime vago, em que o sujeito passivo é a coletividade, assim compreendida a generalidade humana.

➥ Elemento subjetivo do tipo

É o dolo, que não se presume. Basta o dolo genérico.

Não há forma culposa.

Para a conformação típica é suficiente que o agente pratique a conduta regulada, independentemente de qualquer finalidade específica.

Na definição de LUIS JIMÉNEZ DE ASÚA, existe dolo "cuando se produce un resultado típicamente antijurídico, con consciencia de que se quebranta el deber, con conocimiento de las circunstancias de hecho y del curso esencial de la relación de causalidad existente entre la manifestación humana y el cambio en el mundo exterior, con voluntad de realizar la acción y con representación del resultado que se quiere o ratifica".[62]

➥ Objeto material

É o *veículo* conduzido nas condições indicadas no tipo sob análise.

➥ Tipo objetivo

Conduzir, para os fins do dispositivo em comento, significa dirigir, colocar em movimento mediante acionamento dos mecanismos do veículo.

Veículo automotor: nos termos do Anexo I do Código de Trânsito Brasileiro, considera-se veículo automotor "todo veículo a motor de propulsão que circule por seus próprios meios, e que serve normalmente para o transporte viário de pessoas e coisas, ou para a tração viária de veículos utilizados para o transporte de pessoas e coisas. O termo compreende os veículos conectados a uma linha elétrica e que não circulam sobre trilhos (ônibus elétrico)".

Antes da Lei n. 12.760, de 20 de dezembro de 2012, o crime de embriaguez ao volante só se configurava se a condução de veículo automotor ocorresse *na via pública*. A atual redação do art. 306 abandonou tal critério, pois não contém referida elementar, de maneira que restará configurado o crime ainda que a

---

62 *Principios de derecho penal – la ley y el delito*, 3. ed., Buenos Aires, Abeledo-Perrot, 1997, p. 365.

condução do veículo, nas condições indicadas, seja verificada *em qualquer local público* (não necessariamente via pública) ou *no interior de propriedade privada* (chácara, sítio ou fazenda, por exemplo), o que representa considerável ampliação no alcance da regra punitiva. Tal ajuste guarda coerência com a tipificação dos crimes de homicídio culposo (art. 302 do CTB) e lesão corporal culposa (art. 303 do CTB), em que não há referência à *via pública*.

É bem verdade que o art. 1º do CTB diz regular o trânsito de qualquer natureza nas *vias terrestres* do território nacional, *abertas à circulação*, o que pode sugerir sua inaplicabilidade em relação a fato ocorrido em local que não se encaixe no conceito de *via terrestre, no interior de propriedade privada*, visto que o art. 2º do CTB diz que "são vias terrestres urbanas e rurais as ruas, as avenidas, os logradouros, os caminhos, as passagens, as estradas e as rodovias".

Tal forma de pensar, entretanto, é equivocada.

Com efeito, imagine-se o seguinte exemplo: o motorista de um veículo automotor destinado ao transporte de trabalhadores rurais passa a conduzi-lo no interior de uma *propriedade privada, em meio a uma plantação de laranjas*, imprimindo-lhe velocidade excessiva, incompatível para o local, e termina por atropelar e matar um dos braçais que já se encontrava trabalhando.

Embora o evento tenha ocorrido no interior de *propriedade privada e em local não definido como via terrestre* pelo art. 2º do CTB, no exemplo apontado o condutor do veículo deverá responder por homicídio culposo praticado na direção de veículo automotor, conforme o art. 302 do CTB, porquanto identificadas as respectivas elementares na conduta apontada, o que está a demonstrar que as disposições dos arts. 1º e 2º não determinam limitação de alcance para fins de imputação penal. As expressões empregadas nos arts. 1º e 2º não configuram elementares dos tipos penais citados (arts. 302, 303 e 306), visto que neles não foram descritas.

Bem por isso *poderá* haver imputação lastreada no art. 306 do CTB quando a realização típica se verificar, em via terrestre ou não, no interior de propriedade privada, se presentes as elementares do tipo.

De ver, entretanto, que, nada obstante se tenha por demonstrada a tipicidade formal, a condução de veículo no interior de propriedade privada, nas condições do art. 306 do CTB, nem sempre justificará imputação de natureza penal, cumprindo que se analise, caso a caso, a possibilidade, ou não, de lesividade, indicativa da tipicidade material, pois a absoluta ausência desta impede a persecução.

Exemplo: imagine-se hipótese em que o agente, estando em sua fazenda, onde nenhuma outra pessoa reside, e sem pretender dela sair, após ingerir alguma quantidade de cerveja, com a intenção única de conferir as condições das cercas da propriedade, se coloca a conduzir seu veículo automotor nos limites do imóvel rural, trafegando somente nas pastagens, e, em algum momento, por sentir-se mal, para o carro e telefona em busca de socorro médico, que é rapidamente prestado, quando então é constatado que se encontrava embriagado.

No caso indicado, não há sentido algum instaurar persecução penal pelo crime de embriaguez ao volante, pois, embora formalmente configurado o delito, a total ausência de lesividade está por desautorizar providências de natureza penal.

Também por força das alterações introduzidas pela Lei n. 12.760, de 20 de dezembro de 2012, para a realização do tipo descrito no art. 306, *caput*, do CTB, é preciso que o agente tenha sua *capacidade psicomotora alterada em razão da influência de álcool ou de outra substância psicoativa que determine dependência*.

Capacidade psicomotora é a que se refere à integração das funções motoras e psíquicas. São psicomotoras as partes do cérebro que presidem as relações com os movimentos dos músculos.[63]

"A área psicomotora compreende: a Coordenação Motora (utilização eficiente das partes do corpo), a Tonicidade (adequação de tensão para cada gesto ou atitude), a Organização Espacial e Percepção Visual (acuidade, atenção, percepção de imagens, figura fundo e coordenação visomotora), a Organização Temporal e Percepção Auditiva (atenção, discriminação, memória de sons e coordenação auditiva-motora), a Atenção (capacidade de apreender o estímulo), Concentração (capacidade de se ater a apenas um estímulo por um período de tempo), Memória (capacidade de reter os estímulos e suas características), Desenvolvimento do Esquema Corporal (referência de si mesmo) e a Linguagem".[64]

Para a configuração do crime, não é necessário que a capacidade psicomotora tenha sido *suprimida* e, por isso, encontre-se completamente ausente no momento da prática delitiva. Basta que esteja simplesmente *alterada*; entenda-se: fora da normalidade.

Mas não é só.

Deve ficar demonstrado que a alteração da capacidade decorre *exatamente* do consumo de álcool *ou* de outra substância psicoativa *que determine dependência*, física ou psíquica.

Se a alteração da capacidade psicomotora não decorrer do consumo de bebida alcoólica, mas de alguma substância que não cause dependência, e isso pode ser provado pelo interessado, não haverá crime.

---

63 Disponível em: http://aulete.uol.com.br/psicomotor.

64 Disponível em: http://www.bhonline.com.br/marta/psicomot.htm.

A substância psicoativa pode ser lícita ou ilícita. Não é necessário que seja droga proscrita, ensejadora de imputação com base na Lei n. 11.343, de 23 de agosto de 2006 (Lei de Drogas).

➥ Absorção pelo crime de homicídio

Quando duas normas penais incriminadoras descrevem diferentes graus de violação a um mesmo bem jurídico, o conflito aparente de normas deve ser resolvido levando-se em conta a relação de primariedade e de subsidiariedade entre elas. Na hipótese, a norma subsidiária é absorvida pela norma primária, reguladora de fato mais grave.

Considerando que o crime do art. 306 do CTB (embriaguez ao volante ou condução de veículo sob efeito de substância psicoativa que determine dependência) é *crime de perigo*, e que o crime de homicídio é *crime de dano* (CTB, art. 302), por força do princípio da consunção, consumado o dano que a norma tem por escopo exatamente evitar, não se faz juridicamente possível a instauração de processo, e menos ainda decreto de condenação, versando sobre concurso entre os crimes de "embriaguez ao volante" e homicídio culposo de trânsito. Como é cediço, o crime de dano absorve o crime de perigo (STF, HC 80.289-3/MG, rel. Min. Celso de Mello, *DJU* de 2-2-2001, *Revista Jurídica* n. 280, p. 140-143), e por isso a correta imputação deverá estar fundamentada, única e exclusivamente, no art. 302 do CTB.

Não raras vezes, ademais, a culpa penal decorrerá exclusivamente da embriaguez ou do consumo proscrito, a revelar, também sob este enfoque, absoluta impossibilidade de dupla valoração: (*1ª*) para caracterização da culpa, na modalidade de imprudência; e (*2ª*) para fazer incidir a imputação de delito autônomo.

"O crime previsto no art. 302 da Lei 9.503/97, hipótese de homicídio culposo, absorve o crime de embriaguez ao volante previsto no art. 306 do CTB, tendo em vista o princípio da consunção" (STJ, REsp 629.087/MG, 5ª T., rel. Min. José Arnaldo da Fonseca, j. 7-4-2005, *DJ* de 9-5-2005, p. 462).

"Se da embriaguez ao volante resulta homicídio culposo, haverá concurso aparente de normas a ser resolvido pelo princípio da subsidiariedade e o acusado responderá apenas pelo delito de dano (homicídio culposo), já que o delito de perigo (embriaguez) é por aquele absorvido" (TJMG, ApCrim 1.0024.03.890271-4/001, 4ª CCrim, rel. Des. Eli Lucas de Mendonça, j. 9-1-2008).

"O delito de homicídio culposo perpetrado na direção de veículo automotor (crime de dano) absorve a infração de embriaguez ao volante (crime de perigo) perpetrada na mesma ocasião" (TJMG, ApCrim 1.0024.03.982789-4/002, 4ª CCrim, rel. Des. Ediwal José de Morais, j. 7-11-2007).

"Quando duas normas descrevem graus de violação de um mesmo bem jurídico, a norma subsidiária é afastada pela aplicação da norma principal, ou seja, deverá ser aplicada apenas a norma que prevê a conduta mais grave. O crime de perigo (art. 306 do Código de Trânsito Brasileiro) é absorvido pelo crime de dano (art. 302 do Código de Trânsito Brasileiro)" (TJMG, ApCrim 1.0024.02.747114-3/001, 4ª CCrim, rel. Des. Reynaldo Ximenes Carneiro, j. 20-9-2007).

"A conduta do motorista que, sob efeito de bebida alcoólica, dirige veículo em alta velocidade, vindo a causar crime de homicídio culposo (crime de dano), subsume-se ao tipo penal previsto no art. 302 da Lei n. 9.503/97, o qual absorve o delito de embriaguez ao volante de acordo com o Princípio da Subsidiariedade" (TJMG, ApCrim 1.0278.05.931585-5/001, 5ª CCrim, rel. Des. Vieira de Brito, j. 29-6-2006).

"Infração de mera conduta. Crime de perigo comum que tutela a incolumidade pública e individual, e que resta absorvido pelo crime mais grave quando resulta dano concreto, incidindo, no presente caso, a norma que pune o crime de homicídio culposo no trânsito" (TJRS, ApCrim 70007 057987, 1ª CCrim, rel. Des. Ranolfo Vieira, j. 10-12-2003, *Revista IOB de Direito Penal e Processual Penal* n. 25, p. 143).

➥ Crime de perigo abstrato

Na redação original do Código de Trânsito (Lei n. 9.503, de 23 de setembro de 1997), para a configuração do crime previsto no art. 306, exigia-se prova da ocorrência de *perigo concreto*, não sendo suficiente o *perigo abstrato*. *Nesse sentido*: STJ, REsp 608.078/RS, 5ª T., rel. Min. Felix Fischer, *DJU* de 16-8-2004, *Revista IOB de Direito Penal e Processual Penal* n. 28, p. 131; TJMG, Ap. 2.0000.00.504070-8/000, 4ª Câm., rel. Des. Delmival de Almeida Campos, j. 30-11-2005, *DJMG* de 21-4-2006, *RT* 851/596; TJPR, Ap. 313.700-6, 3ª Câm., rel. Des. José Wanderlei Resende, j. 15-12-2005, *RT* 848/629; TJRS, ACr 70001098631, 4ª CCrim, rel. Des. Amilton Bueno de Carvalho, j. 28-6-2000, *Revista IOB de Direito Penal e Processual Penal* n. 7, p. 113.

A Lei n. 11.705, de 19 de junho de 2008, deu nova redação ao *caput* do art. 306 do CTB e deixou de exigir a ocorrência de *perigo concreto*, sendo certo que as alterações introduzidas pela Lei n. 12.760, de 20 de dezembro de 2012, não modificaram essa realidade jurídica.

Conduzir veículo nas condições do art. 306, *caput*, do Código de Trânsito Brasileiro é conduta que, por si, independentemente de qualquer outro acontecimento, gera perigo suficiente ao bem jurídico tutelado, de modo a justificar a imposição de pena criminal.

Não se exige um conduzir anormal, manobras perigosas que exponham a dano efetivo a incolumidade de outrem.

O crime é de perigo *abstrato*; presumido.

Necessário observar, por oportuno, que as disposições contidas no § 1º, I e II, do art. 306 não estão a indicar variantes da modalidade típica, mas, tão somente, formas pelas quais pode ser constatado o delito que está plenamente descrito no *caput* do mesmo art. 306. Isto está expresso no texto legal.

Disso decorre não ser correto afirmar que o § 1º, II, do art. 306 – que se refere à *presença de sinais que indiquem alteração da capacidade psicomotora* – regula hipótese em que se exige prova de perigo concreto para que se tenha por realizada conduta típica.

São sinais que indicam a alteração da capacidade psicomotora: andar cambaleante; falta de equilíbrio; voz pastosa ou agressividade associada ao hálito com odor etílico, entre outros.

Para melhor compreensão, imagine-se o seguinte exemplo: o agente *não é visto* por policiais de trânsito ou quem quer que seja *realizando manobras perigosas com o veículo que conduz*, mas, ao ser abordado, em razão de embriaguez, sai cambaleando de seu automóvel e mal consegue se expressar logicamente, de modo a evidenciar considerável e perigoso estado etílico.

Na hipótese indicada, não nos animamos a sustentar que o delito do art. 306 do CTB não está configurado. É claro que o crime ocorreu, e, por isso, apresentam-se inafastáveis as providências de natureza criminal contra seu autor.

"Mostra-se irrelevante, nesse contexto, indagar se o comportamento do agente atingiu, ou não, concretamente, o bem jurídico tutelado pela norma, porque a hipótese é de crime de perigo abstrato, para o qual não importa o resultado. (...) Por opção legislativa, não se faz necessária a prova do risco potencial de dano causado pela conduta do agente que dirige embriagado, inexistindo qualquer inconstitucionalidade em tal previsão legal" (STF, HC 109.269/MG, 2ª T., rel. Min. Ricardo Lewandowski, j. 27-9-2011, *DJe* 195, de 11-10-2011, *RT* 916/639).

"A embriaguez ao volante é caracterizada como delito de perigo abstrato" (STJ, HC 166.117/RJ, 5ª T., rel. Min. Gilson Dipp, j. 3-5-2011, *DJe* de 1º-8-2011).

"Os crimes de perigo abstrato são os que prescindem de comprovação da existência de situação que tenha colocado em risco o bem jurídico tutelado, ou seja, não se exige a prova de perigo real, pois este é presumido pela norma, sendo suficiente a periculosidade da conduta, que é inerente à ação. As condutas punidas por meio dos delitos de perigo abstrato são as que perturbam não apenas a ordem pública, mas lesionam o direito à segurança, daí porque se justifica a presunção de ofensa ao bem jurídico" (STJ, HC 237.875/MT, 5ª T., rel. Min. Jorge Mussi, j. 9-4-2013, *DJe* de 19-4-2013).

"O crime previsto no artigo 306 do Código de Trânsito Brasileiro, com as alterações procedidas pelas Leis n. 11.705/08 e n. 12.760/12, é de perigo abstrato, sendo despicienda a demonstração de potencialidade lesiva na conduta" (STJ, HC 183.463/MG, 6ª T., rela. Mina. Maria Thereza de Assis Moura, j. 15-8-2013, *DJe* de 26-8-2013).

No mesmo sentido: STJ, HC 191.390/RJ, 5ª T., rela. Mina. Laurita Vaz, j. 7-2-2013, *DJe* de 18-2-2013; STJ, AgRg no REsp 1.383.738/RJ, 5ª T., rel. Min. Jorge Mussi, j. 22-10-2013, *DJe* de 29-1-2013; STJ, AgRg no AREsp 462.247/RJ, 5ª T., rel. Min. Marco Aurélio Bellizze, j. 27-3-2014, *DJe* de 7-4-2014; STJ, HC 332.954/RS, 5ª T., rel. Min. Reynaldo Soares da Fonseca, j. 3-5-2016, *DJe* de 10-5-2015; STJ, REsp 1.113.360/DF, 6ª T., rel. Min. Og Fernandes, j. 28-9-2010; STJ, HC 177.942/RS, 6ª T., rel. Min. Celso Limongi, j. 22-2-2011, *DJe* de 14-3-2011; STJ, REsp 1.554.196/RJ, 6ª T., rel. Min. Rogério Schietti Cruz, j. 7-4-2016, *DJe* de 20-4-2016.

"A jurisprudência do Superior Tribunal de Justiça é pacífica no sentido de reconhecer a aplicabilidade do art. 306 do Código de Trânsito Brasileiro – delito de embriaguez ao volante –, não prosperando as alegações de que o mencionado dispositivo, por se referir a crime de perigo abstrato, não é aceito pelo ordenamento jurídico brasileiro" (STJ, HC 187.478/MG, 6ª T., rel. Min. Haroldo Rodrigues, j. 14-4-2011, *DJe* de 6-6-2011).

Sobre crimes de perigo abstrato, consultar: ÂNGELO ROBERTO ILHA DA SILVA, *Dos crimes de perigo abstrato em face da Constituição*, São Paulo, Revista dos Tribunais, 2003; PIERPAOLO CRUZ BOTTINI, *Crimes de perigo abstrato e princípio da precaução na sociedade de risco*, São Paulo, Revista dos Tribunais, 2007; TÚLIO ARANTES BOZOLA, *Os crimes de perigo abstrato no Direito Penal contemporâneo*, Belo Horizonte, Del Rey, 2015.

➥ Prova do crime

A Lei n. 11.705, de 19 de junho de 2008, deu nova redação ao art. 306 do Código de Trânsito Brasileiro, e, desde sua vigência, para a configuração do crime de embriaguez ao volante, passou a ser imprescindível *prova pericial* indicativa de que o infrator possuía concentração de álcool por litro de sangue igual ou superior a 6 (seis) decigramas na ocasião do evento, conforme entendimento que terminou por prevalecer no STJ, que acolheu expressamente nossa forma de pensar: REsp 1.111.566/DF, Terceira Seção, rel. Min. Marco Aurélio Bellizze, rel. p/ o acórdão Min. Adilson Vieira Macabu, j. 28-3-2012, *DJe* de 4-9-2012.

Bem por isso, advertimos à época que, em decorrência das mudanças introduzidas pela Lei n. 11.705/2008, apenas poderia ser chamada a prestar contas à Justiça Criminal em razão de "embriaguez ao volante", nos moldes do art. 306, *caput*, primeira parte, do CTB, *a pessoa que assim desejasse* ou aquela que fosse enleada ou mal-informada a respeito de seus direitos e, por isso, optasse por se submeter ou consentir em ser submetida a exames de alcoolemia ou teste do "bafômetro" tratados no art. 277 do mesmo *Codex*, e, em decorrência disso, ficasse provada a presença da dosagem não permitida de álcool por litro de sangue, sabido que ninguém está obrigado a produzir prova contra si mesmo, conforme veremos na nota seguinte.

Por se tratar de norma penal benéfica, tal previsão teve efeito retroativo, de modo a alcançar condutas praticadas mesmo antes de sua vigência.

Essa irresponsabilidade patrocinada pelo Poder Legislativo (mais uma) perdurou por mais de 4 (quatro) anos, período em que vivemos verdadeiro "estado de impunidade" em relação ao crime ora tratado, e as estatísticas relacionadas a acidentes de trânsito só fizeram aumentar drasticamente.

Com a vigência da Lei n. 12.760, de 20 de dezembro de 2012, que é autoaplicável e não depende de qualquer regulamentação do CONTRAN, a *situação normativa mudou*, e, agora, embora seja possível, não se faz imprescindível prova técnica.

Diz o § 1º do art. 306 que as condutas previstas no *caput* serão constatadas por:

I – concentração igual ou superior a 6 decigramas de álcool por litro de sangue ou igual ou superior a 0,3 miligrama de álcool por litro de ar alveolar; ou

II – sinais que indiquem, na forma disciplinada pelo CONTRAN, alteração da capacidade psicomotora.

Nos precisos termos do Anexo I da Lei n. 9.503, de 23 de setembro de 1997, considera-se "ar alveolar" o ar expirado pela boca de um indivíduo, originário dos alvéolos pulmonares, e "etilômetro" o aparelho destinado à medição do teor alcoólico no ar alveolar. O Decreto n. 6.488, de 19 de junho de 2008, regulamenta os arts. 276 e 306 do CTB e, em seu art. 2º, I e II, disciplina a equivalência entre os distintos testes de alcoolemia para efeitos de crime de trânsito.

Com efeito, na forma como está, o inciso I do § 1º pode levar à *equivocada conclusão* no sentido de que para a configuração do crime ainda é necessário *constatar qualquer das quantidades de álcool indicadas* – o que só se faz pericialmente e com concordância do investigado –, *pois a regra aparenta sugerir que não estaria com a capacidade psicomotora alterada aquele que não alcançasse ou ultrapassasse os limites estabelecidos, ainda que sob efeito de álcool se encontre.*

Por sua vez, o inciso II do § 1º *sugere* que, fora das situações indicadas em resolução do CONTRAN, não haveria situação em que se possa afirmar configurado o crime, de modo a impregnar ao art. 306 natureza de norma penal em branco.

Embora as discussões possam ser mais acirradas quanto aos efeitos do inciso II do § 1º, entendemos que tais reflexões perdem sentido quando se tem em vista o disposto no § 2º do art. 306, do qual se extrai que a *verificação* e, portanto, *a prova* da alteração da capacidade psicomotora em razão da influência de álcool ou de outra substância psicoativa que determine dependência poderá ser obtida mediante teste de alcoolemia ou toxicológico, exame clínico, perícia, vídeo, prova testemunhal ou outros meios de prova em direito admitidos, observado o direito à contraprova.[65]

Ademais, observada a ordem constitucional vigente, não tem sentido lógico ou jurídico imaginar que o CONTRAN, ou outro órgão administrativo qualquer, possa expedir, validamente, ato normativo que tenha por objeto disciplinar matéria relacionada à prova no processo penal. Falta *competência* para tanto àquele órgão, daí por que não é correto afirmar que o art. 306 constitui norma penal em branco.

Harmonizadas as disposições contidas nos §§ 1º e 2º, o que se extrai do atual regramento é que:

Inciso I: a alteração da capacidade psicomotora *será presumida e restará provada para fins penais se, independentemente de qualquer condução anormal ou aparência do agente,* for constatada em exame de dosagem concentração igual ou superior a 6 decigramas de álcool por litro de sangue, ou igual ou superior a 0,3 miligrama de álcool por litro de ar alveolar.

Nesse caso, mesmo que, em razão de sua particular condição física e capacidade de resistência aos efeitos do álcool, o investigado não demonstre sinais visíveis de embriaguez, se for constatada a presença de concentração de álcool apontada no inciso I do § 1º, deverá ser instaurada a persecução penal,

---

65 "O art. 306, § 2º, do Código de Trânsito Brasileiro – CTB, com redação conferida pela Lei n. 12.971/2014, estabelece que 'a verificação do disposto neste artigo poderá ser obtida mediante teste de alcoolemia ou toxicológico, exame clínico, perícia, vídeo, prova testemunhal ou outros meios de prova em direito admitidos, observado o direito à contraprova'. O Código Brasileiro de Trânsito não procede à tarifação dos meios de provas, prestigiando o livre convencimento motivado do juiz ao admitir diversidade probatória para demonstrar a embriaguez, sem colocar o exame pericial em patamar superior. A Lei n. 12.760/12 passou a admitir, inclusive, a prova a testemunhal para a comprovação da embriaguez. Precedente" (STJ, RHC 73.589/DF, 5ª T., rel. Min. Joel Ilan Paciornik, j. 21-2-2017, *DJe* de 6-3-2017). *No mesmo sentido*: STJ, RHC 69.856/SP, 5ª T., rel. Min. Ribeiro Dantas, j. 22-11-2016, *DJe* de 25-11-2016; STJ, HC 328.516/RS, 6ª T., rela. Mina. Maria Thereza de Assis Moura, j. 1-10-2015, *DJe* de 22-10-2015.

tal como ocorria no período em que vigente a redação típica determinada pela Lei n. 11.705, de 19 de junho de 2008.

Inciso II: ainda que o investigado não se submeta a qualquer tipo de teste de alcoolemia ou toxicológico, a alteração da capacidade psicomotora poderá ser demonstrada, para fins penais, mediante gravação de imagem em vídeo, exame clínico (visualmente feito por *expert* e depois documentado), prova testemunhal ou qualquer outro meio de prova lícita.

Nesse caso, não se trata de provar *que o agente tenha conduzido o veículo automotor de maneira anormal* (fazendo zigue-zague ou outra manobra perigosa, por exemplo), pois o crime é de perigo abstrato, e, por isso, desnecessária tal verificação, mas de provar que ao ser abordado demonstrou estar com a capacidade psicomotora alterada.

São sinais de alteração da capacidade psicomotora por ingestão de álcool ou outra substância psicoativa que determine dependência: andar cambaleante; falta de equilíbrio; voz pastosa ou agressividade associada ao hálito permeado de odor etílico, entre outros.

De relevo nesse cenário a Resolução n. 432, de 23 de janeiro de 2013, editada pelo CONTRAN, que dispõe sobre os procedimentos a serem adotados pelas autoridades de trânsito e seus agentes na fiscalização do consumo de álcool ou de outra substância psicoativa que determine dependência.

Por fim, calha observar, conforme bem apreendido por Francisco Sannini Neto e Eduardo Luiz Santos Cabette, que, "sem embargo do disposto no § 2º do art. 306, de acordo com o Código de Processo Penal, sempre que a infração deixar vestígios, é indispensável a realização de perícia".[66]

Disso decorre afirmar que a *prova técnica consentida* sempre deverá ser tentada via realização de exames de alcoolemia ou teste do bafômetro, e só em caso de recusa do suposto autor do delito em se submeter a tais exames, o que irá resultar na ausência de prova pericial por impossibilidade de sua realização, é que esta poderá ser suprida por qualquer outro tipo de prova lícita, conforme se extrai dos arts. 158 e 167 do CPP.

➥ Exames de alcoolemia e teste do "bafômetro"

Como bem observou Flávia Piovesan, "a partir da Carta de 1988, importantes tratados internacionais de direitos humanos foram ratificados pelo Brasil",[67] dentre eles a Convenção Americana de Direitos Humanos, que em

---

66 Lei n. 12.760/2012: a Nova Lei Seca. Disponível na internet em: http://jus.com.br/revista/texto/23321/lei-no-12-760-2012-a-nova-lei-seca.

67 *Direitos humanos e o direito constitucional internacional*, 3. ed., São Paulo, Max Limonad, 1997, p. 254.

seu art. 8º, II, *g*, estabelece que toda pessoa acusada de um delito tem o direito de não ser obrigada a depor contra si mesma, nem a confessar-se culpada, consagrando assim o princípio segundo o qual ninguém está obrigado a produzir prova contra si mesmo.

SYLVIA HELENA DE FIGUEIREDO STEINER ensina que "o direito ao silêncio diz mais do que o direito de ficar calado. Os preceitos garantistas constitucional e convencional conduzem à certeza de que o acusado não pode ser, de qualquer forma, compelido a declarar contra si mesmo, ou a colaborar para a colheita de provas que possam incriminá-lo".[68]

A respeito da discussão sobre eventuais conflitos normativos entre o direito internacional e o direito interno vale citar a derradeira e irretocável conclusão de FÁBIO KONDER COMPARATO, sintetizada nos seguintes termos: "Sem entrar na tradicional querela doutrinária entre monistas e dualistas, a esse respeito, convém deixar aqui assentado que a tendência predominante, hoje, é no sentido de se considerar que as normas internacionais de direitos humanos, pelo fato de exprimirem de certa forma a consciência ética universal, estão acima do ordenamento jurídico de cada Estado. Em várias Constituições posteriores à 2ª Guerra Mundial, aliás, já se inseriram normas que declaram de nível constitucional os direitos humanos reconhecidos na esfera internacional. Seja como for, vai-se firmando hoje na doutrina a tese de que, na hipótese de conflito entre regras internacionais e internas, em matéria de direitos humanos, há de prevalecer sempre a regra mais favorável ao sujeito de direito, pois a proteção da dignidade da pessoa humana é a finalidade última e a razão de ser de todo o sistema jurídico".[69]

É o que basta para afirmarmos que o agente sobre o qual recaia suspeita de encontrar-se a conduzir veículo automotor sob influência de álcool, ou de qualquer outra substância psicoativa que determine dependência, não poderá ser submetido, contra sua vontade, sem sua explícita autorização, a qualquer *procedimento que implique intervenção corporal*, da mesma maneira que não está obrigado a se pronunciar a respeito de fatos contra si imputados (art. 5º, LXIII, da CF), sem que de tal "silêncio constitucional" se possa extrair qualquer conclusão em seu desfavor, até porque, como também afirma SYLVIA HELENA DE FIGUEIREDO STEINER: "Não se concebe um sistema de garantias no qual o exercício de um direito constitucionalmente assegurado pode gerar sanção ou dano".[70]

---

[68] *A Convenção Americana sobre Direitos Humanos e sua integração ao processo penal brasileiro*, São Paulo, Revista dos Tribunais, 2000, p. 125.

[69] *A afirmação histórica dos direitos humanos*, São Paulo, Saraiva, 1999, p. 48-49.

[70] *A Convenção Americana sobre Direitos Humanos e sua integração ao processo penal brasileiro*, São Paulo, Revista dos Tribunais, 2000, p. 125.

Há ainda o princípio da presunção de inocência, inscrito no art. 5º, LVII, da Constituição Federal, a reforçar a ideia de que aquele a quem se imputa a prática de um delito não poderá ser compelido a produzir prova em seu desfavor.

Nessa linha de argumentação se faz necessário destacar o direito à *ampla defesa* consagrado no art. 5º, LV, da Constituição Federal, que possui contornos bem mais amplos do que a ele tantas vezes se tem emprestado, a permitir que o condutor se recuse a ser submetido a *procedimentos que impliquem intervenção corporal*, sem que de tal agir decorra qualquer consequência administrativa ou criminal, daí a normal recusa a tais procedimentos não configurar crime de desobediência (art. 330 do CP) ou qualquer outro.

Da mesma opinião comunga Antonio Scarance Fernandes, que assim discorre: "Já era sensível a evolução da doutrina brasileira no sentido de extrair da cláusula da ampla defesa e de outros preceitos constitucionais, como o da presunção de inocência, o princípio de que ninguém é obrigado a se autoincriminar, não podendo o suspeito ou o acusado ser forçado a produzir prova contra si mesmo. Com a convenção de Costa Rica, ratificada pelo Brasil e incorporada ao direito brasileiro (Decreto n. 678, de 6-11-1992), o princípio foi inserido no ordenamento jurídico nacional, ao se consagrar, no art. 8º, n. 2, *g*, da referida Convenção que 'toda pessoa tem direito de não ser obrigada a depor contra si mesma, nem a declarar-se culpada'. Significou a afirmação de que a pessoa não está obrigada a produzir prova contra si mesma. Pode por exemplo invocar-se esse princípio em face do Código de Trânsito (Lei n. 9.503, de 23-9-1997) para não se submeter ao teste por 'bafômetro'".[71]

Após anotar que a Convenção Americana sobre Direitos Humanos, em seu art. 8º, garante o direito a não autoincriminação, Maurício Antonio Ribeiro Lopes também lembra que: "Desse modo, pode haver recusa pelo condutor de se submeter a esses exames sem que tal fato venha a caracterizar autonomamente crime, tampouco presumir seu estado de embriaguez".[72]

No mesmo sentido, por fim, é o escólio de Luiz Flávio Gomes.[73]

Há uma última questão.

Visando assegurar o princípio segundo o qual ninguém está obrigado a produzir prova contra si mesmo, diz o art. 5º, LXIII, da Constituição Federal que "o preso será informado de seus direitos, entre os quais o de permanecer calado...".

Ora, se o assim denominado "silêncio constitucional" existe para assegurar a regra estabelecida no art. 8º, II, *g*, da Convenção Americana de Direitos

71 *Processo penal constitucional*, 5. ed., São Paulo, Revista dos Tribunais, 2007, p. 303-304.

72 *Crimes de trânsito*, São Paulo, Revista dos Tribunais, 1998, p. 223-224.

73 *Estudos de direito penal e processual penal*, São Paulo, Revista dos Tribunais, 1999, p. 51.

Humanos, e tem as repercussões amplas que anotamos, por questão de lealdade e cumprimento da própria Constituição Federal, todo aquele que for abordado conduzindo veículo automotor sob suspeita de haver ingerido bebida alcoólica deve ser "informado de seus direitos, entre os quais o de não se submeter a exames de alcoolemia, teste do bafômetro" etc.

Trata-se de decorrência lógica. A regra está prevista na Constituição Federal, e é assim que se deve proceder em um Estado de Direito minimamente democrático.

➥ Irretroatividade do atual art. 306 por configurar "lei mais severa"

A Lei n. 11.705, de 19 de junho de 2008, deu redação mais branda ao art. 306 do CTB, pois nele incluiu elementar que resultou em obstáculo à persecução penal (concentração de álcool por litro de sangue igual ou superior a 6 decigramas), daí sua retroatividade para alcançar fatos praticados antes de sua vigência.

Ao contrário, a Lei n. 12.760, de 20 de dezembro de 2012, retirou a elementar anteriormente grafada no art. 306, consistente na quantificação da *dosagem alcoólica por litro de sangue*, e, com isso, ampliou consideravelmente a possibilidade de se impor punição.

Não bastasse, antes, só se perfazia o crime do art. 306 do CTB quando a condução do veículo automotor se verificasse na *via pública*; agora, tal elementar também foi retirada pela Lei n. 12.760, de 20 de dezembro de 2012, o que terminou por aumentar ainda mais a possibilidade de configuração do crime em testilha.

Disso resulta que *a atual redação do art. 306 do CTB é mais severa em relação à anterior*, e, por isso, a regulamentação que dele decorre *não retroage para alcançar fatos praticados antes de sua vigência*, conforme determina o art. 5º, XL, da Constituição Federal.

Por igual razão, para a prova dos crimes *praticados antes* da Lei n. 12.760, continua a ser indispensável exame pericial, porquanto imprescindível prova técnica que demonstre a concentração de álcool por litro de sangue igual ou superior a 6 decigramas, conforme entendimento predominante no STJ: REsp 1.111.566/DF, Terceira Seção, rel. Min. Marco Aurélio Bellizze, rel. p/ o acórdão Min. Adilson Vieira Macabu, j. 28-3-2012, *DJe* de 4-9-2012.

"Na vigência da Lei 11.705/2008, o exame de sangue ou o teste do bafômetro eram considerados indispensáveis para a comprovação da materialidade do crime de embriaguez ao volante, sendo certo que o condutor do automóvel não era obrigado a realizá-los, sob pena de ofensa ao princípio que proíbe a autoincriminação. Com o advento da Lei 12.760/2012, o combate à embriaguez ao volante tornou-se ainda mais rígido, tendo o legislador previsto a possibilidade de comprovação do crime por diversos meios de prova, conforme se infere da redação do § 2º incluído no artigo 306 do Código de Trânsito Brasileiro" (STJ, RHC 45.173/SP, 5ª T., rel. Min. Jorge Mussi, j. 6-5-2014, *DJe* de 14-5-2014).

➥ Decreto n. 6.488, de 19 de junho de 2008

Regulamenta os arts. 276 e 306 da Lei n. 9.503, de 23 de setembro de 1997 (Código de Trânsito Brasileiro):

Art. 2º Para os fins criminais de que trata o art. 306 da Lei n. 9.503, de 1997 – Código de Trânsito Brasileiro, a equivalência entre os distintos testes de alcoolemia é a seguinte:

I – exame de sangue: concentração igual ou superior a seis decigramas de álcool por litro de sangue; ou

II – teste em aparelho de ar alveolar pulmonar (etilômetro): concentração de álcool igual ou superior a três décimos de miligrama por litro de ar expelido dos pulmões.

➥ Decreto n. 6.489, de 19 de junho de 2008

Regulamenta a Lei n. 11.705, de 19 de junho de 2008, no ponto em que restringe a comercialização de bebidas alcoólicas em rodovias federais.

➥ Bebida alcoólica

Na dicção do art. 6º da Lei n. 11.705, de 19 de junho de 2008, "consideram-se bebidas alcoólicas, para efeitos desta Lei, as bebidas potáveis que contenham álcool em sua composição, com grau de concentração igual ou superior a meio grau Gay-Lussac".

➥ Substância psicoativa que determine dependência

Sobre a matéria, verificar a Portaria n. 344, de 12 de maio de 1998, da Secretaria de Vigilância Sanitária, do Ministério da Saúde, que aprova o Regulamento Técnico sobre substâncias e medicamentos sujeitos a controle especial.

Consulta recomendada: Renato Marcão, *Tóxicos* – Lei n. 11.343, de 23 de agosto de 2006, anotada e interpretada, 11. ed., São Paulo, Saraiva, 2017.

➥ Conduzir embarcação ou aeronave após consumo de droga

Conduzir *embarcação ou aeronave* após o consumo de droga, expondo a dano potencial a incolumidade de outrem, é crime capitulado no art. 39 da Lei n. 11.343, de 26 de agosto de 2006 (Lei de Drogas).

São situações semelhantes, porém, juridicamente distintas, não cabendo falar nem mesmo em conflito aparente de normas.

Consulta recomendada: Renato Marcão, *Tóxicos* – Lei n. 11.343, de 23 de agosto de 2006, anotada e interpretada, 11. ed., São Paulo, Saraiva, 2017.

➥ Consumação

Com o ato de conduzir veículo automotor, em local público ou em propriedade privada, *estando com a capacidade psicomotora alterada em razão da influência de álcool ou de outra substância psicoativa que determine dependência.*

Para a consumação *não se exige* a prática efetiva de qualquer conduta ou manobra que represente um conduzir "anormal" e exponha a perigo concreto de dano a incolumidade de outrem.

"Com a redação conferida ao art. 306 do Código de Trânsito Brasileiro pela Lei n. 11.705/08, tornou-se imperioso, para o reconhecimento de tipicidade do comportamento de embriaguez ao volante, a aferição da concentração de álcool no sangue. A Lei n. 12.760/12 modificou a norma mencionada, a fim de dispor ser despicienda a avaliação realizada para atestar a gradação alcoólica, acrescentando ser viável a verificação da embriaguez mediante vídeo, prova testemunhal ou outros meios de prova em direito admitidos, observado o direito à contraprova, de modo a corroborar a alteração da capacidade psicomotora" (STJ, RHC 66.942/SP, 6ª T., rela. Mina. Maria Thereza de Assis Moura, j. 3-5-2016, *DJe* de 12-5-2016).

➥ Tentativa

É possível.

Hipótese comum, estando o agente em qualquer das condições do tipo penal, tenta conduzir veículo automotor e é impedido por outrem.

➥ Ação penal

Pública incondicionada.

"O crime de embriaguez ao volante, previsto no art. 306 do Código de Trânsito Brasileiro, é de ação penal pública incondicionada, em face do caráter coletivo do bem jurídico tutelado (segurança viária), razão pela qual não depende de representação para a instauração do inquérito policial e início da ação penal" (STJ, HC 99.468/SP, 5ª T., rela. Mina. Laurita Vaz, j. 3-2-2009, *DJe* de 9-3-2009).

"O art. 306 da Lei n. 9.503/97, crime de condução de veículo automotor sob a influência de álcool, é de ação penal pública incondicionada" (STJ, RHC 13.485/SP, 6ª T., rel. Min. Hamilton Carvalhido, j. 9-12-2005, *DJU* de 20-3-2006, p. 353, *Revista Jurídica* n. 342, p. 170).

No mesmo sentido: TJSP, RSE 1.102.786-3/2, 9ª Câm. do 5º Gr. da S. Crim., rel. Des. Ubiratan de Arruda, j. 26-9-2007, *Boletim de Jurisprudência* n. 135; TJSP, ApCrim 985.149.3/4, 12ª CCrim "B", rel. Des. Aristóteles de Alencar Sampaio, j. 6-4-2009.

➥ Composição civil visando extinção da punibilidade

É incabível, pois se trata de crime de ação penal pública incondicionada (art. 74, parágrafo único, da Lei n. 9.099/95).

➥ Transação penal

É incabível, pois não se trata de infração penal de pequeno potencial ofensivo.

➥ Suspensão condicional do processo

É cabível, nos termos do art. 89 da Lei n. 9.099/95, pois a pena mínima cominada não é superior a 1 (um) ano.

Sobre a matéria, conferir:

Súmula 723 do STF: "Não se admite a suspensão condicional do processo por crime continuado, se a soma da pena mínima da infração mais grave com o aumento mínimo de um sexto for superior a um ano".

Súmula 243 do STJ: "O benefício da suspensão do processo não é aplicável em relação às infrações penais cometidas em concurso material, concurso formal ou continuidade delitiva, quando a pena mínima cominada, seja pelo somatório, seja pela incidência da majorante, ultrapassar o limite de um (01) ano".

"É ilegal condicionar a suspensão do processo à prestação de serviços à comunidade ou prestação pecuniária, bem como determinar período de suspensão do direito de dirigir veículo automotor, porquanto equivale ao cumprimento de pena sem condenação" (TJRS, HC 70033751702, 1ª CCrim, rel. Des. José Antônio Hirt Preiss, j. 13-1-2010).

➥ Procedimento

Não há procedimento especial tipificado na Lei n. 9.503, de 23 de setembro de 1997.

Segue-se o *procedimento comum, sumário,* nos termos do art. 394, § 1º, II, do CPP, regulado nos arts. 396/399 e 531/536 do CPP.

Não se trata de infração penal de menor potencial ofensivo, conforme decorre do disposto no art. 61 da Lei n. 9.099/95, pois a pena máxima cominada é superior a 2 (dois) anos.

O art. 291, *caput*, da Lei n. 9.503/97 diz ser aplicável a Lei n. 9.099/95, "no que couber", e o § 1º do art. 291 já não deixa qualquer dúvida a respeito de seu verdadeiro alcance, pois se refere apenas aos crimes de lesões corporais culposas praticados na condução de veículo automotor.

No mesmo sentido: STF, HC 85.350/MG, 1ª T., rel. Min. Eros Grau, *DJU* de 2-9-2005, *Revista Jurídica* n. 336, p. 160; TJSP, HC 01012054.3/1-0000-000, 6ª Câm. do 3º Gr. da S. Crim., rel. Des. Pedro Gagliardi, j. 7-12-2006, *RT* 859/607.

➥ Penas

Detenção, de 6 (seis) meses a 3 (três) anos, multa e suspensão ou proibição de se obter a permissão ou a habilitação para dirigir veículo automotor.

É preciso que a pena valha como contraestímulo ao estímulo criminoso.[74]

"A dosimetria da pena exige do julgador uma cuidadosa ponderação dos efeitos ético-sociais da sanção e das garantias constitucionais, especialmente a garantia da individualização do castigo. Em matéria penal, a necessidade de fundamentação das decisões judiciais, penhor de *status* civilizatório dos povos, tem na fixação da pena um dos seus momentos culminantes" (STF, HC 100.866/MS, 1ª T., rel. Min. Carlos Britto, j. 27-10-2009, *DJe* 218, de 20-11-2009).

Sobre fundamentos e funções da pena, consultar: CLAUS ROXIN, *Problemas fundamentais de direito penal*, Lisboa, Veja, 1986; HEIKO H. LESCH, *La función de la pena*, Madrid, Dykinson, 1999; OSWALDO HENRIQUE DUEK MARQUES, *Fundamentos da pena*, São Paulo, Juarez de Oliveira, 2000; PAULO QUEIROZ, *Funções do direito penal*, 2. ed., São Paulo, Revista dos Tribunais, 2005.

"'Fixada a pena em seu mínimo legal, descabe reduzi-la aquém do mínimo, mesmo em face da existência de circunstância atenuante. Aplicação da Súmula 231/STJ' (REsp 225.726/SP, 5ª Turma, rel. Min. Gilson Dipp, v.u., j. 11-9-2001, *DJU* 15-10-2001)" (TJSP, Ap. 0002664-79.2011.8.26.0111, 9ª CCrim, rel. Des. Sérgio Coelho, j. 30-4-2015).

"'Ao contrário das causas especiais de diminuição da pena, as atenuantes genéricas não podem reduzi-la aquém do mínimo legal' (STF, HC 77.912/RS, rel. Min. Sepúlveda Pertence, j. 17-11-1998). Na mesma direção: HC 87.263/MS, rel. Min. Ricardo Lewandowski, j. 9-5-2006; HC 82.483/SP, rel. Min. Maurício Corrêa, j. 12-11-2002, entre inúmeros outros" (TJSP, Ap. 0002228-11.2014.8.26.0566, 14ª CCrim, rel. Des. Fernando Torres Garcia, j. 26-2-2015).

➥ Perdão judicial

É incabível, por falta de disposição legal que fundamente a concessão: TJSP, Ap. 0006429-29.2011.8.26.0541, 6ª CCrim Extraordinária, rel. Des. Souza Nery, j. 27-11-2015.

---

74 ANÍBAL BRUNO, *Direito penal*; parte geral, 3. ed., Rio de Janeiro, Forense, 1967, t. 1, p. 87.

➥ Circunstâncias agravantes

Nos termos do art. 298 do Código de Trânsito Brasileiro, são circunstâncias que sempre agravam as penalidades dos crimes de trânsito, ter o condutor do veículo cometido a infração:

I – com dano potencial para duas ou mais pessoas ou com grande risco de grave dano patrimonial a terceiros;

II – utilizando o veículo sem placas, com placas falsas ou adulteradas;

III – sem possuir Permissão para Dirigir ou Carteira de Habilitação;

IV – com Permissão para Dirigir ou Carteira de Habilitação de categoria diferente da do veículo;

V – quando a sua profissão ou atividade exigir cuidados especiais com o transporte de passageiros ou de carga;

VI – utilizando veículo em que tenham sido adulterados equipamentos ou características que afetem a sua segurança ou o seu funcionamento de acordo com os limites de velocidade prescritos nas especificações do fabricante;

VII – sobre faixa de trânsito temporária ou permanentemente destinada a pedestres.

➥ Suspensão ou proibição de se obter a permissão ou a habilitação para dirigir veículo automotor

Ver arts. 292 a 296 do Código de Trânsito Brasileiro e conferir nossas precedentes anotações ao art. 302 no subtítulo "SUSPENSÃO OU PROIBIÇÃO DE SE OBTER A PERMISSÃO OU A HABILITAÇÃO PARA DIRIGIR VEÍCULO AUTOMOTOR".

➥ Suspensão ou proibição cautelar de se obter a permissão ou a habilitação para dirigir veículo automotor

Conferir o art. 294 do Código de Trânsito Brasileiro e nossas anotações ao art. 302 no subtítulo "SUSPENSÃO OU PROIBIÇÃO DE SE OBTER A PERMISSÃO OU A HABILITAÇÃO PARA DIRIGIR VEÍCULO AUTOMOTOR".

➥ Multa reparatória

Ver art. 297 do Código de Trânsito Brasileiro.

➥ Regime de pena

É possível o cumprimento da pena privativa de liberdade em regime aberto ou semiaberto, verificadas as diretrizes dos arts. 33 e 59 do Código Penal.

➥ Penas restritivas de direitos

Observadas as regras do art. 44 do Código Penal, admite-se a substituição da pena privativa de liberdade por restritivas de direitos.

A respeito dessa matéria, ver nossos comentários ao art. 312-A, inserido no Código de Trânsito Brasileiro pela Lei n. 13.281/2016.

Sobre penas restritivas de direitos, consultar: René Ariel Dotti, Miguel Reale Júnior, Francisco de Assis Toledo, Sérgio Salomão Shecaira, David Teixeira de Azevedo e Maurício Antonio Ribeiro Lopes, *Penas restritivas de direitos*, São Paulo, Revista dos Tribunais, 1999.

➥ Punições administrativa e penal

Não configura *bis in idem*.

Uma não exclui a outra e tampouco se compensam.

➥ Art. 34 da LCP

O art. 34 da LCP não foi ab-rogado pelo Código de Trânsito Brasileiro, mas apenas derrogado.

É certo que os arts. 306, 308 e 311 do CTB, que tratam respectivamente das condutas consistentes em embriaguez ao volante; participação em corrida, disputa ou competição não autorizada; e trafegar em velocidade incompatível em determinados locais, esvaziaram sobremaneira o alcance do art. 34 da LCP, mas disso não se extrai autorização para afirmar a inexistência de outras condutas aptas a ensejar conformação típica no modelo contravencional, como é exemplo a manobra conhecida como "cavalo de pau", ou, ainda, trafegar em "zigue-zague" ou na contramão, dentre outras.

De ver, ainda, que o Código de Trânsito Brasileiro cuida apenas das condutas praticadas na direção de *veículo automotor*, enquanto o art. 34 da Lei das Contravenções Penais se refere a *quaisquer veículos e embarcações*, o que sem sombra de dúvida possibilita extenso rol de condutas ensejadoras de imputação penal não alcançadas pelo CTB.

➥ Doutrina

Alberto Silva Franco, Rui Stoco, Jefferson Ninno, Roberto Podval e Maurício Zanoide de Moraes, *Leis penais especiais e sua interpretação jurisprudencial*, 7. ed., São Paulo, Revista dos Tribunais, 2001; Damásio E. de Jesus, *Crimes de trânsito*, 7. ed., São Paulo, Saraiva, 2008; Fernando Y. Fukassawa, *Crimes de trânsito*, 2. ed., São Paulo, Juarez de Oliveira, 2003; Marcelo Cunha de Araújo, *Crimes de trânsito*, Belo Horizonte, Mandamentos, 2004; Maurício Antonio Ribeiro Lopes, *Crimes de trânsito*, São Paulo, Revista dos Tribunais, 1998; Paulo José da Costa

Jr. e Maria Elizabeth Queijo, *Comentários aos crimes do novo Código de Trânsito*, São Paulo, Revista dos Tribunais, 1998; Ruy Carlos de Barros Monteiro, *Crimes de trânsito*, São Paulo, Juarez de Oliveira, 1999; André Luís Callegari, A inconstitucionalidade do teste de alcoolemia e o novo Código de Trânsito, *RT* 757/426; Hélvio Simões Vidal, Dolo e culpa na embriaguez voluntária, *RT* 841/407; Damásio E. de Jesus, Embriaguez ao volante: notas à Lei n. 11.705/2008, *Revista de Direito Penal e Processual Penal* n. 52, p. 32. Disponível em: http://www.jurid.com.br; Edison Miguel da Silva Jr., Crimes de perigo no Código de Trânsito Brasileiro, *Boletim IBCCrim* n. 76, p. 6; André Luís Callegari, Delitos de perigo concreto no Código de Trânsito Brasileiro, *Boletim IBCCrim* n. 76, p. 7; Roberto Delmanto, A inconstitucionalidade da Lei Seca, *Boletim IBCCrim* n. 189, p. 18; André Luís Callegari e Fábio Motta Lopes, A imprestabilidade do bafômetro como prova no processo penal, *Boletim IBCCrim* n. 191, p. 8; Damásio E. de Jesus, Limites à prova da embriaguez ao volante: a questão da obrigatoriedade do teste do bafômetro, *Revista Magister de Direito Penal e Processual Penal* n. 1, p. 14; *Revista Jurídica da Escola Superior do Ministério Público do Estado de São Paulo* n. 2, p. 53, e *Revista Síntese de Direito Penal e Processual Penal* n. 28, p. 27; Geraldo de Faria Lemos Pinheiro, O sistema punitivo no Código de Trânsito Brasileiro, *Revista Brasileira de Ciências Criminais* n. 23, p. 137; Isaac Sabbá Guimarães, Exame de alcoolemia: sua validade como prova no processo penal, *Revista Brasileira de Ciências Criminais* n. 33, p. 121; Geraldo de Faria Lemos Pinheiro, Anotações sobre alguns ilícitos no Código de Trânsito Brasileiro, *Revista Brasileira de Ciências Criminais* n. 38, p. 155; Marcelo José Araújo, O consumo de álcool e o Código de Trânsito Brasileiro, *Cidadania e Justiça – Revista da Associação dos Magistrados Brasileiros* n. 10, p. 167; José Durval de Lemos Lins Filho, O tratamento dogmático-penal da embriaguez no Brasil: das críticas às proposições, *Revista da ESMAPE* – Escola Superior da Magistratura de Pernambuco, v. 11, n. 24, p. 215; Elizete Lanzoni Alves, Código de Trânsito Brasileiro (Lei n. 9.503/97) como instrumento punitivo: uma abordagem de seus limites e possibilidades, *Revista Jurídica* n. 332, p. 85; Rui Carlos Kolb Schiefler, Embriaguez ao volante – não exigência de dano ou risco concreto, *Revista da APMP* – Associação Paulista do Ministério Público, ano II, n. 16, p. 58; Diego Romero, Reflexões sobre os crimes de perigo abstrato, *Revista IOB de Direito Penal e Processual Penal* n. 39, p. 43; Leon Frejda Szklarowsky, O veículo, o álcool e a substância psicoativa, *Revista Jurídica Consulex* n. 276, p. 24; Francisco Sannini Neto e Eduardo Luiz Santos Cabette, *Lei n. 12.760/2012: a Nova Lei Seca*. Disponível na internet em: http://jus.com.br/revista/texto/23321/lei-no-12-760-2012-a-nova-lei-seca.

Violação de Decisão Administrativa ou Judicial

Art. 307. *Violar a suspensão ou a proibição de se obter a permissão ou a habilitação para dirigir veículo automotor imposta com fundamento neste Código:*

Penas – detenção, de seis meses a um ano e multa, com nova imposição adicional de idêntico prazo de suspensão ou de proibição.

Parágrafo único. *Nas mesmas penas incorre o condenado que deixa de entregar, no prazo estabelecido no § 1º do art. 293, a Permissão para Dirigir ou a Carteira de Habilitação.*

➥ **Ver:** art. 359 do Código Penal.

➥ **Infração administrativa**

Código de Trânsito Brasileiro:

Art. 162. Dirigir veículo:

I – sem possuir Carteira Nacional de Habilitação, Permissão para Dirigir ou Autorização para Conduzir Ciclomotor:

Infração – gravíssima;

Penalidade – multa (três vezes);

Medida administrativa – retenção do veículo até a apresentação de condutor habilitado;

II – com Carteira Nacional de Habilitação, Permissão para Dirigir ou Autorização para Conduzir Ciclomotor cassada ou com suspensão do direito de dirigir:

Infração – gravíssima;

Penalidade – multa (três vezes);

Medida administrativa – recolhimento do documento de habilitação e retenção do veículo até a apresentação de condutor habilitado;

III – com Carteira Nacional de Habilitação ou Permissão para Dirigir de categoria diferente da do veículo que esteja conduzindo:

Infração – gravíssima;

Penalidade – multa (duas vezes);

Medida administrativa – retenção do veículo até a apresentação de condutor habilitado;

➥ Classificação

Crime doloso; próprio; de perigo abstrato; de mera conduta; em regra comissivo, podendo ser comissivo por omissão (art. 13, § 2º, do CP).

"Os crimes de perigo abstrato são os que prescindem de comprovação da existência de situação que tenha colocado em risco o bem jurídico tutelado, ou seja, não se exige a prova de perigo real, pois este é presumido pela norma, sendo suficiente a periculosidade da conduta, que é inerente à ação. As condutas punidas por meio dos delitos de perigo abstrato são as que perturbam não apenas a ordem pública, mas lesionam o direito à segurança, daí porque se justifica a presunção de ofensa ao bem jurídico" (STJ, HC 237.875/MT, 5ª T., rel. Min. Jorge Mussi, j. 9-4-2013, *DJe* de 19-4-2013).

Sobre perigo abstrato, consultar: ÂNGELO ROBERTO ILHA DA SILVA, *Dos crimes de perigo abstrato em face da Constituição*, São Paulo, Revista dos Tribunais, 2003; PIERPAOLO CRUZ BOTTINI, *Crimes de perigo abstrato e princípio da precaução na sociedade de risco*, São Paulo, Revista dos Tribunais, 2007; TÚLIO ARANTES BOZOLA, *Os crimes de perigo abstrato no Direito Penal contemporâneo*, Belo Horizonte, Del Rey, 2015.

Sobre crimes de mera conduta, consultar: MANOEL PEDRO PIMENTEL, *Crimes de mera conduta*, 3. ed., São Paulo, Revista dos Tribunais, 1975.

➥ Objeto jurídico da tutela penal

No *caput* do art. 307 a tutela penal visa a Administração Pública, sob o enfoque do prestígio das *decisões administrativas e judiciais* relacionadas à suspensão ou a proibição de se obter a permissão ou a habilitação para dirigir veículo automotor, impostas com fundamento em regra do Código de Trânsito Brasileiro.

No parágrafo único do art. 307 o objeto jurídico da tutela penal tem por escopo a *Administração da Justiça*.

"Protege-se o normal desenvolvimento da Administração Pública, no sentido de fazer cumprir a decisão, judicial ou administrativa, que impôs pena criminal ou administrativa".[75]

Segundo entende GUILHERME DE SOUZA NUCCI, "o objeto jurídico é a administração da justiça".[76]

➥ Sujeito ativo

Crime próprio, somente poderá ser praticado por alguém que tenha sofrido, por decisão administrativa ou judicial, suspensão ou proibição de obter permissão ou habilitação para dirigir veículo automotor.

---

75 DAMÁSIO E. DE JESUS, *Crimes de trânsito*, 6. ed., São Paulo, Saraiva, 2006, p. 185.

76 *Leis penais e processuais penais comentadas*, 1. ed., 2. tir., São Paulo, Revista dos Tribunais, 2006, p. 851.

Crimes próprios ou especiais, definiu ANÍBAL BRUNO, "são aqueles que só podem ser praticados por pessoa revestida de certas qualidades".[77]

➥ Sujeito passivo

É o Estado-administração.

No mesmo sentido: DAMÁSIO E. DE JESUS, *Crimes de trânsito*, 6. ed., São Paulo, Saraiva, 2006, p. 185.

Para LUIZ FLÁVIO GOMES sujeito passivo é a coletividade e o Estado.[78]

Segundo GUILHERME DE SOUZA NUCCI, "o sujeito passivo é a sociedade".[79]

➥ Elemento subjetivo do tipo

É o dolo, que não se presume. Basta o dolo genérico.

Não há forma culposa.

"El delito es doloso, o según la intención, cuando el resultado dañoso o peligroso, que fue el producto de la acción u omisión y del cual hace depender la ley la existencia del delito, fue previsto y deseado por el agente como consecuencia de su acción o su omisión".[80]

Sobre dolo em direito penal, consultar, ainda: ELIO MORSELLI, *La función del comportamiento interior en la estructura del delito*, Bogotá, Colômbia, Temis, 1992; SOUZA NETO, *O motivo e o dolo*, 2. ed., Rio de Janeiro, Freitas Bastos, 1956.

➥ Objeto material

No *caput* do art. 307 é o veículo conduzido com violação à situação previamente determinada em decisão administrativa ou judicial.

No parágrafo único do art. 307 o objeto material do crime é o documento que materializa a permissão para dirigir veículo automotor ou a carteira de habilitação, cuja entrega foi determinada em sentença condenatória.

➥ Tipo objetivo

Conduta, já dizia E. MAGALHÃES NORONHA, "é tanto a atividade que gera determinado efeito, como a inexecução de uma ação, um comportamento negativo do indivíduo".[81]

---

77 *Direito penal*; parte geral, 3. ed., Rio de Janeiro, Forense, 1967, p. 223.

78 *Estudos de direito penal e processual penal*, São Paulo, Revista dos Tribunais, 1999, p. 52.

79 *Leis penais e processuais penais comentadas*, 1. ed., 2. tir., São Paulo, Revista dos Tribunais, 2006, p. 851.

80 FRANCESCO ANTOLISEI, *Manual de derecho penal*; parte general, 8. ed., Bogotá, Temis, 1988, p. 240.

81 *Do crime culposo*, 2. ed., São Paulo, Saraiva, 1966, p. 48.

Na modalidade regulada no *caput* do art. 307 o agente pratica ação consistente em conduzir veículo automotor, quando estava proibido de assim proceder em razão de decisão administrativa ou judicial precedente, na qual tenha sido determinada, com fundamento em regra do Código de Trânsito Brasileiro, a suspensão ou a proibição de se obter a permissão ou a habilitação para dirigir veículo automotor.

Em relação à tipicidade tratada no parágrafo único do art. 307 ocorre modalidade omissiva. Configura-se o crime com o simples descumprimento da obrigação de entregar à autoridade judiciária competente, no prazo de 48 (quarenta e oito) horas, contados da intimação, o documento que materializa a permissão para dirigir veículo automotor ou a carteira de habilitação.

Conforme a Súmula 710 do Supremo Tribunal Federal: "No processo penal, contam-se os prazos da data da intimação, e não da juntada aos autos do mandado ou da carta precatória ou de ordem".

A entrega, entretanto, somente será obrigatória, se assim determinada em *sentença condenatória que já tenha transitado em julgado.*

"O delito do artigo 307 do C.T.B. pressupõe a violação de uma imposição, seja administrativa ou penal, que restou configurada pela C.N.H. vencida e suspensa" (Turmas Recursais do RS, RCrim 71001533751, TRCrim, rel. Juiz Clademir José Ceolin Missaggia, j. 21-1-2008).

No mesmo sentido: Turmas Recursais do RS, RCrim 71000943639, TRCrim, rel. Juiz Alberto Delgado Neto, j. 12-2-2007.

↪ Ações nucleares do tipo

Violar significa desrespeitar; infringir, transgredir.[82]

Deixar de proceder é o mesmo que se abster da prática. *In casu*, não agir conforme lhe era exigido.

↪ Consumação

Na hipótese regulada no *caput* do art. 307, o crime se consuma no exato momento em que o agente se põe a conduzir veículo automotor, contrariando *decisão judicial ou administrativa* que tenha imposto suspensão ou proibição de se obter permissão ou habilitação para dirigir veículo automotor, com fundamento em regra do Código de Trânsito Brasileiro.

Em relação à conduta tipificada no parágrafo único do art. 307, a consumação se verificará com a simples omissão em relação ao dever de entregar,

[82] Antônio Houaiss, *Dicionário Houaiss da língua portuguesa*, 1. ed., Rio de Janeiro, Objetiva, 2001, p. 2866.

por força de *decisão judicial*, no prazo estabelecido no § 1º do art. 293 do Código de Trânsito Brasileiro, a Permissão para Dirigir ou a Carteira de Habilitação.

Transitando em julgado a *sentença condenatória*, em que se tenha aplicado penalidade de suspensão da permissão ou habilitação para dirigir veículo automotor, o réu será intimado a *entregar à autoridade judiciária*, em 48 (quarenta e oito) horas, a Permissão para Dirigir ou a Carteira de Habilitação. Vencido o prazo sem que tenha procedido à entrega formal, tem-se o crime por consumado.

Inicia-se o prazo a contar *da intimação*, e não da juntada do mandado de intimação aos autos.

"O delito do artigo 307 do Código de Trânsito Brasileiro pressupõe que o autor do fato tenha violado a penalidade imposta de suspensão ou proibição do direito de dirigir, desimportando se a penalidade anterior foi imposta no âmbito judicial ou administrativo. Havendo elementos que indicam o descumprimento, deve ser iniciado o procedimento penal próprio" (Turmas Recursais do RS, RCrim 71001465491, TRCrim, rel. Juiz Alberto Delgado Neto, j. 26-11-2007).

No mesmo sentido: Turmas Recursais do RS, RCrim 71001243658, TRCrim, rela. Juíza Nara Leonor Castro Garcia, j. 26-3-2007.

➥ Tentativa

É possível em relação à conduta regulada no *caput*, por se tratar de crime comissivo.

Quanto à modalidade prevista no parágrafo único, não é possível, visto tratar-se de crime omissivo próprio.

"Crimes omissivos próprios ou de pura omissão se denominam os que se perfazem com a simples abstenção da realização de um ato, independentemente de um resultado posterior".[83]

Sobre tentativa, consultar: Telles Barbosa, *A tentativa*, 2. ed., São Paulo, Saraiva, 1946; Eugenio Raúl Zaffaroni e José Henrique Pierangeli, *Da tentativa*, 7. ed., São Paulo, Revista dos Tribunais, 2005; Maria Fernanda Palma, *Da tentativa possível em direito penal*, Coimbra, Almedina, 2006.

➥ Ação penal

Pública incondicionada.

➥ Composição civil visando extinção da punibilidade

É incabível, pois se trata de crime de ação penal pública incondicionada (art. 74, parágrafo único, da Lei n. 9.099/95).

---

83 Damásio E. de Jesus, *Direito penal*, 26. ed., São Paulo, Saraiva, 2003, v. 1, p. 193.

➥ Transação penal

É cabível, nos termos do art. 76 da Lei n. 9.099/95, pois se trata de infração penal de pequeno potencial ofensivo (art. 61 da Lei n. 9.099/95).

"A transação é instituto despenalizador, pré-processual, que deve ser ofertada pelo Ministério Público antes mesmo do início da ação penal, durante a audiência prévia de conciliação" (STJ, HC 201.310/SP, 5ª T., rel. Min. Adilson Vieira Macabu, j. 19-6-2012, *DJe* de 29-6-2012).

"A transação penal insere-se no âmbito das medidas despenalizadoras, de sorte que o órgão acusatório deve fundamentar adequadamente a sua recusa, não ficando essas razões alheias ao exame judicial" (STJ, RHC 34.866/MG, 5ª T., rela. Mina. Laurita Vaz, j. 17-12-2013, *DJe* de 3-2-2014).

"O oferecimento da transação penal revela-se poder-dever do *Parquet*" (STJ, RHC 31.932/SP, 6ª T., rela. Mina. Maria Thereza de Assis Moura, j. 12-3-2013, *DJe* de 25-3-2013).

➥ Transação penal descumprida

Doutrina e jurisprudência sempre debateram a respeito da possibilidade, ou não, de instauração de ação penal depois de feita e homologada transação penal em juízo, na hipótese de a avença restar injustificadamente descumprida.

Segundo pensamos, o descumprimento injustificado de transação penal *homologada* não autoriza instauração de ação penal de conhecimento. Em casos tais, restará ao legitimado promover a execução do título judicial que se forma com a homologação.

Com vistas a pacificar a divergência, o Supremo Tribunal Federal editou a Súmula Vinculante 35, que tem o seguinte teor: "A homologação da transação penal prevista no art. 76 da Lei n. 9.099/1995 não faz coisa julgada material e, descumpridas suas cláusulas, retoma-se a situação anterior, possibilitando-se ao Ministério Público a continuidade da persecução penal mediante oferecimento de denúncia ou requisição de inquérito policial".

A hipótese mencionada não se iguala àquela adotada por muitos, na qual, entabulada a transação, o juiz determina inicialmente que se aguarde seu cumprimento em certo prazo, para depois homologá-la e, então, extinguir a punibilidade.

Por aqui, não é difícil concluir que, não tendo ocorrido homologação judicial, é cabível posterior oferecimento de denúncia em caso de restar descumprida a avença.

É preciso considerar, entretanto, que a rigor não se poderia pensar no cumprimento do acordo feito em juízo antes de sua efetiva homologação. Ainda assim, tal prática é recorrente na rotina judiciária.

➥ Conversão de transação penal descumprida em prisão

Descumprida a transação penal, resulta inviável a conversão da pena transacionada em pena privativa de liberdade.

"A transformação automática da pena restritiva de direitos, decorrente de transação, em privativa do exercício da liberdade discrepa da garantia constitucional do devido processo legal" (STF, HC 79.572/GO, 2ª T., rel. Min. Marco Aurélio, j. 29-2-2000, *DJ* de 22-2-2002, p. 34).

No mesmo sentido: STF, HC 80.802/MS, 1ª T., rela. Mina. Ellen Gracie, j. 24-4-2001, *DJ* de 18-5-2001, p. 434; STF, RE 268.320/PR, 1ª T., rel. Min. Octávio Gallotti, j. 15-8-2000, *DJ* de 10-11-2000, p. 105; STF, HC 80.164/MS, 1ª T., rel. Min. Ilmar Galvão, j. 26-9-2000, *DJ* de 7-12-2000, p. 5.

➥ Suspensão condicional do processo

É cabível, pois a pena mínima cominada não é superior a 1 (um) ano (art. 89 da Lei n. 9.099/95).

Sobre a matéria, conferir:

SÚMULA 723 do STF: "Não se admite a suspensão condicional do processo por crime continuado, se a soma da pena mínima da infração mais grave com o aumento mínimo de um sexto for superior a um ano".

SÚMULA 243 do STJ: "O benefício da suspensão do processo não é aplicável em relação às infrações penais cometidas em concurso material, concurso formal ou continuidade delitiva, quando a pena mínima cominada, seja pelo somatório, seja pela incidência da majorante, ultrapassar o limite de um (01) ano".

➥ Procedimento

Não há procedimento especial tipificado na Lei n. 9.503, de 23 de setembro de 1997.

Segue-se o *procedimento comum, sumaríssimo*, previsto para as infrações penais de menor potencial ofensivo (arts. 77 e s. da Lei n. 9.099/95), em razão do disposto no art. 291, *caput*, do Código de Trânsito Brasileiro, c/c o art. 61 da Lei n. 9.099/95 e o art. 394, § 1º, III, do CPP, pois a pena máxima cominada não é superior a 2 (dois) anos.

➥ Penas

Detenção, de 6 (seis) meses a 1 (um) ano, *e* multa, com nova imposição adicional de idêntico prazo de suspensão ou de proibição.

"A condição econômica do réu não é causa de exclusão da pena de multa" (Turmas Recursais do RS, RCrim 71001382837, TRCrim, rela. Juíza Nara Leonor Castro Garcia, j. 8-10-2007).

Leitura sugerida: Antonio Luis Chaves Camargo, *Sistema de penas, dogmática jurídico-penal e política criminal*, São Paulo, Cultural Paulista, 2002; Paulo S. Xavier de Souza, *Individualização da pena no Estado Democrático de Direito*, Porto Alegre, Sérgio Antonio Fabris Editor, 2006.

↪ Circunstâncias agravantes

Nos termos do art. 298 do Código de Trânsito Brasileiro, são circunstâncias que sempre agravam as penalidades dos crimes de trânsito, ter o condutor do veículo cometido a infração:

I – com dano potencial para duas ou mais pessoas ou com grande risco de grave dano patrimonial a terceiros;

II – utilizando o veículo sem placas, com placas falsas ou adulteradas;

III – sem possuir Permissão para Dirigir ou Carteira de Habilitação;

IV – com Permissão para Dirigir ou Carteira de Habilitação de categoria diferente da do veículo;

V – quando a sua profissão ou atividade exigir cuidados especiais com o transporte de passageiros ou de carga;

VI – utilizando veículo em que tenham sido adulterados equipamentos ou características que afetem a sua segurança ou o seu funcionamento de acordo com os limites de velocidade prescritos nas especificações do fabricante;

VII – sobre faixa de trânsito temporária ou permanentemente destinada a pedestres.

↪ Suspensão ou proibição de se obter a permissão ou a habilitação para dirigir veículo automotor

Ver arts. 292 a 296 do Código de Trânsito Brasileiro, e conferir nossas precedentes anotações ao art. 302, no subtítulo "Suspensão ou proibição de se obter a permissão ou a habilitação para dirigir veículo automotor".

↪ Suspensão ou proibição cautelar de se obter a permissão ou a habilitação para dirigir veículo automotor

Conferir o art. 294 do Código de Trânsito Brasileiro e nossas anotações precedentes ao art. 302, no subtítulo "Suspensão ou proibição de se obter a permissão ou a habilitação para dirigir veículo automotor".

↪ Multa reparatória

Ver art. 297 do Código de Trânsito Brasileiro.

➥ Regime de pena

É possível o cumprimento da pena privativa de liberdade em regime semiaberto ou aberto, a depender do que resultar da incidência das norteadoras dos arts. 33 e 59 do Código Penal.

➥ Pena restritiva de direito

Observadas as regras do art. 44 do Código Penal, admite-se a substituição da pena privativa de liberdade por restritiva de direito.

A respeito dessa matéria, ver nossos comentários ao art. 312-A, inserido no Código de Trânsito Brasileiro pela Lei n. 13.281/2016.

Sobre penas restritivas de direitos, consultar: RENÉ ARIEL DOTTI, MIGUEL REALE JÚNIOR, FRANCISCO DE ASSIS TOLEDO, SÉRGIO SALOMÃO SHECAIRA, DAVID TEIXEIRA DE AZEVEDO e MAURÍCIO ANTONIO RIBEIRO LOPES, *Penas restritivas de direitos*, São Paulo, Revista dos Tribunais, 1999; TAILSON PIRES COSTA, *Penas alternativas*, São Paulo, Max Limonad, 1999.

➥ Doutrina

ALBERTO SILVA FRANCO, RUI STOCO, JEFFERSON NINNO, ROBERTO PODVAL, e MAURÍCIO ZANOIDE DE MORAES, *Leis penais especiais e sua interpretação jurisprudencial*, 7. ed., São Paulo, Revista dos Tribunais, 2001; ALEXANDRE DE MORAES e GIANPAOLO POGGIO SMANIO, *Legislação penal especial*, 7. ed., São Paulo, Atlas, 2004; ARNALDO RIZZARDO, *Comentários do Código de Trânsito Brasileiro*, 6. ed., São Paulo, Revista dos Tribunais, 2006; ARIOSVALDO DE CAMPOS PIRES e SHEILA JORGE SELIM SALES, *Crimes de trânsito*, Belo Horizonte, Del Rey, 1998; CÁSSIO MATTOS HONORATO, *Alterações introduzidas pelo novo Código de Trânsito Brasileiro*, São Paulo, Sugestões Literárias, 1998; DAMÁSIO E. DE JESUS, *Crimes de trânsito*, 7. ed., São Paulo, Saraiva, 2008; FERNANDO CAPEZ e VICTOR EDUARDO RIOS GONÇALVES, *Aspectos criminais do Código de Trânsito Brasileiro*, São Paulo, Saraiva, 1999; FERNANDO CÉLIO DE BRITO NOGUEIRA, *Crimes do Código de Trânsito*, 2. ed., São Paulo, Mizuno, 2010; FERNANDO Y. FUKASSAWA, *Crimes de trânsito*, 2. ed., São Paulo, Juarez de Oliveira, 2003; GUILHERME DE SOUZA NUCCI, *Leis penais e processuais penais comentadas*, 3. ed., São Paulo, Revista dos Tribunais, 2008; JAIME PIMENTEL e WALTER FRANCISCO SAMPAIO FILHO, *Crimes de trânsito*, São Paulo, Editora Iglu, 1998; JOÃO ROBERTO PARIZATTO, *Delitos em acidentes de trânsito*, São Paulo, Leud, 1988; JOSÉ CARLOS GOBBIS PAGLIUCA, *Direito Penal do Trânsito*, São Paulo, Juarez de Oliveira, 2000; JOSÉ GERALDO DA SILVA, WILSON LAVORENTI e FABIANO GENOFRE, *Leis penais especiais anotadas*, 4. ed., Campinas, Millennium, 2003; JOSÉ MARCOS MARRONE, *Delitos de trânsito*, São Paulo, Atlas, 1998; LUIZ FLÁVIO GOMES, *Estudos de direito penal e processual penal*, São Paulo, Revista dos Tribunais, 1999; MARCELO CUNHA DE ARAÚJO, *Crimes de trânsito*, Belo Horizonte, Mandamentos, 2004; Maurício Antonio Ribeiro Lopes, *Crimes de trânsito*, São Paulo, Revista dos Tribunais, 1998; Paulo José da Costa Jr. e Maria Elizabeth Queijo, *Comentários aos crimes do novo Código de Trânsito*, São Paulo, Revista dos Tribunais, 1998; Ricardo Antonio Andreucci, *Legislação penal especial*, 4. ed., São Paulo, Saraiva, 2008; Ruy Carlos de Barros Monteiro, *Crimes de trânsito*, São Paulo, Juarez de Oliveira, 1999; Valdir Sznick, *Novo Código de Trânsito*, São Paulo, Ícone, 1998; Fernando Yukio Fukassawa, Crimes de trânsito (primeiras reflexões sobre a Lei 9.503/97), *RT* 749/520 e *Justitia* 179/11; Cezar Roberto Bitencourt, Alguns aspectos penais controvertidos do Código de Trânsito, *RT* 754/480; Geraldo de Faria Lemos Pinheiro, Enfim, o Código (Lei n. 9.503, de 23 de setembro de 1997), *Boletim IBCCrim* n. 60, p. 14; Sérgio Salomão Shecaira, Primeiras perplexidades sobre a nova Lei de Trânsito, *Boletim IBCCrim* n. 61, p. 3; Luiz Flávio Gomes, CTB: primeiras notas interpretativas, *Boletim IBCCrim* n. 61, p. 4; William Terra de Oliveira, CTB – "Controvertido Natimorto Tumultuado", *Boletim IBCCrim* n. 61, p. 5; Luiz Otavio de Oliveira Rocha, Código de Trânsito Brasileiro: primeiras impressões, *Boletim IBCCrim* n. 61, p. 6; Julio Fabbrini Mirabete, Crimes de trânsito têm normas gerais específicas, *Boletim IBCCrim* n. 61, p. 13; Bruno Amaral Machado, Termo circunstanciado e delitos de trânsito, *Boletim IBCCrim* n. 62, p. 7; Walter Martins Muller e Altair Ramos Leon, Comentários ao novo Código de Trânsito Brasileiro, *Boletim IBCCrim* n. 63, p. 5; Leonardo da Silva Vilhena, Oferecimento da proposta de transação penal na Lei n. 9.099/95: a atuação do Ministério Público, do Juiz e do Advogado, *Boletim IBCCrim* n. 100, p. 7.

PARTICIPAÇÃO EM CORRIDA, DISPUTA OU COMPETIÇÃO NÃO AUTORIZADA

Art. 308. *Participar, na direção de veículo automotor, em via pública, de corrida, disputa ou competição automobilística não autorizada pela autoridade competente, gerando situação de risco à incolumidade pública ou privada:*

Penas – detenção, de 6 (seis) meses a 3 (três) anos, multa e suspensão ou proibição de se obter a permissão ou a habilitação para dirigir veículo automotor.

§ 1º Se da prática do crime previsto no caput *resultar lesão corporal de natureza grave, e as circunstâncias demonstrarem que o agente não quis o resultado nem assumiu o risco de produzi-lo, a pena privativa de liberdade é de reclusão, de 3 (três) a 6 (seis) anos, sem prejuízo das outras penas previstas neste artigo.*

§ 2º Se da prática do crime previsto no caput *resultar morte, e as circunstâncias demonstrarem que o agente não quis o resultado nem assumiu o risco de produzi-lo, a pena privativa de liberdade é de reclusão de 5 (cinco) a 10 (dez) anos, sem prejuízo das outras penas previstas neste artigo.*

→ **Ver:** art. 34 da Lei de Contravenções Penais (Decreto-Lei n. 3.688, de 3-10-1941); arts. 302 e 303 do Código de Trânsito Brasileiro; art. 132 do Código Penal.

→ **Infrações administrativas**

CÓDIGO DE TRÂNSITO BRASILEIRO:

Art. 173. Disputar corrida:

Infração – gravíssima;

Penalidade – multa (dez vezes), suspensão do direito de dirigir e apreensão do veículo;

Medida administrativa – recolhimento do documento de habilitação e remoção do veículo.

Parágrafo único: Aplica-se em dobro a multa prevista no *caput* em caso de reincidência no período de 12 (doze) meses da infração anterior.

Art. 174. Promover, na via, competição, eventos organizados, exibição e demonstração de perícia em manobra de veículo, ou deles participar, como condutor, sem permissão da autoridade de trânsito com circunscrição sobre a via:

Infração – gravíssima;

Penalidade – multa (dez vezes), suspensão do direito de dirigir e apreensão do veículo;

Medida administrativa – recolhimento do documento de habilitação e remoção do veículo.

§ 1º As penalidades são aplicáveis aos promotores e aos condutores participantes.

§ 2º Aplica-se em dobro a multa prevista no *caput* em caso de reincidência no período de 12 (doze) meses da infração anterior.

➥ Observações preliminares

Conforme entendemos e cuidaremos de expor mais adiante, são inaplicáveis os §§ 1º e 2º do art. 308, introduzidos pela Lei n. 12.971/2014 (vigência a partir de 1º-11-2014), e esta posição doutrinária deve ser considerada para melhor compreensão das afirmações lançadas nos tópicos que seguem.

➥ Classificação

Crime comum; doloso; comissivo; de concurso necessário ou plurissubjetivo; formal; pluriofensivo; de perigo concreto.

O art. 308, *caput*, exigia que a conduta produzisse "dano potencial". A Lei n. 12.971/2014 determinou alteração redacional para: "gerando situação de risco". Tecnicamente, entretanto, nada mudou. O crime continua sendo de perigo concreto. "O delito de racha previsto no art. 308 da Lei n. 9.503/97, por ser de perigo concreto, necessita, para a sua configuração, da demonstração da potencialidade lesiva" (STJ, REsp 585.345/PB, 5ª T., rel. Min. Felix Fischer, *DJU* de 16-2-2004).

Se, em razão do "racha", o agente causar culposamente a morte de outrem ou lesões corporais, o crime de "racha", que é de perigo, ficará absorvido pelo crime de dano, qualquer que seja este, e então responderá pelo crime do art. 302 ou 303, do CTB, conforme o caso.

➥ Objeto jurídico da tutela penal

O objeto jurídico da tutela penal é a incolumidade pública, um dos direitos fundamentais previsto expressamente no art. 5º, *caput*, da CF.

A lei penal tutela a incolumidade geral, da coletividade, e também a particular ou privada, dependendo, ambas, na mesma intensidade, da segurança viária.

A lei não retira da esfera de proteção a incolumidade dos participantes da corrida, disputa ou competição, de maneira que basta a exposição a perigo concreto de qualquer deles para que se tenha por verificado o crime, se presentes as demais elementares.

Por outro vértice, não estão incluídos na proteção os bens econômicos ou de cunho patrimonial, mas é de se levar em consideração, por aqui, que para ocorrência de exposição patrimonial por certo haverá exposição pessoal, ainda que de alguns dos participantes, o que é suficiente, como acabamos de ver, para a conformação típica.

➥ Sujeito ativo

Qualquer pessoa, legalmente habilitada ou não, uma vez que se trata de crime comum.

Não se exige qualquer qualidade especial do agente, basta que participe, na direção de veículo automotor, em via pública, de corrida, disputa ou competição automobilística não autorizada pela autoridade competente, e que de tal agir resulte perigo concreto de dano à incolumidade pública ou privada.

➥ Concurso de agentes

O crime do art. 308 do Código de Trânsito Brasileiro, em qualquer de suas formas, é crime de concurso necessário, assim considerado aquele que não pode ser praticado por uma única pessoa isoladamente.

Damásio E. de Jesus divide os crimes de concurso necessário em: *a*) crimes coletivos, de convergência ou plurissubjetivos; e, *b*) crimes bilaterais ou de encontro.

E conceitua: "Crimes *coletivos* ou plurissubjetivos são os que têm como elementar o concurso de várias pessoas para um fim único". Crimes *bilaterais* ou de encontro são os que exigem o concurso de duas pessoas, mesmo que uma não seja culpável".[84]

Quem apenas organiza ou promove a corrida, disputa ou competição automobilística não autorizada, sem se colocar na condução de qualquer veículo automotor e dela fazer parte diretamente, responde como partícipe do crime, por força do disposto no art. 29 do Código Penal.

Guilherme de Souza Nucci entende que na modalidade *corrida* o crime é unissubjetivo, podendo, portanto, ser praticado por um único sujeito,[85] mas a nosso ver, como o tipo fala em "participar de corrida", afigura-se-nos implícita a ideia de mais de um "participante", a revelar estarmos diante de crime de concurso necessário: plurissubjetivo.

---

84 Damásio E. de Jesus, *Direito penal*, 26. ed., São Paulo, Saraiva, 2003, v. 1, p. 205.

85 *Leis penais e processuais penais comentadas*, 1. ed., 2. tir., São Paulo, Revista dos Tribunais, 2006, p. 853.

Corrida é "tipo de competição em que se percorre com relativa rapidez um determinado trajeto".[86]

➥ Sujeito passivo

Segundo a literalidade do art. 308, é a incolumidade pública ou privada. Em outras palavras, é a sociedade como um todo, exposta à insegurança viária que as condutas tipificadas ensejam.

Para Guilherme de Souza Nucci "o sujeito passivo é a sociedade".[87]

➥ Elemento subjetivo do tipo

É o dolo, que não se presume. Basta o dolo genérico.

Não há forma culposa, pois, conforme entendemos e cuidaremos de expor por ocasião da análise do tipo objetivo, são inaplicáveis os §§ 1º e 2º, introduzidos pela Lei n. 12.971/2014.

Para a conformação típica é suficiente que o agente pratique qualquer das condutas reguladas, independentemente de visar qualquer finalidade específica.

Dolosos são os crimes "em que o agente quis o resultado ou assumiu o risco de produzi-lo".[88]

Sobre dolo penal, consultar: Souza Neto, *O motivo e o dolo*, 2. ed., Rio de Janeiro, Freitas Bastos, 1956; Elio Morselli, *La función del comportamiento interior en la estructura del delito*, Bogotá, Colômbia, Temis, 1992.

➥ Objeto material

É o veículo automotor utilizado para participar, na via pública, de corrida, disputa ou competição não autorizada que se ajuste ao tipo em comento.

➥ Tipo objetivo: *caput* do art. 308

Participar é o mesmo que atuar diretamente, efetivamente.

No caso, a participação consiste em dirigir veículo automotor, em via pública, estando envolvido em corrida, disputa ou competição automobilística não autorizada pela autoridade competente, de molde a resultar dano potencial à incolumidade pública ou privada em razão da atuação de um ou mais dentre os participantes.

---

86 Antônio Houaiss, *Dicionário Houaiss da língua portuguesa*, Rio de Janeiro, Objetiva, 2001, p. 847.

87 *Leis penais e processuais penais comentadas*, 1. ed., 2. tir., São Paulo, Revista dos Tribunais, 2006, p. 852.

88 Aníbal Bruno, *Direito penal*; parte geral, 3. ed., Rio de Janeiro, Forense, 1967, t. 2, p. 223.

"O delito descrito no art. 308 do Código de Trânsito Brasileiro é de perigo envolvendo risco à incolumidade pública e privada, prescindindo da verificação de dano concreto" (TJRS, RSE 70005626718, 3ª CCrim, rel. Des. Danúbio Edon Franco, j. 13-2-2003).

Não há necessidade de que se trate de corrida, disputa ou competição promovida ou organizada. Basta que os participantes estejam ligados entre si pela vontade comum e se entreguem à prática desautorizada.

Corrida é "tipo de competição em que se percorre com relativa rapidez um determinado trajeto".[89]

Disputa é o conhecido e sempre perigoso "racha".

Competição é a disputa, a concorrência a uma mesma pretensão, por duas ou mais pessoas ou grupos.

"O núcleo do art. 308 da Lei 9.503/97 refere a participar o agente de corrida, disputa ou competição automobilística não autorizada, o que dá a ideia de um confronto, um desafio em que os participantes se empenham em vencer. Para efeito penal, disputar, correr e competir significam a mesma coisa, ou seja, ato ou efeito de disputar, competir ou correr ou, em outras palavras, trata-se de uma competição em velocidade" (TJRJ, Ap. 345/06, 3ª Câm., rel. Des. Ricardo Bustamante, j. 4-7-2006, *DORJ* de 22-11-2006, *RT* 859/670).

"Restando comprovado que o réu participou de disputa automobilística (racha), bem como gerando perigo ao passo que realizado em rodovia movimentada e perto de posto de combustíveis, impositiva a condenação do réu" (Turmas Recursais do RS, RCrim 71001321835, TRCrim, rel. Juiz Alberto Delgado Neto, j. 27-8-2007).

"Sendo a prova defectível, duvidosa e controvertida acerca da ocorrência do 'racha', o desiderato da ação penal é a absolvição do acusado com fulcro no art. 386, VI, do Código de Processo Penal" (TJRS, ApCrim 70003825411, Câm. Esp. Crim., rel. Des. Vanderlei Teresinha Tremeia Kubiak, j. 20-6-2002).

É necessário anotar que ao restringir o elemento espacial do tipo à via pública o legislador disse menos do que deveria, pois, se a corrida, disputa ou competição não autorizada for praticada em propriedade particular, não há falar no crime do art. 308 do Código de Trânsito Brasileiro.

➙ Tipo objetivo: § 1º do art. 308

O § 1º do art. 308 tipifica delito de "racha" do qual resulte lesões corporais culposas de *natureza grave*, decorrentes, portanto, de qualquer das situações

89 Antônio Houaiss, *Dicionário Houaiss da língua portuguesa*, 1. ed., Rio de Janeiro, Objetiva, 2001, p. 847.

descritas no *caput* do art. 308. Já aqui uma "novidade": gradação da lesão culposa no próprio tipo.

Refere-se àqueles casos em que as circunstâncias demonstrarem que o agente não quis o resultado nem assumiu o risco de produzi-lo. Em outras palavras: quando não houver dolo direto ou eventual em relação às lesões corporais culposamente praticadas. A hipótese tipificada reclama dolo no antecedente (racha) e culpa no consequente (lesões corporais graves), a revelar modalidade de crime preterdoloso.

A punição qualificada ou agravada pelo resultado, como está expresso no dispositivo, decorre de culpa *stricto sensu*, e a pena cominada é de reclusão, de 3 (três) a 6 (seis) anos, multa e suspensão ou proibição de se obter a permissão ou a habilitação para dirigir veículo automotor.

Verdadeiro absurdo legislativo, configura mais uma demonstração grosseira e inquietante do acentuado descaso do legislador no trato da matéria penal, em regra utilizada como instrumento de palanque político; ignóbil moeda de campanha eleitoreira permeada de discursos toscos e repugnantes.

Note-se que o art. 302 do CTB tipifica o crime de homicídio culposo praticado na direção de veículo automotor, para o qual é cominada pena de 2 (dois) a 4 (quatro) anos de detenção.

Diante de tal realidade normativa, como admitir, juridicamente, que o crime de "racha" com resultado lesões corporais culposas, mesmo graves, possa ser punido de forma mais severa que o crime de homicídio?

O § 1º do art. 308 é inconstitucional, visto ofender o princípio da proporcionalidade; é desprovido de lógica e razoabilidade; sua redação está anos-luz de qualquer critério criminológico conhecido, lúcida e juridicamente defensável.

Aquele que praticar a conduta nele descrita deverá responder pelo crime tipificado no art. 303 do CTB, e a natureza das lesões suportadas pela vítima (leves, graves ou gravíssimas) deverá ser sopesada à luz do disposto no art. 59 do Código Penal.

Não se deve perder de vista, por fim, que o crime de dano (art. 303) absorve o crime de perigo (art. 308, *caput*), daí por que incogitável concurso de crimes, na hipótese.

➡ Tipo objetivo: § 2º do art. 308

Antes da Lei n. 13.281/2016, a leitura do já revogado § 2º, parte final, do art. 302, e do § 2º do art. 308, ambos do CTB, revelava conflito aparente de normas. Ambos descreviam a mesma conduta. A diferença redacional estava apenas na ordem de raciocínio disposta pelo legislador. Enquanto o art. 302, § 2º, tipificava o homicídio culposo decorrente de "racha", o art. 308 dispunha sobre o "racha" com resultado morte, também culposo (quando as circunstâncias demonstrarem que o agente não quis o resultado nem assumiu o risco de produzi-lo).

Não bastasse, estavam cominadas penas distintas, absolutamente desproporcionais entre si, a revelar total ausência de critérios criminológicos na individualização formal; razoabilidade; proporcionalidade etc.

Enquanto no homicídio culposo decorrente de "racha" a pena privativa de liberdade era de reclusão, de 2 (dois) a 4 (quatro) anos, no crime de "racha", do qual decorria morte culposa, a pena cominada era de 5 (cinco) a 10 (dez) anos de reclusão.

Tecnicamente, entretanto, não havia diferença alguma!

As condutas eram idênticas!

A discussão ficou em parte superada, pois o art. 6º da Lei n. 13.281/2016 revogou expressamente o § 2º do art. 302 do CTB. Persiste, entretanto, o § 2º do art. 308 do CTB, e então é preciso verificar sua compatibilidade sistêmica, e concluir a respeito de sua aplicabilidade ou não.

De início é preciso ressaltar que o homicídio decorrente de racha pode ser culposo ou resultante de dolo eventual, conforme as circunstâncias do caso concreto.

Para solução do conflito entre os dispositivos do Código de Trânsito Brasileiro deve-se levar em conta que o crime do art. 308 é *crime de perigo*, ao passo que aquele do art. 302 é *crime de dano*, do que resulta inconcebível punição mais severa para aquele quando este, cuja consumação pressupõe exatamente a realização do dano que o primeiro busca evitar, se expõe a reprovação penal significativamente menor.

Incide na hipótese o *princípio da consunção*. De tal modo, o crime de perigo é consumido ou absorvido pelo crime de dano (STJ, REsp 629.087/MG, 5ª T., rel. Min. José Arnaldo da Fonseca, j. 7-4-2005, *DJ* de 9-5-2005, p. 462).

Tem pertinência, ainda, a conclusão apresentada por Luiz Flávio Gomes quando afirma que em casos tais, "juridicamente falando, sempre se aplica a norma mais favorável ao réu, ou seja, deve incidir a pena mais branda – *in dubio pro libertate*",[90] (o que está a determinar punição conforme tipificada no art. 302 do CTB).

A teratologia legislativa tem por resultado não permitir que a pena cominada no § 2º do art. 308 do CTB seja aplicada, daí o acerto de Guilherme de

---

[90] Nova Lei de Trânsito: barbeiragem e derrapagem do legislador (?), disponível em: http://atualidadesdodireito.com.br/lfg/2014/05/13/nova-lei-de-transito-barbeiragem-e-derrapagem-do-legislador/.

SOUZA NUCCI ao afirmar que "Essa pena mais grave jamais será aplicada, pois o crime do art. 308 (de perigo) é consumido pelo delito do art. 302 (de dano)".[91]

➥ Perseguição a pedestre

Não configura o crime: TJRJ, Ap. 345/06, 3ª Câm., rel. Des. Ricardo Bustamante, j. 4-7-2006, *DORJ* de 22-11-2006, *RT* 859/670.

➥ Art. 34 da LCP

O art. 34 da LCP não foi ab-rogado pelo Código de Trânsito Brasileiro, mas apenas derrogado.

É certo que os arts. 306, 308 e 311 do CTB, que tratam respectivamente das condutas consistentes em embriaguez ao volante; participação em corrida, disputa ou competição não autorizada; e trafegar em velocidade incompatível em determinados locais, esvaziaram sobremaneira o alcance do art. 34 da LCP, mas disso não se extrai autorização para afirmar a inexistência de outras condutas aptas a ensejar conformação típica no modelo contravencional, como é exemplo a manobra conhecida como "cavalo de pau", ou, ainda, trafegar em "zigue-zague" ou em contramão de direção, dentre outras.

De ver, ainda, que o Código de Trânsito Brasileiro cuida apenas das condutas praticadas na direção de *veículo automotor*, enquanto o art. 34 da LCP se refere a *quaisquer veículos* e *embarcações*, o que sem sombra de dúvida possibilita extenso rol de condutas ensejadoras de imputação penal não alcançadas pelo CTB.

➥ Autorização específica

CÓDIGO DE TRÂNSITO BRASILEIRO:

Art. 67. As provas ou competições desportivas, inclusive seus ensaios, em via aberta à circulação, só poderão ser realizadas mediante prévia permissão da autoridade de trânsito com circunscrição sobre a via e dependerão de:

I – autorização expressa da respectiva confederação desportiva ou de entidades estaduais a ela filiadas;

II – caução ou fiança para cobrir possíveis danos materiais à via;

III – contrato de seguro contra riscos e acidentes em favor de terceiros;

IV – prévio recolhimento do valor correspondente aos custos operacionais em que o órgão ou entidade permissionária incorrerá.

Parágrafo único. A autoridade com circunscrição sobre a via arbitrará os valores mínimos da caução ou fiança e do contrato de seguro.

---

91 Disponível em: http://www.guilhermenucci.com.br/novidades/inaplicabilidade-da-nova-lei-de-transito-lei-12-9712014.

➥ Elemento normativo do tipo

Para a configuração penal é imprescindível que não exista autorização da autoridade competente, que pode ser conseguida nos termos do art. 67 do Código de Trânsito Brasileiro.

Havendo regular autorização, incogitável se tornará o crime em questão.

➥ Consumação

Com a prática efetiva de qualquer das condutas previstas.

Segundo pensamos, e ao contrário do que defende Damásio E. de Jesus, não basta para a consumação o simples "início da participação no 'racha'".[92]

É necessário que os veículos participantes da corrida, disputa ou competição sejam colocados em movimento e um ou mais deles *exponha a perigo concreto* qualquer dos bens jurídicos tutelados.

Não há necessidade de se comprovar a existência de dano efetivo, bastando a situação de perigo concreto.

➥ Tentativa

É impossível, pois o crime em questão é de perigo concreto.

Ou os participantes colocam em risco concreto os bens juridicamente tutelados, ou não colocam. Na primeira hipótese o crime estará consumado; na segunda, não haverá crime, resolvendo-se a questão no âmbito administrativo (arts. 173 e 174 do Código de Trânsito Brasileiro), daí não concordarmos com Alexandre de Moraes e Gianpaolo Poggio Smanio, para quem haverá tentativa na hipótese em que os motoristas "são impedidos de movimentar os veículos, tendo já acionado os motores".[93]

No mesmo sentido: Fernando Célio de Brito Nogueira, *Crimes do Código de Trânsito*, 2. ed., São Paulo, Mizuno, 2010, p. 135; Marcelo Cunha de Araújo, *Crimes de trânsito*, Belo Horizonte, Mandamentos, 2004, p. 104.

Em sentido contrário: Damásio E. de Jesus, *Crimes de trânsito*, 6. ed., São Paulo, Saraiva, 2006, p. 194.

Entendendo possível a tentativa, porém, de difícil configuração: Guilherme de Souza Nucci, *Leis penais e processuais penais comentadas*, 1. ed., 2. tir., São Paulo, Revista dos Tribunais, 2006, p. 853.

➥ Ação penal

Pública incondicionada.

---

92 *Crimes de trânsito*, 6. ed., São Paulo, Saraiva, 2006, p. 194.

93 *Legislação penal especial*, 7. ed., São Paulo, Atlas, 2004, p. 245.

"A ação penal nos delitos previstos nos arts. 306 e 308 da Lei n. 9.503/97 é pública incondicionada, não se aplicando a eles o art. 88 da Lei n. 9.099/95, uma vez que nessas infrações o bem jurídico tutelado é a segurança viária, não havendo sujeito passivo imediato a sofrer diretamente a ação proibida, o qual possa oferecer a representação como condição de procedibilidade, sendo certo que, por força do art. 129, I, da Constituição Federal, na ofensa de bem jurídico difuso, de titular indeterminado, o direito de agir, na área penal, é exclusivo do Ministério Público, constituindo afronta a dispositivo constitucional a atribuição a qualquer do povo da titularidade desse direito, subtraindo do Estado o direito-dever de proteção da coletividade" (TACrimSP, Ap. 1.367.697/1, 4ª Câm., rel. Juiz Marco Nahum, j. 12-8-2003, *Revista Jurídica* n. 315, p. 167).

➥ Composição civil visando extinção da punibilidade

É incabível, pois se trata de crime de ação penal pública incondicionada (art. 74, parágrafo único, da Lei n. 9.099/95).

➥ Transação penal

Atualmente, o delito tipificado no art. 308, *caput*, não é considerado de pequeno potencial ofensivo (art. 61 da Lei n. 9.099/95).

Com o advento da Lei n. 12.971/2014, a pena máxima cominada passou de 2 (dois) para 3 (três) anos, de modo a tornar incabível transação penal nos moldes do art. 76 da Lei n. 9.099/95.

A mudança que tornou a punição mais severa não retroage: não pode ser aplicada em relação aos crimes praticados antes de 1º de novembro de 2014, data que marca o início de vigência da *lex gravior.*

➥ Suspensão condicional do processo

É cabível, pois a pena mínima cominada não é superior a 1 (um) ano (art. 89 da Lei n. 9.099/95).

Sobre a matéria, conferir:

Súmula 723 do STF: "Não se admite a suspensão condicional do processo por crime continuado, se a soma da pena mínima da infração mais grave com o aumento mínimo de um sexto for superior a um ano".

Súmula 243 do STJ: "O benefício da suspensão do processo não é aplicável em relação às infrações penais cometidas em concurso material, concurso formal ou continuidade delitiva, quando a pena mínima cominada, seja pelo somatório, seja pela incidência da majorante, ultrapassar o limite de um (01) ano".

➥ Procedimento

Não há procedimento especial tipificado na Lei n. 9.503, de 23 de setembro de 1997.

Segue-se o rito *comum, sumário* (art. 394, § 1º, II, do CPP), previsto nos arts. 531 a 538 do Código de Processo Penal.

Sobre o sistema acusatório e procedimento penal, consultar: RENATO MARCÃO, *Curso de processo penal*, 3. ed., São Paulo, Saraiva, 2017, e *Código de Processo Penal comentado*, São Paulo, Saraiva, 2016; ANTONIO SCARANCE FERNANDES, *Teoria geral do procedimento e o procedimento no processo penal*, São Paulo, Revista dos Tribunais, 2005; ANTONIO SCARANCE FERNANDES, *Processo penal constitucional*, 5. ed., São Paulo, Revista dos Tribunais, 2007; ADA PELLEGRINI GRINOVER, ANTONIO SCARANCE FERNANDES e ANTÔNIO MAGALHÃES GOMES FILHO, *As nulidades no processo penal*, 10. ed., São Paulo, Revista dos Tribunais, 2007; AURY LOPES JR., *Introdução crítica ao processo penal*, Rio de Janeiro, Lumen Juris, 2004; GERALDO PRADO, *Sistema acusatório*, 3. ed., Rio de Janeiro, Lumen Juris, 2005.

➥ Penas

O crime do art. 308, *caput*, é punido com *detenção* de 6 (seis) meses a 3 (três) anos, *multa* e *suspensão ou proibição* de se obter a permissão ou a habilitação para dirigir veículo automotor.

Cabe aqui reiterar que são inaplicáveis, segundo nosso entendimento, os §§ 1º e 2º do art. 308, introduzidos pela Lei n. 12.971/2014.

➥ Pena restritiva de direito

Observadas as regras do art. 44 do Código Penal, admite-se a substituição da pena privativa de liberdade por restritiva(s) de direito(s).

A respeito dessa matéria, ver nossos comentários ao art. 312-A, inserido no Código de Trânsito Brasileiro pela Lei n. 13.281/2016.

Sobre penas restritivas de direitos, consultar: RENÉ ARIEL DOTTI, MIGUEL REALE JÚNIOR, FRANCISCO DE ASSIS TOLEDO, SÉRGIO SALOMÃO SHECAIRA, DAVID TEIXEIRA DE AZEVEDO e MAURÍCIO ANTONIO RIBEIRO LOPES, *Penas restritivas de direitos*, São Paulo, Revista dos Tribunais, 1999.

➥ Circunstâncias agravantes

Nos termos do art. 298 do Código de Trânsito Brasileiro, são circunstâncias que sempre agravam as penalidades dos crimes de trânsito, ter o condutor do veículo cometido a infração:

I – com dano potencial para duas ou mais pessoas ou com grande risco de grave dano patrimonial a terceiros;

II – utilizando o veículo sem placas, com placas falsas ou adulteradas;

III – sem possuir Permissão para Dirigir ou Carteira de Habilitação;

IV – com Permissão para Dirigir ou Carteira de Habilitação de categoria diferente da do veículo;

V – quando a sua profissão ou atividade exigir cuidados especiais com o transporte de passageiros ou de carga;

VI – utilizando veículo em que tenham sido adulterados equipamentos ou características que afetem a sua segurança ou o seu funcionamento de acordo com os limites de velocidade prescritos nas especificações do fabricante;

VII – sobre faixa de trânsito temporária ou permanentemente destinada a pedestres.

➥ Suspensão ou proibição de se obter a permissão ou a habilitação para dirigir veículo automotor

Ver arts. 292 a 296 do Código de Trânsito Brasileiro, e conferir nossas precedentes anotações ao art. 302, no subtítulo "SUSPENSÃO OU PROIBIÇÃO DE SE OBTER A PERMISSÃO OU A HABILITAÇÃO PARA DIRIGIR VEÍCULO AUTOMOTOR".

➥ Suspensão ou proibição cautelar de se obter a permissão ou a habilitação para dirigir veículo automotor

Conferir o art. 294 do Código de Trânsito Brasileiro e nossas anotações precedentes ao art. 302, no subtítulo "SUSPENSÃO OU PROIBIÇÃO DE SE OBTER A PERMISSÃO OU A HABILITAÇÃO PARA DIRIGIR VEÍCULO AUTOMOTOR".

➥ Multa reparatória

Ver art. 297 do Código de Trânsito Brasileiro.

➥ Regime de pena

É possível o cumprimento da pena privativa de liberdade, que é de detenção (art. 308, *caput*) em regime aberto ou semiaberto, a depender do que resultar da incidência das norteadoras dos arts. 33 e 59 do Código Penal.

Segundo nosso entendimento, exposto de forma minudente em tópicos específicos, são inaplicáveis os §§ 1º e 2º do art. 308, introduzidos pela Lei n. 12.971/2014, onde encontramos cominadas penas de reclusão, que podem ser cumpridas em regime aberto, semiaberto ou fechado, conforme a individualização judicial recomendar.

➥ Dolo eventual

A ocorrência de dolo eventual, sob pena de não reconhecê-lo jamais, há que ser extraída de circunstâncias extrínsecas relativas ao fato sob análise.

"No dolo eventual, o agente tem previsibilidade do resultado, não quer que aconteça, porém prossegue na ação admitindo e aquiescendo com o evento letal. Não há como penetrar no subjetivo do agente/condutor para saber se presente o dolo. É a conduta de quem, voluntariamente, põe em risco a segurança na circulação de veículos no trânsito que poderá levar a presumir-se pela existência do dolo eventual, seja exemplificativamente, por dirigir em velocidade irrazoável, excessiva, sob efeito de bebida alcoólica ou entorpecente, realizando 'rachas' em via pública, interceptando a circulação normal andando em zigue-zague, realizando manobras perigosas como 'cavalo de pau' ou, ainda, transportando, displicentemente, cargas perigosas e circulando com veículo sem as mínimas condições" (TJRS, RSE 70010717833, 3ª CCrim, rela. Desa. Elba Aparecida Nicolli Bastos, j. 14-4-2005, *Revista IOB de Direito Penal e Processual Penal* n. 34, p. 95).

"A configuração típica do delito de 'racha', que agora conta com punição autônoma, não afasta de modo absoluto a possibilidade da existência de dolo eventual em relação a algum dano concreto (lesão, homicídio). Se o sujeito participa da competição com total indiferença em relação aos bens jurídicos que estão em perigo (total e absoluta indiferença em relação à vida alheia, à integridade física alheia etc.), pode resultar configurado algum crime doloso. Mas é preciso muita cautela no exame de cada caso concreto para que não haja abuso ou excesso na acusação".[94]

Sobre dolo eventual, consultar: Wilson Ninno, Racha. Dolo eventual, *Revista Brasileira de Ciências Criminais* n. 19, p. 211.

→ Racha e crime doloso contra a vida, com dolo eventual

"A questão central diz respeito à distinção entre dolo eventual e culpa consciente que, como se sabe, apresentam aspecto comum: a previsão do resultado ilícito. No caso concreto, a narração contida na denúncia dá conta de que o paciente e o corréu conduziam seus respectivos veículos, realizando aquilo que coloquialmente se denominou 'pega' ou 'racha', em alta velocidade, em plena rodovia, atingindo um terceiro veículo (onde estavam as vítimas). Para configuração do dolo eventual não é necessário o consentimento explícito do agente, nem sua consciência reflexiva em relação às circunstâncias do evento. Faz-se imprescindível que o dolo eventual se extraia das circunstâncias do evento, e não da mente do autor, eis que não se exige uma declaração expressa do agente" (STF, HC 91.159/MG, 2ª T., rela. Mina. Ellen Gracie, j. 2-9-2008, *DJe* 202, de 24-10-2008).

---

94 Luiz Flávio Gomes, *Estudos de direito penal e processual penal*, São Paulo, Revista dos Tribunais, 1999, p. 55.

"É cediço na Corte que, em se tratando de homicídio praticado na direção de veículo automotor em decorrência do chamado 'racha', a conduta configura homicídio doloso" (STF, HC 101.698/RJ, 1ª T., rel. Min. Luiz Fux, j. 18-10-2011, *DJe* 227, de 30-11-2011).

"A conduta social desajustada daquele que, agindo com intensa reprovabilidade ético-jurídica, participa, com o seu veículo automotor, de inaceitável disputa automobilística realizada em plena via pública, nesta desenvolvendo velocidade exagerada – além de ensejar a possibilidade de reconhecimento do dolo eventual inerente a esse comportamento do agente –, justifica a especial exasperação da pena, motivada pela necessidade de o Estado responder, grave e energicamente, a atitude de quem, em assim agindo, comete os delitos de homicídio doloso e de lesões corporais" (STF, HC 71.800/RS, 1ª T., rel. Min. Celso de Mello, j. 20-6-1995, *DJ* de 3-5-1996, p. 13899).

"Na hipótese de 'racha', em se tratando de pronúncia, a desclassificação da modalidade dolosa de homicídio para a culposa deve ser calcada em prova por demais sólida. No *iudicium accusationis*, inclusive, a eventual dúvida não favorece os acusados, incidindo, aí, a regra exposta na velha parêmia *in dubio pro societate*. O dolo eventual, na prática, não é extraído da mente do autor, mas das circunstâncias. Nele, não se exige que o resultado seja aceito como tal, o que seria adequado ao dolo direto, mas, isto sim, que a aceitação se mostre no plano do possível, provável" (STJ, REsp 247.263-MG, 5ª T., rel. Min. Felix Fischer, j. 5-4-2001, *DJU* de 20-8-2001, *RT* 795/567).

"Existindo na prova pericial elementos relevantes de que os acusados imprimiam alta velocidade, sinalizada pelo longo trecho de frenagem na pista, com características de 'racha', além de atestar ter a vítima sido arrastada por 36,80 metros de distância, inevitável a pronúncia, para que o Júri, competente para dirimir sobre crimes dolosos contra a vida, possa apreciar e julgar quanto ao dolo eventual, inclusive" (TJRO, RSE 00.000826-5, CCrim, rel. Des. Antônio Cândido, j. 6-4-2000, *RT* 782/669).

"Restando extreme de dúvidas que os agentes, dirigindo seus automóveis em alta velocidade e disputando um 'racha', embora não desejassem, acabaram por ceifar a vida de duas pessoas e ferir gravemente outra que, também, veio a falecer em consequência do acidente de trânsito, assumiram o risco da ocorrência do resultado danoso, o que enseja o dolo eventual, sendo, portanto, perfeitamente admissível a pronúncia dos acusados pelos crimes de homicídio e lesão corporal seguida de morte" (TJSP, RSE 264.783.3/0-00, 2ª Câm. Extr., rel. Des. Marcondes D'Angelo, j. 27-9-2000, *RT* 785/586).

"Podendo o acusado, quando da prática de 'racha', antever, perfeitamente, o resultado morte, não se pode afastar do âmbito do Tribunal Popular o decisório" (TJSP, RSE 987.134-3/0, 11ª Câm. do 6º Gr. da S. Crim., rel. Des. Guilherme G. Strenger, j. 12-9-2007, m.v., *Boletim de Jurisprudência* n. 135).

"Havendo indícios, mesmo que contestados por outras informações, de que o agente causou a colisão quando fazia um 'cavalo de pau', admite-se a pronúncia, juízo meramente provisório para submeter o processo ao julgamento dos jurados" (TJRS, RSE 70010717833, 3ª CCrim, rela. Desa. Elba Aparecida Nicolli Bastos, j. 14-4-2005, *Revista IOB de Direito Penal e Processual Penal* n. 34, p. 95).

"O motorista que dirige veículo automotor após ingerir bebida alcoólica e vem a praticar o denominado 'racha' de veículos, causando a morte de outrem, assume o risco de produzir o resultado danoso, restando caracterizado o dolo eventual. Em delitos dessa natureza, uma vez comprovada a materialidade do delito e presentes indícios suficientes da autoria, em havendo dúvida acerca do elemento subjetivo do delito, impositiva se faz a pronúncia, cabendo ao Tribunal do Júri julgar a causa" (TJRS, RSE 70005626718, 3ª CCrim, rel. Des. Danúbio Edon Franco, j. 13-2-2003).

No mesmo sentido: STF, HC 82.219/MG, 2ª T., rel. Min. Gilmar Mendes, j. 12-11-2002, *DJ* de 19-2-2002, p. 00129.

➥ Doutrina

Alberto Silva Franco, Rui Stoco, Jefferson Ninno, Roberto Podval, e Maurício Zanoide de Moraes, *Leis penais especiais e sua interpretação jurisprudencial*, 7. ed., São Paulo, Revista dos Tribunais, 2001; Alexandre de Moraes e Gianpaolo Poggio Smanio, *Legislação penal especial*, 7. ed., São Paulo, Atlas, 2004; Arnaldo Rizzardo, *Comentários do Código de Trânsito Brasileiro*, 6. ed., São Paulo, Revista dos Tribunais, 2006; Ariosvaldo de Campos Pires e Sheila Jorge Selim Sales, *Crimes de trânsito*, Belo Horizonte, Del Rey, 1998; Cássio Mattos Honorato, *Alterações introduzidas pelo novo Código de Trânsito Brasileiro*, São Paulo, Sugestões Literárias, 1998; Damásio E. de Jesus, *Crimes de trânsito*, 7. ed., São Paulo, Saraiva, 2008; Fernando Capez e Victor Eduardo Rios Gonçalves, *Aspectos criminais do Código de Trânsito Brasileiro*, São Paulo, Saraiva, 1999; Fernando Célio de Brito Nogueira, *Crimes do Código de Trânsito*, 2. ed., São Paulo, Mizuno, 2010; Fernando Y. Fukassawa, *Crimes de trânsito*, 2. ed., São Paulo, Juarez de Oliveira, 2003; Guilherme de Souza Nucci, *Leis penais e processuais penais comentadas*, 3. ed., São Paulo, Revista dos Tribunais, 2008; Jaime Pimentel e Walter Francisco Sampaio Filho, *Crimes de trânsito*, São Paulo, Editora Iglu, 1998; João Roberto Parizatto, *Delitos em acidentes de trânsito*, São Paulo, Leud, 1988; José Carlos Gobbis Pagliuca, *Direito penal do trânsito*, São Paulo, Juarez de Oliveira, 2000; José Geraldo da Silva, Wilson Lavorenti e Fabiano Genofre, *Leis penais especiais anotadas*, 4. ed., Campinas, Millennium, 2003; José Marcos Marrone, *Delitos de trânsito*, São

Paulo, Atlas, 1998; Luiz Flávio Gomes, *Estudos de direito penal e processual penal*, São Paulo, Revista dos Tribunais, 1999; Marcelo Cunha de Araújo, *Crimes de trânsito*, Belo Horizonte, Mandamentos, 2004; Maurício Antonio Ribeiro Lopes, *Crimes de trânsito*, São Paulo, Revista dos Tribunais, 1998; Paulo José da Costa Jr. e Maria Elizabeth Queijo, *Comentários aos crimes do novo Código de Trânsito*, São Paulo, Revista dos Tribunais, 1998; Ricardo Antonio Andreucci, *Legislação penal especial*, 4. ed., São Paulo, Saraiva, 2008; Ruy Carlos de Barros Monteiro, *Crimes de trânsito*, São Paulo, Juarez de Oliveira, 1999; Valdir Sznick, *Novo Código de Trânsito*, São Paulo, Ícone, 1998; Fernando Yukio Fukassawa, Crimes de trânsito (primeiras reflexões sobre a Lei 9.503/97), *RT* 749/520 e *Justitia* 179/11; Cezar Roberto Bitencourt, Alguns aspectos penais controvertidos do Código de Trânsito, *RT* 754/480; Luiz Flávio Gomes, CTB: primeiras notas interpretativas, *Boletim IBCCrim* n. 61, p. 4; William Terra de Oliveira, CTB – "Controvertido Natimorto Tumultuado", *Boletim IBCCrim* n. 61, p. 5; Luiz Otavio de Oliveira Rocha, Código de Trânsito Brasileiro: primeiras impressões, *Boletim IBCCrim* n. 61, p. 6; Rui Stoco, Código de Trânsito Brasileiro: disposições penais e suas incongruências, *Boletim IBCCrim* n. 61, p. 8; Bruno Amaral Machado, Termo circunstanciado e delitos de trânsito, *Boletim IBCCrim* n. 62, p. 7; Walter Martins Muller e Altair Ramos Leon, Comentários ao novo Código de Trânsito Brasileiro, *Boletim IBCCrim* n. 63, p. 5; Marcellus Polastri Lima, Crimes de trânsito e a transação penal, *Boletim IBCCrim* n. 66, p. 10; Luciana Sperb Duarte, Da competência para o processamento e julgamento dos crimes de embriaguez ao volante, lesão corporal culposa no trânsito e participação em competição não autorizada, *Boletim IBCCrim* n. 72, p. 12; José Barcelos de Souza, Dolo eventual em crimes de trânsito, *Boletim IBCCrim* n. 73, p. 11; André Luís Callegari, Delitos de perigo concreto no Código de Trânsito Brasileiro, *Boletim IBCCrim* n. 76, p. 7; Geraldo de Faria Lemos Pinheiro, Uma pequena análise das penalidades e penas do Código de Trânsito Brasileiro, *Boletim IBCCrim* n. 100, p. 5; Geraldo de Faria Lemos Pinheiro, Breve cotejo de penas do Código de Trânsito Brasileiro, *Boletim IBCCrim* n. 128, p. 7; Jairo José Gênova, O perdão judicial nos crimes de trânsito e nos crimes de menor potencial ofensivo, *Boletim IBCCrim* n. 134, p. 12; Cássio M. Honorato, A banalização dos "crimes-obstáculo": um problema científico e de segurança no trânsito, *Boletim IBCCrim* n. 142, p. 16; Geraldo de Faria Lemos Pinheiro, Anotações sobre alguns ilícitos no Código de Trânsito Brasileiro, *Revista Brasileira de Ciências Criminais* n. 38, p. 155.

Direção Inabilitada de Veículo Automotor na Via Pública

Art. 309. *Dirigir veículo automotor, em via pública, sem a devida Permissão para Dirigir ou Habilitação ou, ainda, se cassado o direito de dirigir, gerando perigo de dano:*

Penas – detenção, de seis meses a um ano, ou multa.

➥ **Ver:** arts. 140 a 160, e 307, todos do Código de Trânsito Brasileiro.

➥ **Infração administrativa**

Código de Trânsito Brasileiro:

Art. 162. Dirigir veículo:

I – sem possuir Carteira Nacional de Habilitação, Permissão para Dirigir ou Autorização para Conduzir Ciclomotor:

Infração – gravíssima;

Penalidade – multa (três vezes);

Medida administrativa – retenção do veículo até a apresentação de condutor habilitado;

II – com Carteira Nacional de Habilitação, Permissão para Dirigir ou Autorização para Conduzir Ciclomotor cassada ou com suspensão do direito de dirigir:

Infração – gravíssima;

Penalidade – multa (três vezes);

Medida administrativa – recolhimento do documento de habilitação e retenção do veículo até a apresentação de condutor habilitado;

III – com Carteira Nacional de Habilitação ou Permissão para Dirigir de categoria diferente da do veículo que esteja conduzindo:

Infração – gravíssima;

Penalidade – multa (duas vezes);

Medida administrativa – retenção do veículo até a apresentação de condutor habilitado;

IV – ...

V – com validade da Carteira Nacional de Habilitação vencida há mais de trinta dias:

Infração – gravíssima;

Penalidade – multa;

Medida administrativa – recolhimento da Carteira Nacional de Habilitação e retenção do veículo até a apresentação de condutor habilitado.

➥ Norma penal em branco

"Foi BINDING quem pela primeira vez usou a expressão 'lei em branco' para batizar aquelas leis penais que contêm a *sanctio juris* determinada, porém o preceito a que se liga essa consequência jurídica do crime não é formulado senão como proibição genérica, devendo ser completado por outra lei (em sentido amplo)".[95]

Vezes há, entretanto, em que a complementação é feita pela mesma lei, em dispositivo diverso, como ocorre com o art. 309 do Código de Trânsito Brasileiro, no que pertine à matéria referente à Permissão para Dirigir ou Habilitação, cuja regulamentação está nos arts. 140 a 160 do mesmo *Codex*.

A compreensão do art. 309 remete, portanto, aos dispositivos mencionados, constituindo verdadeira norma penal em branco, em sentido lato, assim entendida aquela complementada pela mesma fonte formal de onde se originou a norma incriminadora.

➥ Classificação

Crime comum; vago; doloso; formal; unissubjetivo.

É de perigo concreto: STJ, EDREsp 227.564/SP, 3ª S., rel. Min. Felix Fischer, *DJU* de 16-10-2000, *Revista IOB de Direito Penal e Processual Penal* n. 6, p. 100; STJ, AgRg no AREsp 1.027.420/SE, 5ª T., rel. Min. Felix Fischer, j. 14-3-2017, *DJe* de 22-3-2017; STJ, AgRg no AREsp 615.500/RJ, 6ª T., rel. Min. Nefi Cordeiro, j. 22-11-2016, *DJe* de 6-12-2016.

➥ Objeto jurídico da tutela penal

É a incolumidade pública em sentido amplo, envolvendo a segurança no trânsito; a segurança viária.

"A segurança viária (como anteparo da tutela dos bens jurídicos individuais como vida, integridade física, patrimônio etc.)".[96]

➥ Sujeito ativo

Qualquer pessoa, uma vez que se trata de crime comum.

Não se exige qualquer qualidade especial do agente.

---

95 DAMÁSIO E. DE JESUS, *Direito penal*, 26. ed., São Paulo, Saraiva, 2003, v. 1, p. 121.

96 LUIZ FLÁVIO GOMES, *Estudos de direito penal e processual penal*, São Paulo, Revista dos Tribunais, 1999, p. 55.

➥ Sujeito passivo

É a coletividade.

Cuida-se de crime vago, em que o sujeito passivo é a coletividade, assim compreendida a generalidade humana.

Segundo afirmação objetiva de Guilherme de Souza Nucci, "o sujeito passivo é a sociedade".[97]

➥ Elemento subjetivo do tipo

É o dolo, que não se presume. Basta o dolo genérico.

"O dolo específico de causar efetivo prejuízo não é exigido no tipo penal" (TJDF, Ap. 2005.10.1.001056-9, 2ª T. Recursal dos Juizados Especiais Cíveis e Criminais, rel. Juiz Iran de Lima, j. 5-12-2006, *DJU* de 18-12-2006, *RT* 858/606).

Não há forma culposa.

➥ Objeto material

É o veículo automotor conduzido na via pública em conformidade com o tipo penal.

➥ Tipo objetivo

Conduzir é o mesmo que colocar em movimento mediante o acionamento dos mecanismos que a tanto se destinam.

Para que exista correspondência típica é imprescindível que o agente se ponha a conduzir veículo automotor, em via pública, sem a devida permissão ou habilitação ou, ainda, se cassado o direito de dirigir.

"Somente pratica o delito previsto no artigo 309 da Lei n. 9.503/97 a pessoa que não possui habilitação e não aquele que não porta, no momento da abordagem policial, o documento em questão. Esta segunda conduta não constitui crime, mas mera infração administrativa, tipificado no artigo 232 do CTB" (TJMG, ApCrim 1.0680.10.000406-7/001, 2ª CCrim, rela. Desa. Beatriz Pinheiro Caires, j. 1º-8-2013).

A habilitação para categoria diversa da que se enquadra o veículo conduzido nas condições do art. 309 do Código de Trânsito Brasileiro também tipifica o crime.

Estando o direito de dirigir apenas suspenso, o crime é o do art. 307 do Código de Trânsito Brasileiro.

Mas não é só.

---

97 *Leis penais e processuais penais comentadas*, 1. ed., 2. tir., São Paulo, Revista dos Tribunais, 2006, p. 853.

É preciso que da maneira de conduzir decorra perigo concreto, pois, do contrário, haverá apenas infração administrativa.

"Tratando a denúncia de fato penalmente atípico, à falta de perigo de dano a pessoa, resultado de que depende a caracterização do delito tipificado no artigo 309 da Lei n. 9.503/97, mostra-se de rigor o trancamento da ação penal" (STJ, HC 28.500/SP, 6ª T., rel. Min. Hamilton Carvalhido, j. 30-5-2006, *DJ* de 4-9-2006, p. 326).

A condução de veículo automotor nas condições do art. 309 do Código de Trânsito Brasileiro, porém, em via particular (no interior de propriedade rural, p. ex.), não configura o crime em questão.

Nos termos do Anexo I do Código de Trânsito Brasileiro, considera-se veículo automotor "todo veículo a motor de propulsão que circule por seus próprios meios, e que serve normalmente para o transporte viário de pessoas e coisas, ou para a tração viária de veículos utilizados para o transporte de pessoas e coisas. O termo compreende os veículos conectados a uma linha elétrica e que não circulam sobre trilhos (ônibus elétrico)".

Sobre Permissão para Dirigir e Habilitação legal para conduzir veículos automotores, conferir os arts. 140 a 160 do Código de Trânsito Brasileiro.

➥ Exame médico vencido

Não configura o crime do art. 309 do CTB.

"Se o bem jurídico tutelado pela norma é a incolumidade pública, para que exista o crime é necessário que o condutor do veículo não possua Permissão para Dirigir ou Habilitação, o que não inclui o condutor que, embora habilitado, esteja com a Carteira de Habilitação vencida. Não se pode equiparar a situação do condutor que deixou de renovar o exame médico com a daquele que sequer prestou exames para obter a habilitação" (STJ, REsp 1.188.333/SC, 5ª T., rel. Min. Gilson Dipp, j. 16-12-2010, *DJ* de 1º-2-2011).

"Tratando a denúncia de fato penalmente atípico, à falta de perigo de dano a pessoa, resultado de que depende a caracterização do delito tipificado no artigo 309 da Lei n. 9.503/97, mostra-se de rigor o trancamento da ação penal" (STJ, HC 28.500/SP, 6ª T., rel. Min. Hamilton Carvalhido, j. 30-5-2006, *DJ* de 4-9-2006, p. 326, *RSTJ* 207/423).

➥ Derrogação do art. 32 da Lei das Contravenções Penais

SÚMULA 720 do STF: "O art. 309 do Código de Trânsito brasileiro, que reclama decorra do fato perigo de dano, derrogou o art. 32 da Lei das Contravenções Penais no tocante à direção sem habilitação em vias terrestres".

"Cingindo-se o Código de Trânsito Brasileiro, art. 309, a incriminar a direção sem habilitação, quando gerar 'perigo de dano', ficou derrogado, portanto, no âmbito normativo da lei nova – o trânsito nas vias terrestres –, o art. 32 da LCP, que tipificava a conduta como contravenção penal de perigo abstrato ou presumido. A solução que restringe à órbita da infração administrativa a direção de veículo automotor sem habilitação, quando inexistente o perigo concreto de dano – já evidente pelas razões puramente dogmáticas anteriormente expostas –, é a que melhor corresponde ao histórico do processo legislativo do novo Código de Trânsito, assim como às inspirações da melhor doutrina penal contemporânea, decididamente avessa às infrações penais de perigo presumido ou abstrato" (STF, HC 84.377-8/SP, 1ª T., rel. Min. Sepúlveda Pertence, *DJU* de 27-8-2004, *Revista IOB de Direito Penal e Processual Penal* n. 28, p. 135).

"'A *novato legis*, que acrescentou a elementar do perigo de dano à direção sem habilitação, revogou a contravenção prevista no art. 32 da LC, consoante entendimento do Plenário do Pretório Excelso'. O recurso deve ser provido para restabelecer a decisão de primeiro grau que reconheceu a derrogação do art. 32 da LC com o advento do art. 309 da Lei n. 9.503/97" (STJ, REsp 399.571/SP, 5ª T., rel. Min. José Arnaldo da Fonseca, j. 25-3-2003, *DJ* de 22-4-2003, p. 257).

"À luz do art. 32 da Lei das Contravenções Penais, a punibilidade da direção sem habilitação repousava no fato de que o ilícito contravencional para sua configuração dispensava a situação de perigo. Contravenção de mera conduta, prescindindo do risco concreto à incolumidade pública. O Código de Trânsito Brasileiro (Lei 9.503, de 23 de setembro de 1997, alterada pela Lei 9.602, de 21 de janeiro de 1998), no entanto, em seu art. 309, inovou a matéria, acrescentando a elementar dirigir sem habilitação 'gerando perigo de dano', ou seja, dano concreto. Não mais existe contravenção, mas, sim, crime. De outro lado, dirigir sem possuir Carteira de Habilitação ou permissão para dirigir configura apenas infração de caráter administrativo, sancionada com multa e apreensão do veículo – art. 162, I, Código de Trânsito Brasileiro" (STJ, REsp 259.281/MG, 6ª T., rel. Min. Fernando Gonçalves, j. 12-9-2000, *DJ* de 16-10-2000, p. 362).

"O art. 309, do Código Nacional de Trânsito derrogou o art. 32, da Lei de Contravenções Penais, acrescentando a elementar do perigo de dano à direção sem habilitação. Precedentes (Plenário do STF) e STJ (Terceira Seção, EREsp n. 248.463/SP e 226.849/SP)" (STJ, EREsp 225.568/SP, Terceira Seção, rel. Min. Jorge Scartezzini, j. 24-3-2004, *DJ* de 26-4-2004, p. 145).

No mesmo sentido: STJ, EDcl no HC 23.164/SP, 5ª T., rel. Min. Felix Fischer, j. 16-12-2003, *DJ* de 9-2-2004, p. 193; STJ, HC 15.181/SP, 6ª T., rel. Min. Fernando

Gonçalves, j. 29-5-2001, *DJ* de 18-6-2001, p. 195; STJ, REsp 231.248/SP, 6ª T., rel. p/o Ac. Min. Fernando Gonçalves, *DJU* de 2-10-2000, *Revista IOB de Direito Penal e Processual Penal* n. 4, p. 96; TJMG, ACr 192.565-0/00, 2ª CCrim, rel. Des. Sérgio Resende, *DJMG* de 9-8-2002, *Revista IOB de Direito Penal e Processual Penal* n. 16, p. 106.

➥ Elemento normativo do tipo

Para a configuração penal é necessário que o agente se ponha a conduzir veículo na via pública, sem a devida Permissão para Dirigir ou Habilitação ou, ainda, se cassado o direito de dirigir.

Possuindo regularmente, e em condições de uso, Permissão para Dirigir ou Habilitação, não haverá crime.

➥ Consumação

Com efetiva exposição a perigo concreto.

A mera condução de veículo automotor em via pública, sem a devida Permissão para Dirigir ou Habilitação ou, ainda, se cassado o direito de dirigir, não é suficiente para a conformação típica. É imprescindível que se associe a tal prática a ocorrência de perigo concreto, condição sem a qual a conduta não se ajusta ao tipo em comento, ficando remetida à condição de mera infração administrativa.

No mesmo sentido: STF, HC 84.377-8/SP, 1ª T., rel. Min. Sepúlveda Pertence, *DJU* de 27-8-2004, *Revista IOB de Direito Penal e Processual Penal* n. 28, p. 135; STJ, EREsp 225.568/SP, Terceira Seção, rel. Min. Jorge Scartezzini, j. 24-3-2004, *DJ* de 26-4-2004, p. 145; STJ, REsp 399.571/SP, 5ª T., rel. Min. José Arnaldo da Fonseca, j. 25-3-2003, *DJ* de 22-4-2003, p. 257; STJ, HC 28.500/SP, 6ª T., rel. Min. Hamilton Carvalhido, j. 30-5-2006, *DJ* de 4-9-2006, p. 326; TJSP, RSE 0015132-84.2011.8.26.0302, 1ª CCrim, rel. Des. Mário Devienne Ferraz, j. 6-5-2013.

➥ Tentativa

Não é possível, por se tratar de crime que exige perigo concreto para sua consumação.

Ou o agente conduz o veículo automotor na via pública nas condições do art. 309 do Código de Trânsito Brasileiro e gera efetivo perigo de dano, hipótese em que o crime estará consumado, ou não gera perigo concreto, ficando sujeito, apenas e tão somente, às implicações de ordem administrativa.

No mesmo sentido: FERNANDO CÉLIO DE BRITO NOGUEIRA, *Crimes do Código de Trânsito*, 2. ed., São Paulo, Mizuno, 2010, p. 283; DAMÁSIO E. DE JESUS, *Crimes de trânsito*, 6. ed., São Paulo, Saraiva, 2006, p. 215.

Em sentido contrário temos o escólio de Guilherme de Souza Nucci, admitindo a possibilidade de tentativa, "embora seja de difícil configuração".[98]

Alguns autores admitem a possibilidade de tentativa, mas destacam ser ela "irrelevante". Nesse sentido: Ariosvaldo de Campos Pires e Sheila Jorge Selim Sales, *Crimes de trânsito*, Belo Horizonte, Del Rey, 1998, p. 240; Marcelo Cunha de Araújo, *Crimes de trânsito*, Belo Horizonte, Mandamentos, 2004, p. 111.

➥ Ação penal

Pública incondicionada.

➥ Composição civil visando extinção da punibilidade

É incabível, pois se trata de crime de ação penal pública incondicionada (art. 74, parágrafo único, da Lei n. 9.099/95).

➥ Transação penal

É cabível, nos termos do art. 76 da Lei n. 9.099/95, c/c o art. 291, *caput*, do Código de Trânsito Brasileiro. Cuida-se de infração penal de pequeno potencial ofensivo, conforme o disposto no art. 61 da Lei n. 9.099/95.

"A transação é instituto despenalizador, pré-processual, que deve ser ofertada pelo Ministério Público antes mesmo do início da ação penal, durante a audiência prévia de conciliação" (STJ, HC 201.310/SP, 5ª T., rel. Min. Adilson Vieira Macabu, j. 19-6-2012, *DJe* de 29-6-2012).

"A transação penal insere-se no âmbito das medidas despenalizadoras, de sorte que o órgão acusatório deve fundamentar adequadamente a sua recusa, não ficando essas razões alheias ao exame judicial" (STJ, RHC 34.866/MG, 5ª T., rela. Mina. Laurita Vaz, j. 17-12-2013, *DJe* de 3-2-2014).

"O oferecimento da transação penal revela-se poder-dever do *Parquet*" (STJ, RHC 31.932/SP, 6ª T., rela. Mina. Maria Thereza de Assis Moura, j. 12-3-2013, *DJe* de 25-3-2013).

➥ Transação penal descumprida

Doutrina e jurisprudência sempre debateram a respeito da possibilidade, ou não, de instauração de ação penal depois de feita e homologada transação penal em juízo, na hipótese de a avença restar injustificadamente descumprida.

98 *Leis penais e processuais penais comentadas*, 1. ed., 2. tir., São Paulo, Revista dos Tribunais, 2006, p. 854.

Segundo pensamos, o descumprimento injustificado de transação penal *homologada* não autoriza instauração de ação penal de conhecimento. Em casos tais, restará ao legitimado promover a execução do título judicial que se forma com a homologação.

Com vistas a pacificar a divergência, o Supremo Tribunal Federal editou a Súmula Vinculante 35, que tem o seguinte teor: "A homologação da transação penal prevista no art. 76 da Lei n. 9.099/1995 não faz coisa julgada material e, descumpridas suas cláusulas, retoma-se a situação anterior, possibilitando-se ao Ministério Público a continuidade da persecução penal mediante oferecimento de denúncia ou requisição de inquérito policial".

A hipótese mencionada não se iguala àquela adotada por muitos, na qual, entabulada a transação, o juiz determina inicialmente que se aguarde seu cumprimento em certo prazo, para depois homologá-la e, então, extinguir a punibilidade.

Por aqui, não é difícil concluir que, não tendo ocorrido homologação judicial, é cabível posterior oferecimento de denúncia em caso de restar descumprida a avença.

É preciso considerar, entretanto, que a rigor não se poderia pensar no cumprimento do acordo feito em juízo antes de sua efetiva homologação. Ainda assim, tal prática é recorrente na rotina judiciária.

➥ Conversão de transação penal descumprida em prisão

Descumprida a transação penal, resulta inviável a conversão da pena transacionada em pena privativa de liberdade.

"A transformação automática da pena restritiva de direitos, decorrente de transação, em privativa do exercício da liberdade discrepa da garantia constitucional do devido processo legal" (STF, HC 79.572/GO, 2ª T., rel. Min. Marco Aurélio, j. 29-2-2000, *DJ* de 22-2-2002, p. 34).

No mesmo sentido: STF, HC 80.802/MS, 1ª T., rela. Mina. Ellen Gracie, j. 24-4-2001, *DJ* de 18-5-2001, p. 434; STF, RE 268.320/PR, 1ª T., rel. Min. Octávio Gallotti, j. 15-8-2000, *DJ* de 10-11-2000, p. 105; STF, HC 80.164/MS, 1ª T., rel. Min. Ilmar Galvão, j. 26-9-2000, *DJ* de 7-12-2000, p. 5.

➥ Suspensão condicional do processo

É cabível, pois a pena mínima cominada não é superior a 1 (um) ano (art. 89 da Lei n. 9.099/95).

Sobre a matéria, conferir:

Súmula 723 do STF: "Não se admite a suspensão condicional do processo por crime continuado, se a soma da pena mínima da infração mais grave com o aumento mínimo de um sexto for superior a um ano".

SÚMULA 243 do STJ: "O benefício da suspensão do processo não é aplicável em relação às infrações penais cometidas em concurso material, concurso formal ou continuidade delitiva, quando a pena mínima cominada, seja pelo somatório, seja pela incidência da majorante, ultrapassar o limite de um (01) ano".

➥ Procedimento

Não há procedimento especial tipificado na Lei n. 9.503, de 23 de setembro de 1997.

Quando se estiver diante de crime previsto no art. 309 do Código de Trânsito Brasileiro, adota-se o *procedimento comum, sumaríssimo,* previsto para as infrações penais de menor potencial ofensivo (arts. 77 e s. da Lei n. 9.099/95).

A conclusão decorre do disposto no art. 291, *caput*, do Código de Trânsito Brasileiro, c/c o art. 61 da Lei n. 9.099/95, e do art. 394, § 1º, III, do CPP, pois a pena máxima cominada não é superior a 2 (dois) anos.

➥ Penas

Detenção, de 6 (seis) meses a 1 (um) ano, *ou* multa.

SÚMULA 231 do STJ: "A incidência da circunstância atenuante não pode conduzir à redução da pena abaixo do mínimo legal".

"'Fixada a pena em seu mínimo legal, descabe reduzi-la aquém do mínimo, mesmo em face da existência de circunstância atenuante. Aplicação da Súmula 231/STJ' (REsp 225.726/SP, 5ª Turma, rel. Min. Gilson Dipp, v.u., j. 11-9-2001 – *DJU* 15-10-2001)" (TJSP, Ap. 0002664-79.2011.8.26.0111, 9ª CCrim, rel. Des. Sérgio Coelho, j. 30-4-2015).

"'Ao contrário das causas especiais de diminuição da pena, as atenuantes genéricas não podem reduzi-la aquém do mínimo legal' (STF, HC 77.912/RS, rel. Min. Sepúlveda Pertence, j. 17-11-1998). Na mesma direção: HC 87.263/MS, rel. Min. Ricardo Lewandowski, j. 9-5-2006; HC 82.483/SP, rel. Min. Maurício Corrêa, j. 12-11-2002, entre inúmeros outros" (TJSP, Ap. 0002228-11.2014.8.26.0566, 14ª CCrim, rel. Des. Fernando Torres Garcia, j. 26-2-2015).

➥ Circunstâncias agravantes

Nos termos do art. 298 do Código de Trânsito Brasileiro, são circunstâncias que sempre agravam as penalidades dos crimes de trânsito, ter o condutor do veículo cometido a infração:

I – com dano potencial para duas ou mais pessoas ou com grande risco de grave dano patrimonial a terceiros;

II – utilizando o veículo sem placas, com placas falsas ou adulteradas;

III – sem possuir Permissão para Dirigir ou Carteira de Habilitação;

IV – com Permissão para Dirigir ou Carteira de Habilitação de categoria diferente da do veículo;

V – quando a sua profissão ou atividade exigir cuidados especiais com o transporte de passageiros ou de carga;

VI – utilizando veículo em que tenham sido adulterados equipamentos ou características que afetem a sua segurança ou o seu funcionamento de acordo com os limites de velocidade prescritos nas especificações do fabricante;

VII – sobre faixa de trânsito temporária ou permanentemente destinada a pedestres.

➥ Suspensão ou proibição de se obter a permissão ou a habilitação para dirigir veículo automotor

Ver arts. 292 a 296 do Código de Trânsito Brasileiro, e conferir nossas precedentes anotações ao art. 302, no subtítulo "Suspensão ou proibição de se obter a permissão ou a habilitação para dirigir veículo automotor".

➥ Suspensão ou proibição cautelar de se obter a permissão ou a habilitação para dirigir veículo automotor

Conferir o art. 294 do Código de Trânsito Brasileiro e nossas anotações precedentes ao art. 302, no subtítulo "Suspensão ou proibição de se obter a permissão ou a habilitação para dirigir veículo automotor".

➥ Multa reparatória

Ver art. 297 do Código de Trânsito Brasileiro.

➥ Regime de pena

É possível o cumprimento da pena privativa de liberdade em regime aberto ou semiaberto, a depender do que resultar da incidência das norteadoras dos arts. 33 e 59 do Código Penal.

➥ Pena restritiva de direito

Observadas as regras do art. 44 do Código Penal, admite-se a substituição da pena privativa de liberdade por restritiva de direito.

A respeito dessa matéria, ver nossos comentários ao art. 312-A, inserido no Código de Trânsito Brasileiro pela Lei n. 13.281/2016.

Sobre penas restritivas de direitos, consultar: René Ariel Dotti, Miguel Reale Júnior, Francisco de Assis Toledo, Sérgio Salomão Shecaira, David Teixeira de Azevedo e Maurício Antonio Ribeiro Lopes, *Penas restritivas de direitos*, São Paulo, Revista dos Tribunais, 1999.

➥ Trator

Código de Trânsito Brasileiro:

Art. 144. O trator de roda, o trator de esteira, o trator misto ou o equipamento automotor destinado à movimentação de cargas ou execução de trabalho agrícola, de terraplenagem, de construção ou de pavimentação só podem ser conduzidos na via pública por condutor habilitado nas categorias C, D ou E.

➥ Absorção: o crime do art. 303 absorve o crime do art. 309 do Código de Trânsito Brasileiro

"O crime de dirigir sem habilitação é absorvido pelo delito de lesão corporal. Precedentes de ambas as turmas" (STF, HC 128.921/RJ, 2ª T., rel. Min. Gilmar Mendes, j. 25-8-2015, *DJe* 180, de 11-9-2015).

"O crime de lesão corporal culposa, cometido na direção de veículo automotor (Código de Trânsito Brasileiro, art. 303), por motorista desprovido de permissão ou de habilitação para dirigir, absorve o delito de falta de habilitação ou permissão tipificado no art. 309 do Código de Trânsito Brasileiro. Com a extinção da punibilidade do agente, quanto ao delito tipificado no art. 303 do Código de Trânsito Brasileiro (crime de dano), motivada pela ausência de representação da vítima, deixa de subsistir, autonomamente, a infração penal prevista no art. 309 do Código de Trânsito Brasileiro (crime de perigo)" (STF, HC 80.270-2/MG, 2ª T., rel. Min. Celso de Mello, *DJU* de 7-12-2000, *Revista IOB de Direito Penal e Processual Penal* n. 6, p. 142).

No mesmo sentido: STF, HC 80.341-5/MG, 1ª T., rel. Min. Octávio Gallotti, j. 12-9-2000, *RJTACrim* 50/305; STF, HC 80.337-7/MG, 2ª T., rel. Min. Celso de Mello, j. 3-10-2000, *RJTACrim* 49/303.

➥ Contramão

"Não obstante a divergência de classificação doutrinária e jurisprudencial acerca do perigo (abstrato ou concreto) trazido à incolumidade pública que a conduta de dirigir sem a necessária habilitação ofereça, é correto afirmar que neste caso o réu conduzia o veículo na contramão de direção, e que por isso é inquestionável o perigo real a que estavam expostos os transeuntes e demais motoristas que por ali trafegavam" (TJPR, Ap. 334.155-1, 5ª Câm., j. 25-5-2006, rela. Desa. Maria José Teixeira, *DJPR* de 5-6-2006, *RT* 852/643).

Conduzir motocicleta na contramão, sem habilitação, fazendo zigue-zague: Turmas Recursais do RS, RCrim 71001432079, TRCrim, rel. Juiz Alberto Delgado Neto, j. 12-11-2007.

"Conduzir a motocicleta, sem permissão para fazê-lo, realizando manobras bruscas, na contramão e em excesso de velocidade, em local destinado ao embarque e desembarque de passageiros de transporte urbano" (Turmas Recursais do RS, RCrim 71001445261, TRCrim, rela. Juíza Nara Leonor Castro Garcia, j. 22-10-2007).

➥ Motorista que fura bloqueio policial

"O motorista que conduz veículo automotor sem habilitação e fura o bloqueio policial, gerando perigo de dano a terceiros pratica a conduta prevista no art. 309 da Lei 9.503/97" (Turmas Recursais do DF, Ap. 2005.10.1.001056-9, 2ª T. Recursal dos Juizados Especiais Cíveis e Criminais, rel. Juiz Iran de Lima, j. 5-12-2006, *DJU* de 18-12-2006, *RT* 858/606).

"A conduta caracteriza-se como ilícito penal, pois a fuga e a consequente passagem por vias preferenciais em alta velocidade atestam o perigo de dano gerado pelo agente" (Turmas Recursais do RS, RCrim 71001121763, TRCrim, rela. Juíza Nara Leonor Castro Garcia, j. 26-2-2007).

"Ilícito penal caracterizado pela conduta de fugir da abordagem do policial militar, imprimindo velocidade que colocou em risco a integridade física do agente" (Turmas Recursais do RS, RCrim 71001051150, TRCrim, rela. juíza Nara Leonor Castro Garcia, j. 26-2-2007).

➥ Zigue-zague

Hipóteses em que se entendeu configurado o crime do art. 309 do Código de Trânsito Brasileiro: TJRS, ApCrim 70008575359, 8ª CCrim, rel. Des. Sylvio Baptista Neto, j. 16-6-2004; Turmas Recursais do RS, RCrim 71001432079, TRCrim, rel. Juiz Alberto Delgado Neto, j. 12-11-2007; TACrimSP, Ap. 1.212.675/5, 11ª Câm., rel. Juiz Fernandes de Oliveira, j. 9-10-2000, *RJTACrim* 51/61.

➥ Outras situações em que se entendeu configurado o crime

"Comete o crime do art. 309 da Lei n. 9.503/97 o motorista que, na direção de veículo, sem possuir a devida habilitação, efetua 'cavalos de pau', vindo a colidir contra um muro, pois, ao manobrar de forma anormal, gerou perigo de dano" (TACrimSP, Ap. 1.350.975/5, 14ª Câm., rel. Oldemar Azevedo, j. 6-5-2003, *Revista Jurídica* n. 313, p. 166).

"Conduta caracterizada como ilícito penal, quando o condutor invadiu a pista contrária em manobra de conversão à esquerda e, com esta, atravessou-se à frente do outro veículo, concretizando o perigo com a colisão" (Turmas Recursais do RS, RCrim 71001406065, TRCrim, rela. Juíza Nara Leonor Castro Garcia, j. 17-9-2007).

"Perigo de dano gerado pela fuga em alta velocidade e a consequente passagem por vias onde havia circulação de crianças, inclusive realizando uma manobra entre dois veículos, na tentativa de escapar do cerco policial, atestam o perigo de dano gerado pelo agente" (Turmas Recursais do RS, RCrim 71001263755, TRCrim, rela. Juíza Nara Leonor Castro Garcia, j. 16-4-2007).

"Perigo de dano caracterizado com invasão de via preferencial, dando causa a colisão entre os veículos" (Turmas Recursais do RS, RCrim 71001162940, TRCrim, rela. Juíza Nara Leonor Castro Garcia, j. 12-2-2007).

"Dirigir sem habilitação gerando perigo de dano concreto, quando quase houve atropelamento de policial militar que participava de barreira policial" (Turmas Recursais do RS, RCrim 71000913459, TRCrim, rela. Juíza Nara Leonor Castro Garcia, j. 12-2-2007).

"Arranque e freadas bruscas de carro, sem habilitação, em local movimentado e ponto de encontro de jovens, que ficam nas calçadas e ao redor dos veículos, é fato a gerar o perigo de dano integrante do tipo penal" (Turmas Recursais do RS, RCrim 71000857995, TRCrim, rel. Juiz Alberto Delgado Neto, j. 18-12-2006).

➥ Doutrina

Alberto Silva Franco, Rui Stoco, Jefferson Ninno, Roberto Podval, e Maurício Zanoide de Moraes, *Leis penais especiais e sua interpretação jurisprudencial*, 7. ed., São Paulo, Revista dos Tribunais, 2001; Alexandre de Moraes e Gianpaolo Poggio Smanio, *Legislação penal especial*, 7. ed., São Paulo, Atlas, 2004; Arnaldo Rizzardo, *Comentários do Código de Trânsito Brasileiro*, 6. ed., São Paulo, Revista dos Tribunais, 2006; Ariosvaldo de Campos Pires e Sheila Jorge Selim Sales, *Crimes de trânsito*, Belo Horizonte, Del Rey, 1998; Cássio Mattos Honorato, *Alterações introduzidas pelo novo Código de Trânsito brasileiro*, São Paulo, Sugestões Literárias, 1998; Damásio E. de Jesus, *Crimes de trânsito*, 7. ed., São Paulo, Saraiva, 2008; Fernando Capez e Victor Eduardo Rios Gonçalves, *Aspectos criminais do Código de Trânsito Brasileiro*, São Paulo, Saraiva, 1999; Fernando Célio de Brito Nogueira, *Crimes do Código de Trânsito*, 2. ed., São Paulo, Mizuno, 2010; Fernando Y. Fukassawa, *Crimes de trânsito*, 2. ed., São Paulo, Juarez de Oliveira, 2003; Guilherme de Souza Nucci, *Leis penais e processuais penais comentadas*, 3. ed., São Paulo, Revista dos Tribunais, 2008; Jaime Pimentel e Walter Francisco Sampaio Filho, *Crimes de trânsito*, São Paulo, Editora Iglu, 1998; João Roberto Parizatto, *Delitos em acidentes de trânsito*, São Paulo, Leud, 1988; José Carlos Gobbis Pagliuca, *Direito penal do trânsito*, São Paulo, Juarez de Oliveira, 2000; José Geraldo da Silva, Wilson Lavorenti e Fabiano Genofre, *Leis penais especiais anotadas*, 4. ed., Campinas, Millennium, 2003; José Marcos Marrone, *Delitos de trânsito*, São Paulo, Atlas, 1998; Luiz Flávio Gomes, *Estudos de direito penal e processual penal*, São Paulo, Revista dos Tribunais, 1999; Marcelo Cunha de Araújo, *Crimes de trânsito*, Belo Horizonte, Mandamentos, 2004; Maurício Antonio Ribeiro Lopes, *Crimes de trânsito*, São Paulo, Revista dos Tribunais, 1998; Paulo José da Costa Jr. e Maria Elizabeth Queijo, *Comentários aos crimes do novo Código de Trânsito*, São Paulo, Revista dos Tribunais, 1998; Ricardo Antonio Andreucci, *Legislação penal especial*, 4. ed., São Paulo, Saraiva, 2008; Ruy Carlos de Barros Monteiro, *Crimes de trânsito*, São Paulo, Juarez de Oliveira, 1999; Valdir Sznick, *Novo*

Código de Trânsito, São Paulo, Ícone, 1998; FERNANDO YUKIO FUKASSAWA, Crimes de trânsito (primeiras reflexões sobre a Lei 9.503/97), *RT* 749/520 e *Justitia* 179/11; FERNANDO DE ALMEIDA PEDROSO, Direção não habilitada de veículo: o crime e a contravenção, *RT* 750/506; CEZAR ROBERTO BITENCOURT, Alguns aspectos penais controvertidos do Código de Trânsito, *RT* 754/480; JOSÉ DAMIÃO PINHEIRO MACHADO COGAN, Direção inabilitada de veículo automotor, *RT* 762/480; CÁSSIO MATTOS HONORATO, Crimes de trânsito: análise crítica da doutrina e da jurisprudência, *RT* 859/457; LUIZ FLÁVIO GOMES, CTB: primeiras notas interpretativas, *Boletim IBCCrim* n. 61, p. 4; WILLIAM TERRA DE OLIVEIRA, CTB – "Controvertido Natimorto Tumultuado", *Boletim IBCCrim* n. 61, p. 5; LUIZ OTAVIO DE OLIVEIRA ROCHA, Código de Trânsito Brasileiro: primeiras impressões, *Boletim IBCCrim* n. 61, p. 6; BRUNO AMARAL MACHADO, Termo circunstanciado e delitos de trânsito, *Boletim IBCCrim* n. 62, p. 7; WALTER MARTINS MULLER e ALTAIR RAMOS LEON, Comentários ao novo Código de Trânsito Brasileiro, *Boletim IBCCrim* n. 63, p. 5; OSWALDO HENRIQUE DUEK MARQUES, Crimes culposos no novo Código de Trânsito, *Boletim IBCCrim* n. 66, p. 12; VITORE ANDRÉ ZILIO MAXIMIANO, O Juizado Especial Criminal e os novos delitos de trânsito, *Boletim IBCCrim* n. 67, p. 3; NEREU JOSÉ GIACOMOLLI, A Lei n. 9.099/95 e o CTB, *Boletim IBCCrim* n. 69, p. 13; *Boletim IBCCrim* n. 72, Jurisprudência, p. 299; LOURI GERALDO BARBIERO, Artigo 309 do CTB: exigência de perigo concreto, *Cadernos Jurídicos da Escola Paulista da Magistratura* n. 2, p. 137; BRUNO AMARAL MACHADO, Crimes de perigo e condição de procedibilidade, *Boletim IBCCrim* n. 74, p. 7; EDISON MIGUEL DA SILVA JR., Crimes de perigo no Código de Trânsito Brasileiro, *Boletim IBCCrim* n. 76, p. 6; ANDRÉ LUÍS CALLEGARI, Delitos de perigo concreto no Código de Trânsito Brasileiro, *Boletim IBCCrim* n. 76, p. 7; DAMÁSIO E. DE JESUS, STJ admite derrogação do art. 32 da LCP, *Boletim IBCCrim* n. 78, p. 12; GLAYSON NEVES LARA, Disciplinamento jurídico na direção inabilitada de veículo automotor em vias públicas, *Boletim IBCCrim* n. 91, p. 15; GERALDO DE FARIA LEMOS PINHEIRO, Uma pequena análise das penalidades e penas do Código de Trânsito Brasileiro, *Boletim IBCCrim* n. 100, p. 5; GERALDO DE FARIA LEMOS PINHEIRO, A reincidência no Código de Trânsito Brasileiro – breve estudo comparativo; *Boletim IBCCrim* n. 112, p. 8; GERALDO DE FARIA LEMOS PINHEIRO, Breve cotejo de penas do Código de Trânsito Brasileiro, *Boletim IBCCrim* n. 128, p. 7; JAIRO JOSÉ GÊNOVA, O perdão judicial nos crimes de trânsito e nos crimes de menor potencial ofensivo, *Boletim IBCCrim* n. 134, p. 12; DAMÁSIO E. DE JESUS, Direção inabilitada de embarcação, *Revista APMP* (Associação Paulista do Ministério Público), n. 38, p. 75; DAMÁSIO E. DE JESUS e LUIZ FLÁVIO GOMES, Superior Tribunal de Justiça admite derrogação do art. 32 da Lei das Contravenções Penais, *Revista do Conselho Nacional de Política Criminal e Penitenciária*, v. 1, n. 11, p. 41; GERALDO DE FARIA LEMOS PINHEIRO, Anotações sobre alguns ilícitos no Código de Trânsito Brasileiro, *Revista Brasileira de Ciências Criminais*, n. 38, p. 155; DAMÁSIO E. DE JESUS, Direção inabilitada de embarcação, *Cadernos Jurídicos da Escola Paulista da Magistratura* n. 6, p. 81.

Entrega Temerária de Veículo à Condução de Terceiro

Art. 310. *Permitir, confiar ou entregar a direção de veículo automotor a pessoa não habilitada, com habilitação cassada ou com o direito de dirigir suspenso, ou, ainda, a quem, por seu estado de saúde, física ou mental, ou por embriaguez, não esteja em condições de conduzi-lo com segurança:*

Penas – detenção, de seis meses a um ano, ou multa.

➥ **Ver:** arts. 140 a 160; 263; 276 e 277; 292 a 296; 302, § 1º, I; 303, parágrafo único; 306 e 309, todos do Código de Trânsito Brasileiro.

➥ Infrações administrativas

Código de Trânsito Brasileiro:

Art. 163. Entregar a direção do veículo a pessoa nas condições previstas no artigo anterior:

Infração – as mesmas previstas no artigo anterior;

Penalidade – as mesmas previstas no artigo anterior;

Medida administrativa – a mesma prevista no inciso III do artigo anterior.

Art. 164. Permitir que pessoa nas condições referidas nos incisos do art. 162 tome posse do veículo automotor e passe a conduzi-lo na via:

Infração – as mesmas previstas nos incisos do art. 162;

Penalidade – as mesmas previstas no art. 162;

Medida administrativa – a mesma prevista no inciso III do art. 162.

Art. 166. Confiar ou entregar a direção de veículo a pessoa que, mesmo habilitada, por seu estado físico ou psíquico, não estiver em condições de dirigi-lo com segurança:

Infração – gravíssima;

Penalidade – multa.

➥ Norma penal em branco

"Foi Binding quem pela primeira vez usou a expressão 'lei em branco' para batizar aquelas leis penais que contêm a *sanctio juris* determinada, porém o preceito a que se liga essa consequência jurídica do crime não é formulado senão como proibição genérica, devendo ser completado por outra lei (em sentido amplo)".[99]

Vezes há, entretanto, em que a complementação é feita pela mesma lei, em dispositivo diverso, como ocorre com o art. 310 do Código de Trânsito Brasileiro, no que pertine à matéria referente à regularidade da habilitação para dirigir veículo automotor, cuja regulamentação está nos arts. 140 a 160; cassação da habilitação, nos termos do art. 263, ou ainda em relação à suspensão do direito de dirigir, conforme os arts. 292 a 296, todos do mesmo *Codex*.

A afirmação segura, para o fim de produzir prova em processo criminal, relacionada ao estado de saúde, física ou mental, e mesmo a embriaguez, incapacitantes para a regular condição de conduzir veículo automotor, por vezes poderá reclamar conhecimentos técnicos ligados a outras áreas do conhecimento humano.

A plena compreensão do art. 310 do Código de Trânsito Brasileiro remete, portanto, a outros dispositivos do próprio Código de Trânsito, bem como a disposições outras, especialmente ligadas à área médica, constituindo verdadeira norma penal em branco.

➥ Classificação

Crime comum; vago; doloso; unissubjetivo; em regra comissivo, podendo, contudo, ser comissivo por omissão (art. 13, § 2º, do CP).

O crime do art. 310 é de perigo abstrato (STJ, REsp 1.485.830/MG, 3ª S., rel. Min. Sebastião Reis Júnior, rel. p/ o acórdão Min. Rogério Schietti Cruz, j. 11-3-2015, *DJe* de 29-5-2015; STJ, Rcl 29.042/RS, 3ª S., rela. Mina. Maria Thereza de Assis Moura, j. 24-2-2016, *DJe* de 3-3-2016). "Os crimes de perigo abstrato são os que prescindem de comprovação da existência de situação que tenha colocado em risco o bem jurídico tutelado, ou seja, não se exige a prova de perigo real, pois este é presumido pela norma, sendo suficiente a periculosidade da conduta, que é inerente à ação. As condutas punidas por meio dos delitos de perigo abstrato são as que perturbam não apenas a ordem pública, mas lesionam o direito à segurança, daí porque se justifica a presunção de ofensa ao bem jurídico" (STJ, HC 237.875/MT, 5ª T., rel. Min. Jorge Mussi, j. 9-4-2013, *DJe* de 19-4-2013).

Conforme dispõe a Súmula 575 do STJ: "Constitui crime a conduta de permitir, confiar ou entregar a direção de veículo automotor a pessoa que não seja habilitada, ou que se encontre em qualquer das situações previstas no art. 310 do CTB, independentemente da ocorrência de lesão ou de perigo de dano concreto na condução do veículo".

---

[99] DAMÁSIO E. DE JESUS, *Direito penal*, 26. ed., São Paulo, Saraiva, 2003, v. 1, p. 121.

➥ Objeto jurídico da tutela penal

É a incolumidade pública em sentido amplo, envolvendo a segurança no trânsito; a segurança viária; a vida e a integridade física das pessoas.

➥ Sujeito ativo

Qualquer pessoa, habilitada ou não, proprietária ou não do veículo cuja entrega temerária realiza, uma vez que se trata de crime comum.

Não se exige qualquer qualidade especial do agente.

➥ Sujeito passivo

É a coletividade.

Cuida-se de crime vago, em que o sujeito passivo é a coletividade, assim compreendida a generalidade humana.

No mesmo sentido: Paulo José da Costa Jr. e Maria Elizabeth Queijo, *Comentários aos crimes do novo Código de Trânsito*, São Paulo, Saraiva, 1998, p. 82.

➥ Elemento subjetivo do tipo

É o dolo, que não se presume. Basta o dolo genérico.

Não há forma culposa.

É necessário, entretanto, que o agente saiba estar permitindo, confiando ou entregando a condução de veículo automotor à pessoa que se encontre nas condições catalogadas no tipo penal.

No mesmo sentido: Luiz Flávio Gomes, *Estudos de direito penal e processual penal*, São Paulo, Revista dos Tribunais, 1999, p. 82.

➥ Objeto material

É o veículo automotor cuja entrega temerária se realizou nas condições do tipo penal.

➥ Tipo objetivo

Permitir, *confiar* ou *entregar* a direção de veículo automotor, para os fins do tipo em comento significa possibilitar, autorizar que determinada pessoa coloque o veículo em movimento, mediante o acionamento dos mecanismos que a tanto se destinam.

Para os fins do tipo a condução do veículo poderá ocorrer em *via pública* ou nos limites de *propriedade privada*. Configura-se o crime nas seguintes situações:

1ª) o agente permite, confia ou entrega a direção de veículo automotor a pessoa *não habilitada* (arts. 140 a 160 do Código de Trânsito Brasileiro);

2ª) o agente permite, confia ou entrega a direção de veículo automotor a pessoa *com habilitação cassada* (art. 263 do Código de Trânsito Brasileiro);

3ª) o agente permite, confia ou entrega a direção de veículo automotor a pessoa *com o direito de dirigir suspenso* (arts. 292 a 296 do Código de Trânsito Brasileiro);

4ª) o agente permite, confia ou entrega a direção de veículo automotor a quem, por seu estado de *saúde física*, não esteja em condições de conduzi-lo com segurança;

5ª) o agente permite, confia ou entrega a direção de veículo automotor a quem, por seu estado de *saúde mental*, não esteja em condições de conduzi-lo com segurança;

6ª) o agente permite, confia ou entrega a direção de veículo automotor a quem, *por embriaguez*, não esteja em condições de conduzi-lo com segurança (arts. 165; 276; 277 e 306, todos do Código de Trânsito Brasileiro).

Para que exista conformação típica é imprescindível que aquele a quem se permitiu, confiou ou entregou a direção do veículo automotor nas condições listadas no art. 310 do Código de Trânsito Brasileiro se ponha efetivamente a conduzi-lo, em *via pública* ou *propriedade privada*. A mera manifestação de vontade consistente em *permitir*, *confiar* ou *entregar* a direção de veículo automotor a quem se encontre em qualquer das condições do art. 310 não configura crime.

No mesmo sentido: DAMÁSIO E. DE JESUS, *Crimes de trânsito*, 6. ed., São Paulo, Saraiva, 2006, p. 228.

Em sentido contrário: PAULO JOSÉ DA COSTA JR. e MARIA ELIZABETH QUEIJO, *Comentários aos crimes do novo Código de Trânsito*, São Paulo, Saraiva, 1998, p. 85.

Nos termos do Anexo I do Código de Trânsito Brasileiro, considera-se veículo automotor "todo veículo a motor de propulsão que circule por seus próprios meios, e que serve normalmente para o transporte viário de pessoas e coisas, ou para a tração viária de veículos utilizados para o transporte de pessoas e coisas. O termo compreende os veículos conectados a uma linha elétrica e que não circulam sobre trilhos (ônibus elétrico)".

➥ Crime de perigo abstrato ou de perigo concreto?

De perigo abstrato.

O legislador optou por não reclamar perigo concreto para a configuração do crime previsto no art. 310 do Código de Trânsito Brasileiro, em qualquer de suas modalidades.

Não se desconhece a discussão estabelecida a respeito do tema, e a justificada preocupação daqueles que sustentam que as modalidades típicas do art 310, por guardarem estreita relação com os crimes dos arts. 306 e 309 do Código de Trânsito Brasileiro reclamariam, como estes, perigo concreto para sua conformação.

Nada obstante as judiciosas ponderações neste sentido, toda argumentação exposta não resiste a uma análise mais profunda.

No tocante à conduta que guarda relação com o art. 306 do Código de Trânsito Brasileiro, "permitir, confiar ou entregar a direção de veículo automotor a quem, *por embriaguez*, não esteja em condições de conduzi-lo com segurança", já não há qualquer dúvida, visto que a partir das mudanças introduzidas com a Lei n. 11.705, de 19 de junho de 2008, o crime de "embriaguez ao volante" passou a ser de perigo abstrato, e sendo assim, não subsiste o argumento que antes existia, no sentido de ser de perigo concreto a conduta regulada no art. 306. Pela mesma relação que efetivamente há entre as condutas reguladas, não havendo exigência de perigo concreto para a prática do crime previsto no art. 306, também não se exige perigo concreto em relação ao art. 310, no tocante a conduta sob análise (...embriaguez...).

Poder-se-ia dizer, por outro vértice, que em relação às condutas que têm relação com o art. 309 do Código de Trânsito Brasileiro a situação é diversa, visto que neste tipo de ilícito o legislador optou por exigir expressamente a existência de perigo concreto para a configuração do crime, e haveria aparente incongruência em não se dar o mesmo tratamento a quem simplesmente "permite, confia ou entrega a direção de veículo automotor a pessoa não habilitada, com habilitação cassada ou com o direito de dirigir suspenso".

Uma reflexão superficial leva mesmo a tal conclusão, mas não é bem assim.

É inquestionável que o art. 309 do Código de Trânsito Brasileiro exige perigo concreto para sua configuração, e isso é assente na doutrina e jurisprudência. Terminar o raciocínio por aqui permitiria adotar a argumentação daqueles que sustentam a necessidade de perigo concreto também em relação ao art. 310 do mesmo *Codex*, sempre que se tratar de conduta consistente em permitir, confiar ou entregar a direção de veículo automotor a pessoa não habilitada, com habilitação cassada ou com o direito de dirigir suspenso, contudo, é necessário ir além, é preciso considerar que o mesmo art. 310 não se refere apenas a quem permite, confia ou entrega a direção de veículo automotor para que outrem o conduza nas condições que menciona, *na via pública*. O art. 310 diz mais, pois não traz qualquer restrição quanto ao local, estando, pois, tomado de maior contorno espacial, de maneira a permitir sua configuração sempre que o agente praticar uma das condutas proscritas, de maneira a permitir, confiar ou entregar a condução de veículo automotor para que outrem o conduza *na via pública ou em propriedade privada*.

Como se vê, a prevalecer a tese no sentido de que o art. 310 exige perigo concreto quando da análise de sua relação com o art. 309, sempre que o agente permitir, confiar ou entregar a direção de veículo automotor a pessoa não habilitada, com habilitação cassada ou com o direito de dirigir suspenso, teríamos uma disparidade inaceitável de tratamento nas situações em que a entrega, em tais condições, se verificasse para que o terceiro a quem se fez a entrega temerária do veículo viesse a conduzi-lo nos limites de uma propriedade privada, visto que o art. 309 não tipifica a conduta consistente em dirigir veículo automotor, *em propriedade privada* (só se refere à via pública), sem a devida Permissão para Dirigir ou Habilitação ou, ainda, se cassado o direito de dirigir, gerando perigo de dano.

A pretendida lógica de uma interpretação sistêmica que levasse em consideração hipóteses tipificadas (arts. 306 e 309 do Código de Trânsito Brasileiro) e hipóteses não tipificadas para o efeito de melhor entender o art. 310 e definir se reclama ou não perigo concreto para sua conformação típica implicaria admitir situações verdadeiramente inaceitáveis sob a ótica de um raciocínio lógico-jurídico que se persegue, desaguando nas seguintes situações:

Situação 1: permitir, confiar ou entregar a direção de veículo automotor a pessoa não habilitada, com habilitação cassada ou com o direito de dirigir suspenso, *para que o conduza em via pública*: *crime de perigo concreto*, por força do disposto no art. 309 do Código de Trânsito Brasileiro.

Situação 2: permitir, confiar ou entregar a direção de veículo automotor a pessoa não habilitada, com habilitação cassada ou com o direito de dirigir suspenso, para que o conduza *nos limites de propriedade privada*: *crime de perigo abstrato*, pois tal conduta não é alcançada pelo art. 309 do Código de Trânsito Brasileiro, que se refere, apenas e tão somente, a conduta consistente em dirigir veículo na *via pública*, não havendo qualquer outro dispositivo penal criminalizando a conduta consistente em conduzir veículo *em propriedade privada*, nas condições do art. 309.

A reforçar a ideia de que o crime do art. 310 se perfaz com perigo abstrato temos ainda as demais situações nele reguladas, pois também haverá crime quando o agente permitir, confiar ou entregar a direção de veículo automotor *a quem, por seu estado de saúde, física ou mental, não esteja em condições de conduzi-lo com segurança*, situações estas que não estão tipificadas em qualquer outro dispositivo de natureza criminal no Código de Trânsito Brasileiro, com o qual se poderia buscar vinculação para efeito de definir sobre a realidade de exigir, em tais condutas, perigo concreto ou abstrato, e, na falta de regulamentação criminal vinculativa, é força convir que basta para tais modalidades típicas a existência de perigo abstrato.

Nada obstante os valiosos argumentos utilizados pelos partidários da ideia oposta a que sustentamos, e que reclamam a presença de perigo concreto em todas as situações tratadas, é necessário reconhecer, não sem duras críticas, na medida em que o art. 310 permite punir como crime o perigo abstrato de um perigo concreto, que a opção do legislador é carregada de fundamentação protetiva e antecipadora de um mal hipotético.

Para a conformação típica de qualquer das modalidades reguladas basta, portanto, o perigo que se presume no ato de permitir a quem quer que se encontre nas condições catalogadas, que se ponha a conduzir veículo automotor na via pública ou mesmo nos limites de propriedade privada.

Como asseveram Paulo José da Costa Jr. e Maria Elizabeth Queijo, "cuida-se de crime-obstáculo, por meio do qual se procura impedir resultado de maior gravidade, como a lesão à vida ou integridade física de outrem".[100]

A jurisprudência do Superior Tribunal de Justiça se manteve dividida sobre o tema durante longo período.

De um lado, a Egrégia 5ª Turma havia firmado posicionamento na compreensão de que o crime em testilha é de perigo abstrato.

Nesse sentido: "O delito previsto no art. 310 do Código de Trânsito Brasileiro é de perigo abstrato, sendo desnecessária, para o regular prosseguimento da ação penal, a demonstração da potencialidade lesiva da conduta do agente. Precedentes" (STJ, RHC 41.450/MG, 5ª T., rela. Mina. Regina Helena Costa, j. 25-3-2014, *DJe* de 31-3-2014).

"O ato de permitir, confiar ou entregar a direção de veículo automotor a pessoa não habilitada encontra-se previsto no art. 310 da Lei n. 9.503/1997, não se permitindo, de plano, a declaração de atipicidade da conduta do paciente que o pratica. Ademais, a existência de perigo é pressuposto do tipo penal, uma vez que a disponibilização de motocicleta para condução de pessoa não habilitada é ato que, por si só, põe em risco a ordem social, não cabendo falar-se na inexistência de perigo concreto" (STJ, AgRg no RHC 38.744/MS, 5ª T., rel. Min. Marco Aurélio Bellizze, j. 24-9-2013, *DJe* de 2-10-2013).

"A jurisprudência desta Eg. Quinta Turma já definiu que o crime previsto no art. 310, da Lei n. 9.503/97 (Código de Trânsito Brasileiro), é de perigo abstrato não exigindo a demonstração da efetiva potencialidade lesiva da conduta daquele que permite, confia ou entrega a direção de veículo automotor a pessoa não habilitada, com habilitação cassada ou com o direito de dirigir suspenso, ou, ainda, a quem, por seu estado de saúde, física ou mental, ou por embriaguez, não esteja em condições de conduzi-lo em via pública com

---

[100] *Comentários aos crimes do novo Código de Trânsito*, São Paulo, Saraiva, 1998, p. 81.

segurança" (STJ, RHC 39.966/MG, 5ª T., rel. Min. Moura Ribeiro, j. 22-10-2013, *DJe* de 28-10-2013).

No mesmo sentido: STJ, HC 40.650/MG, 5ª T., rel. Min. Jorge Mussi, j. 1º-10-2013, *DJe* de 14-10-2013; STJ, HC 40.288/MG, 5ª T., rela. Mina. Laurita Vaz, j. 10-12-2013, *DJe* de 3-2-2014; STJ, AgRg no RHC 41.922/MG, 5ª T., rel. Min. Moura Ribeiro, j. 8-4-2014, *DJe* de 15-4-2014; STJ, RHC 48.817/MG, 5ª T., rel. Min. Felix Fischer, j. 20-11-2014, *DJe* de 28-11-2014.

Em sentido oposto, entendia a Egrégia 6ª Turma que a hipótese típica tratada é de perigo concreto, tal como se verifica nas ementas que seguem indicadas:

"De acordo com entendimento recentemente firmado pela Sexta Turma desta Corte Superior de Justiça, para a configuração do delito inscrito no artigo 310 do Código de Trânsito Brasileiro, além de o agente permitir, confiar ou entregar a direção de veículo automotor a pessoa não habilitada, é necessária a demonstração do perigo concreto decorrente da conduta do acusado" (STJ, AgRg no REsp 1.406.990/MG, 6ª T., rela. Mina. Maria Thereza de Assis Moura, j. 9-12-2014, *DJe* de 19-12-2014).

"O crime do art. 310 do Código de Trânsito Brasileiro não dispensa a demonstração da efetiva potencialidade lesiva da conduta. O mero fato de confiar a direção do veículo a pessoa não habilitada é insuficiente para tipificar a conduta, porquanto o rebaixamento do nível de segurança no trânsito não pode ser simplesmente presumido. A Sexta Turma já decidiu que o mesmo entendimento adotado pela jurisprudência dos Tribunais Superiores quanto ao delito descrito no art. 309 do Código de Trânsito Brasileiro (registrado inclusive na Súmula 720/STF), de que se exige a existência do perigo concreto para a configuração do crime, deve ser aplicado em relação ao delito previsto no art. 310 desse diploma legal" (STJ, HC 278.784/MG, 6ª T., rel. Min. Sebastião Reis Júnior, j. 27-6-2014, *DJe* de 18-8-2014).

No mesmo sentido: STJ, HC 118.310/RS, 6ª T., rel. Min. Og Fernandes, j. 18-10-2012, DJe de 31-10-2012, RT 928/689.

Na linha de compreensão que defendemos ser correta, **a Egrégia Terceira Seção do Superior Tribunal de Justiça pacificou o entendimento da matéria no âmbito da Corte**, com absoluto acerto, e definiu que *o crime tipificado no art. 310 do CTB é de perigo abstrato*, tal como se verifica na ementa que segue transcrita:

"1. Recurso especial processado de acordo com o regime previsto no art. 543-C, § 2º, do CPC, c/c o art. 3º do CPP, e na Resolução n. 8/2008 do STJ. TESE: É de perigo abstrato o crime previsto no art. 310 do Código de Trânsito Brasileiro. Assim, não é exigível, para o aperfeiçoamento do crime, a ocorrência de lesão ou de perigo de dano concreto na conduta de quem permite, confia ou entrega a direção de veículo automotor a pessoa não habilitada, com habilitação cassada ou com o direito de dirigir suspenso, ou ainda a quem, por seu estado de saúde, física ou mental, ou por embriaguez, não esteja em condições de conduzi-lo com segurança. 2. Embora seja legítimo aspirar a um Direito Penal de mínima intervenção, não pode a dogmática penal descurar de seu objetivo de proteger bens jurídicos de reconhecido relevo, assim entendidos, na dicção de Claus Roxin, como 'interesses humanos necessitados de proteção penal', qual a segurança do tráfego viário. 3. Não se pode, assim, esperar a concretização de danos, ou exigir a demonstração de riscos concretos, a terceiros, para a punição de condutas que, *a priori*, representam potencial produção de danos a pessoas indeterminadas, que trafeguem ou caminhem no espaço público. 4. Na dicção de autorizada doutrina, o art. 310 do CTB, mais do que tipificar uma conduta idônea a lesionar, estabelece um dever de garante ao possuidor do veículo automotor. Neste caso estabelece-se um dever de não permitir, confiar ou entregar a direção de um automóvel a determinadas pessoas, indicadas no tipo penal, com ou sem habilitação, com problemas psíquicos ou físicos, ou embriagadas, ante o perigo geral que encerra a condução de um veículo nessas condições. 5. Recurso especial provido" (STJ, REsp 1.485.830/MG, 3ª S., rel. Min. Sebastião Reis Júnior, rel. p/ o Acórdão Min. Rogério Schietti Cruz, j. 11-3-2015, *DJe* de 29-5-2015).

"Os crimes de perigo abstrato são os que prescindem de comprovação da existência de situação que tenha colocado em risco o bem jurídico tutelado, ou seja, não se exige a prova de perigo real, pois este é presumido pela norma, sendo suficiente a periculosidade da conduta, que é inerente à ação. As condutas punidas por meio dos delitos de perigo abstrato são as que perturbam não apenas a ordem pública, mas lesionam o direito à segurança, daí porque se justifica a presunção de ofensa ao bem jurídico" (STJ, HC 237.875/MT, 5ª T., rel. Min. Jorge Mussi, j. 9-4-2013, *DJe* de 19-4-2013).

Na doutrina, entendendo que o crime do art. 310 é de perigo concreto: Ariosvaldo de Campos Pires e Sheila Jorge Selim Sales, *Crimes de trânsito*, Belo Horizonte, Del Rey, 1998, p. 245; Marcelo Cunha de Araújo, *Crimes de trânsito*, Belo Horizonte, Mandamentos, 2004, p. 118.

Entendendo que é de perigo abstrato: Alexandre de Moraes e Gianpaolo Poggio Smanio, *Legislação penal especial*, 7. ed., São Paulo, Atlas, 2004, p. 253; Fernando Célio de Brito Nogueira, *Crimes do Código de Trânsito*, 2. ed., São Paulo, Mizuno, 2010, p. 300; Damásio E. de Jesus, *Crimes de trânsito*, 6. ed., São Paulo, Saraiva, 2006, p. 228; Guilherme de Souza Nucci, *Leis penais e processuais penais comentadas*, 1. ed., 2. tir., São Paulo, Revista dos Tribunais, 2006, p. 855.

Entendendo que o art. 310 é inconstitucional: Luiz Flávio Gomes, *Estudos de direito penal e processual penal*, São Paulo, Revista dos Tribunais, 1999, p. 83.

Leituras sugeridas: Alexander Graf Zu Dohna, *La estructura de la teoría del delito*, Buenos Aires, Abeledo-Perrot, 1958; José Luis Díes Ripollés, *A racionalidade das leis penais*, São Paulo, Revista dos Tribunais, trad. de Luiz Régis Prado, 2005; Ângelo Roberto Ilha da Silva, *Dos crimes de perigo abstrato em face da Constituição*, São Paulo, Revista dos Tribunais, 2003; Pierpaolo Cruz Bottini, *Crimes de perigo abstrato e princípio da precaução na sociedade de risco*, São Paulo, Revista dos Tribunais, 2007; Marco Aurélio Costa Moreira de Oliveira, Crimes de perigo abstrato, *Revista Magister de Direito Penal e Processual Penal* n. 23, p. 8; Túlio Arantes Bozola, *Os crimes de perigo abstrato no Direito Penal contemporâneo*, Belo Horizonte, Del Rey, 2015.

➥ Elemento normativo do tipo

Para a configuração penal é necessário que o agente a quem se permitiu, confiou ou entregou a direção temerária não seja *habilitado* (arts. 140 a 160 do Código de Trânsito Brasileiro); esteja com a *habilitação cassada* (art. 263 do Código de Trânsito Brasileiro); *com o direito de dirigir suspenso* (arts. 292 a 296 do Código de Trânsito Brasileiro); esteja embriagado (arts. 165, 276, 277 e 306, todos do Código de Trânsito Brasileiro); ou apresente condição de saúde física ou mental imprópria.

Se aquele que recebe o veículo automotor está regularmente habilitado e em plena condição legal de usufruir sua habilitação, *nas situações acima mencionadas* o crime do art. 310 não se configurará.

➥ Consumação

Não se exigindo perigo concreto para a configuração, não há reclamar demonstração de qualquer manobra perigosa que efetivamente tenha exposto a perigo de dano a incolumidade de outrem.

Permitir, confiar ou entregar a condução de veículo automotor a quem se encontre nas condições do art. 310 é conduta temerária cujo perigo se presume, sendo suficiente o perigo abstrato para configuração do crime em qualquer de suas modalidades.

Para a consumação do crime, entretanto, é imprescindível que aquele em relação a quem se pratica qualquer das condutas (permitir, confiar ou entregar) efetivamente coloque o veículo em movimento.

No mesmo sentido: Damásio E. de Jesus, *Crimes de trânsito*, 6. ed., São Paulo, Saraiva, 2006, p. 228.

Em sentido contrário, exigindo demonstração de perigo concreto: Ariosvaldo de Campos Pires e Sheila Jorge Selim Sales, *Crimes de trânsito*, Belo Horizonte, Del Rey, 1998, p. 245.

Entendendo que basta o ato de permitir, confiar ou entregar, mesmo que aquele em relação a quem se praticou qualquer das condutas não coloque o veículo em movimento: PAULO JOSÉ DA COSTA JR. e MARIA ELIZABETH QUEIJO, *Comentários aos crimes do novo Código de Trânsito*, São Paulo, Saraiva, 1998, p. 85.

➥ Tentativa

Por se tratar de crime que se contenta com a simples verificação de *perigo abstrato*, tecnicamente não se pode excluir a possibilidade de tentativa, embora de difícil verificação na realidade prática.

Admitindo tentativa: ALEXANDRE DE MORAES e GIANPAOLO POGGIO SMANIO, *Legislação penal especial*, 7. ed., São Paulo, Atlas, 2004, p. 253; DAMÁSIO E. DE JESUS, *Crimes de trânsito*, 6. ed., São Paulo, Saraiva, 2006, p. 228; FERNANDO CÉLIO DE BRITO NOGUEIRA, *Crimes do Código de Trânsito*, 2. ed., São Paulo, Mizuno, 2010, p. 299; GUILHERME DE SOUZA NUCCI, *Leis penais e processuais penais comentadas*, 1. ed., 2. tir., São Paulo, Revista dos Tribunais, 2006, p. 855.

LUIZ FLÁVIO GOMES entende que a tentativa, em tese é possível, mas juridicamente absurda, "porque então teríamos um perigo de perigo para o bem jurídico (que já é uma antecipação da tutela penal)".[101]

MAURÍCIO ANTONIO RIBEIRO LOPES, a seu turno, sustenta ser tecnicamente impossível a tentativa.[102]

➥ Ação penal

Pública incondicionada.

➥ Composição civil visando extinção da punibilidade

É incabível, pois o crime é de ação penal pública incondicionada (art. 74, parágrafo único, da Lei n. 9.099/95).

➥ Transação penal

É cabível (art. 76 da Lei n. 9.099/95).

A infração penal é de pequeno potencial ofensivo (art. 61 da Lei n. 9.099/95).

"A transação é instituto despenalizador, pré-processual, que deve ser ofertada pelo Ministério Público antes mesmo do início da ação penal, durante a audiência prévia de conciliação" (STJ, HC 201.310/SP, 5ª T., rel. Min. Adilson Vieira Macabu, j. 19-6-2012, *DJe* de 29-6-2012).

---

101 *Estudos de direito penal e processual penal*, São Paulo, Revista dos Tribunais, 1999, p. 83.

102 *Crimes de trânsito*, São Paulo, Revista dos Tribunais, 1998, p. 251.

"A transação penal insere-se no âmbito das medidas despenalizadoras, de sorte que o órgão acusatório deve fundamentar adequadamente a sua recusa, não ficando essas razões alheias ao exame judicial" (STJ, RHC 34.866/MG, 5ª T., rela. Mina. Laurita Vaz, j. 17-12-2013, *DJe* de 3-2-2014).

"O oferecimento da transação penal revela-se poder-dever do *Parquet*" (STJ, RHC 31.932/SP, 6ª T., rela. Mina. Maria Thereza de Assis Moura, j. 12-3-2013, *DJe* de 25-3-2013).

➥ Transação penal descumprida

Doutrina e jurisprudência sempre debateram a respeito da possibilidade, ou não, de instauração de ação penal depois de feita e homologada transação penal em juízo, na hipótese de a avença restar injustificadamente descumprida.

Segundo pensamos, o descumprimento injustificado de transação penal *homologada* não autoriza instauração de ação penal de conhecimento. Em casos tais, restará ao legitimado promover a execução do título judicial que se forma com a homologação.

Com vistas a pacificar a divergência, o Supremo Tribunal Federal editou a Súmula Vinculante 35, que tem o seguinte teor: "A homologação da transação penal prevista no art. 76 da Lei n. 9.099/1995 não faz coisa julgada material e, descumpridas suas cláusulas, retoma-se a situação anterior, possibilitando-se ao Ministério Público a continuidade da persecução penal mediante oferecimento de denúncia ou requisição de inquérito policial".

A hipótese mencionada não se iguala àquela adotada por muitos, na qual, entabulada a transação, o juiz determina inicialmente que se aguarde seu cumprimento em certo prazo, para depois homologá-la e, então, extinguir a punibilidade.

Por aqui, não é difícil concluir que, não tendo ocorrido homologação judicial, é cabível posterior oferecimento de denúncia em caso de restar descumprida a avença.

É preciso considerar, entretanto, que a rigor não se poderia pensar no cumprimento do acordo feito em juízo antes de sua efetiva homologação. Ainda assim, tal prática é recorrente na rotina judiciária.

➥ Conversão de transação penal descumprida em prisão

Descumprida a transação penal, resulta inviável a conversão da pena transacionada em pena privativa de liberdade.

"A transformação automática da pena restritiva de direitos, decorrente de transação, em privativa do exercício da liberdade discrepa da garantia constitucional do devido processo legal" (STF, HC 79.572/GO, 2ª T., rel. Min. Marco Aurélio, j. 29-2-2000, *DJ* de 22-2-2002, p. 34).

No mesmo sentido: STF, HC 80.802/MS, 1ª T., rela. Mina. Ellen Gracie, j. 24-4-2001, *DJ* de 18-5-2001, p. 434; STF, RE 268.320/PR, 1ª T., rel. Min. Octávio Gallotti, j. 15-8-2000, *DJ* de 10-11-2000, p. 105; STF, HC 80.164/MS, 1ª T., rel. Min. Ilmar Galvão, j. 26-9-2000, *DJ* de 7-12-2000, p. 5.

➥ Suspensão condicional do processo

É cabível, pois a pena mínima cominada não é superior a 1 (um) ano (art. 89 da Lei n. 9.099/95).

Sobre a matéria, conferir:

SÚMULA 723 do STF: "Não se admite a suspensão condicional do processo por crime continuado, se a soma da pena mínima da infração mais grave com o aumento mínimo de um sexto for superior a um ano".

SÚMULA 243 do STJ: "O benefício da suspensão do processo não é aplicável em relação às infrações penais cometidas em concurso material, concurso formal ou continuidade delitiva, quando a pena mínima cominada, seja pelo somatório, seja pela incidência da majorante, ultrapassar o limite de um (01) ano".

➥ Procedimento

Não há procedimento especial tipificado na Lei n. 9.503, de 23 de setembro de 1997.

Em face de crime previsto no art. 310 do Código de Trânsito Brasileiro, segue-se o *procedimento comum, sumaríssimo*, previsto para as infrações penais de menor potencial ofensivo (arts. 77 e s. da Lei n. 9.099/95).

É esta a conclusão que decorre do disposto no art. 291, *caput*, do Código de Trânsito Brasileiro, c/c o art. 61 da Lei n. 9.099/95, e do art. 394, § 1º, III, do CPP, pois a pena máxima cominada não é superior a 2 (dois) anos.

➥ Penas

Detenção, de 6 (seis) meses a 1 (um) ano, *ou* multa.

➥ Circunstâncias agravantes

Nos termos do art. 298 do Código de Trânsito Brasileiro, são circunstâncias que sempre agravam as penalidades dos crimes de trânsito, ter o condutor do veículo cometido a infração:

I – com dano potencial para duas ou mais pessoas ou com grande risco de grave dano patrimonial a terceiros;

II – utilizando o veículo sem placas, com placas falsas ou adulteradas;

III – sem possuir Permissão para Dirigir ou Carteira de Habilitação;

IV – com Permissão para Dirigir ou Carteira de Habilitação de categoria diferente da do veículo;

V – quando a sua profissão ou atividade exigir cuidados especiais com o transporte de passageiros ou de carga;

VI – utilizando veículo em que tenham sido adulterados equipamentos ou características que afetem a sua segurança ou o seu funcionamento de acordo com os limites de velocidade prescritos nas especificações do fabricante;

VII – sobre faixa de trânsito temporária ou permanentemente destinada a pedestres.

➥ Suspensão ou proibição de se obter a permissão ou a habilitação para dirigir veículo automotor

Ver arts. 292 a 296 do Código de Trânsito Brasileiro, e conferir nossas precedentes anotações ao art. 302, no subtítulo "SUSPENSÃO OU PROIBIÇÃO DE SE OBTER A PERMISSÃO OU A HABILITAÇÃO PARA DIRIGIR VEÍCULO AUTOMOTOR".

➥ Suspensão ou proibição *cautelar* de se obter a permissão ou a habilitação para dirigir veículo automotor

Conferir o art. 294 do Código de Trânsito Brasileiro e nossas anotações precedentes ao art. 302, no subtítulo "SUSPENSÃO OU PROIBIÇÃO DE SE OBTER A PERMISSÃO OU A HABILITAÇÃO PARA DIRIGIR VEÍCULO AUTOMOTOR".

➥ Multa reparatória

Ver art. 297 do Código de Trânsito Brasileiro.

➥ Regime de pena

É possível o cumprimento da pena privativa de liberdade em regime aberto ou semiaberto, a depender do que resultar da incidência das norteadoras dos arts. 33 e 59 do Código Penal.

➥ Pena restritiva de direito

Observadas as regras do art. 44 do Código Penal, admite-se a substituição da pena privativa de liberdade por restritiva de direito.

A respeito dessa matéria, ver nossos comentários ao art. 312-A, inserido no Código de Trânsito Brasileiro pela Lei n. 13.281/2016.

Sobre penas restritivas de direitos, consultar: RENÉ ARIEL DOTTI, MIGUEL REALE JÚNIOR, FRANCISCO DE ASSIS TOLEDO, SÉRGIO SALOMÃO SHECAIRA, DAVID TEIXEIRA DE AZEVEDO e MAURÍCIO ANTONIO RIBEIRO LOPES, *Penas restritivas de direitos*, São Paulo, Revista dos Tribunais, 1999.

➥ Trator

CÓDIGO DE TRÂNSITO BRASILEIRO:

Art. 144. O trator de roda, o trator de esteira, o trator misto ou o equipamento automotor destinado à movimentação de cargas ou execução de trabalho agrícola, de terraplenagem, de construção ou de pavimentação só podem ser conduzidos na via pública por condutor habilitado nas categorias C, D ou E.

➥ Prática do crime mediante omissão

"Configurado o delito do art. 310 do Código de Trânsito Brasileiro, na medida em que o réu, por omissão, permitiu que pessoa não habilitada conduzisse veículo automotor" (Turmas Recursais do RS, RCrim 71001522960, TRCrim, rela. Juíza Nara Leonor Castro Garcia, j. 17-12-2007).

"Configurado o delito do art. 310 do Código de Trânsito Brasileiro, na medida em que o réu, com sua conduta, se não consentindo, por omissão, permitiu que pessoa não habilitada conduzisse veículo automotor na via pública" (Turmas Recursais do RS, RCrim 71001511369, TRCrim, rela. Juíza Nara Leonor Castro Garcia, j. 10-12-2007).

Comprovado que o réu não impediu ao filho a utilização da motocicleta, sabendo que ele dirigia, o que implica autorização e anuência implícitas para o fato, tipificando a conduta delituosa pela omissão" (Turmas Recursais do RS, RCrim 71001126234, TRCrim, rela. Juíza Nara Leonor Castro Garcia, j. 26-2-2007).

➥ Prova. Depoimentos de agentes policiais

Autoriza condenação.

"O valor do depoimento testemunhal de servidores policiais – especialmente quando prestados em juízo, sob a garantia do contraditório – reveste-se de inquestionável eficácia probatória, não se podendo desqualificá-lo pelo só fato de emanar de agentes estatais incumbidos, por dever de ofício, da repressão penal. O depoimento testemunhal do agente policial somente não terá valor, quando se evidenciar que esse servidor do Estado, por revelar interesse particular na investigação penal, age facciosamente ou quando se demonstrar – tal como ocorre com as demais testemunhas – que as suas declarações não encontram suporte e nem se harmonizam com outros elementos probatórios idôneos" (STF, HC 73.518/SP, 1ª T., rel. Min. Celso de Mello, j. 26-3-1996, *DJ* de 18-10-1996, p. 39.846).

"Inexiste qualquer restrição a que servidores policiais sejam ouvidos como testemunhas. O valor de tais depoimentos testemunhais – especialmente quando prestados em juízo, sob a garantia do contraditório – reveste-se de inquestionável eficácia probatória, não se podendo desqualificá-los pelo só fato de emanarem de agentes estatais incumbidos, por dever de ofício, da repressão penal" (STF, HC 74.438/SP, 1ª T., rel. Min. Celso de Mello, j. 26-11-1996, *DJe* 047, de 14-3-2011).

➥ Prova suficiente

"Quanto ao delito capitulado no artigo 310 do Código de Trânsito Brasileiro, resta comprovado o perigo de dano criado, consubstanciado na direção perigosa da motocicleta, tanto que o condutor veio a se chocar num poste de eletricidade" (TJRS, ApCrim 70009096405, 4ª CCrim, rel. Des. José Eugênio Tedesco, j. 14-4-2005).

"Comprovado ter sido dirigido o veículo de propriedade do réu pelo irmão adolescente que sabia não ter habilitação para fazê-lo" (Turmas Recursais do RS, RCrim 71001436674, TRCrim, rela. Juíza Nara Leonor Castro Garcia, j. 8-10-2007).

"Restou comprovado que o réu tinha conhecimento que seu filho adolescente trafegava com a motocicleta, ficando implícita a sua autorização e anuência para o fato, estando sua conduta, por isso, perfeitamente tipificada" (Turmas Recursais do RS, RCrim 71001164110, TRCrim, rela. Juíza Nara Leonor Castro Garcia, j. 26-2-2007).

No mesmo sentido: TJSP, ApCrim 1.077.256-3/9, 5ª Câm. da S. Crim., rel. Des. Pinheiro Franco, j. 20-9-2007, *Boletim de Jurisprudência* n. 135; Turmas Recursais do RS, RCrim 71001079631, TRCrim, rela. Juíza Nara Leonor Castro Garcia, j. 26-2-2007; Turmas Recursais do RS, RCrim 71001162940, TRCrim, rela. juíza Nara Leonor Castro Garcia, j. 12-2-2007.

➥ Doutrina

Alberto Silva Franco, Rui Stoco, Jefferson Ninno, Roberto Podval, e Maurício Zanoide de Moraes, *Leis penais especiais e sua interpretação jurisprudencial*, 7. ed., São Paulo, Revista dos Tribunais, 2001; Alexandre de Moraes e Gianpaolo Poggio Smanio, *Legislação penal especial*, 7. ed., São Paulo, Atlas, 2004; Arnaldo Rizzardo, *Comentários do Código de Trânsito Brasileiro*, 6. ed., São Paulo, Revista dos Tribunais, 2006; Ariosvaldo de Campos Pires e Sheila Jorge Selim Sales, *Crimes de trânsito*, Belo Horizonte, Del Rey, 1998; Cássio Mattos Honorato, *Alterações introduzidas pelo novo Código de Trânsito Brasileiro*, São Paulo, Sugestões Literárias, 1998; Damásio E. de Jesus, *Crimes de trânsito*, 7. ed., São Paulo, Saraiva, 2008; Fernando Y. Fukassawa, *Crimes de trânsito*, 2. ed., São Paulo, Juarez de Oliveira, 2003; Guilherme de Souza Nucci, *Leis penais e processuais penais comentadas*, 3. ed., São Paulo, Revista dos Tribunais, 2008; Jaime Pimentel e Walter Francisco Sampaio Filho, *Crimes de trânsito*, São Paulo, Editora Iglu, 1998; João Roberto Parizatto, *Delitos em acidentes de trânsito*, São Paulo, Leud, 1988; José

Carlos Gobbis Pagliuca, *Direito penal do trânsito*, São Paulo, Juarez de Oliveira, 2000; José Geraldo da Silva, Wilson Lavorenti e Fabiano Genofre, *Leis penais especiais anotadas*, 4. ed., Campinas, Millennium, 2003; José Marcos Marrone, *Delitos de trânsito*, São Paulo, Atlas, 1998; Luiz Flávio Gomes, *Estudos de direito penal e processual penal*, São Paulo, Revista dos Tribunais, 1999; Marcelo Cunha de Araújo, *Crimes de trânsito*, Belo Horizonte, Mandamentos, 2004; Maurício Antonio Ribeiro Lopes, *Crimes de trânsito*, São Paulo, Revista dos Tribunais, 1998; Paulo José da Costa Jr. e Maria Elizabeth Queijo, *Comentários aos crimes do novo Código de Trânsito*, São Paulo, Revista dos Tribunais, 1998; Ricardo Antonio Andreucci, *Legislação penal especial*, 4. ed., São Paulo, Saraiva, 2008; Ruy Carlos de Barros Monteiro, *Crimes de trânsito*, São Paulo, Juarez de Oliveira, 1999; Valdir Sznick, *Novo Código de Trânsito*, São Paulo, Ícone, 1998; Fernando Yukio Fukassawa, Crimes de trânsito (primeiras reflexões sobre a Lei 9.503/97), *RT* 749/520 e *Justitia* 179/11; Cezar Roberto Bitencourt, Alguns aspectos penais controvertidos do Código de Trânsito, *RT* 754/480; William Terra de Oliveira, CTB – "Controvertido Natimorto Tumultuado", *Boletim IBCCrim* n. 61, p. 5; Vitore André Zilio Maximiano, O Juizado Especial Criminal e os novos delitos de trânsito, *Boletim IBCCrim* n. 67, p. 3; Nereu José Giacomolli, A Lei n. 9.099/95 e o Código de Trânsito Brasileiro, *Boletim IBCCrim* n. 69, p. 13; Edison Miguel da Silva Jr., Crimes de perigo no Código de Trânsito brasileiro, *Boletim IBCCrim* n. 76, p. 6; André Luís Callegari, Delitos de perigo concreto no Código de Trânsito Brasileiro, *Boletim IBCCrim* n. 76, p. 7; Geraldo de Faria Lemos Pinheiro, Uma pequena análise das penalidades e penas do Código de Trânsito Brasileiro, *Boletim IBCCrim* n. 100, p. 5; Geraldo de Faria Lemos Pinheiro, A reincidência no Código de Trânsito Brasileiro – breve estudo comparativo; *Boletim IBCCrim* n. 112, p. 8; Geraldo de Faria Lemos Pinheiro, Breve cotejo de penas do Código de Trânsito Brasileiro, *Boletim IBCCrim* n. 128, p. 7; Rodrigo Iennaco, Abordagem constitucional do art. 310 do Código de Trânsito Brasileiro. Primeiras ideias, *Boletim do Instituto de Ciências Penais* – ICP, n. 33, p. 5.

TRAFEGAR EM VELOCIDADE INCOMPATÍVEL

Art. 311. *Trafegar em velocidade incompatível com a segurança nas proximidades de escolas, hospitais, estações de embarque e desembarque de passageiros, logradouros estreitos, ou onde haja grande movimentação ou concentração de pessoas, gerando perigo de dano:*

Penas – detenção, de seis meses a um ano, ou multa.

➥ **Ver:** art. 34 da Lei de Contravenções Penais (Decreto-Lei n. 3.688, de 3-10-1941); art. 132 do Código Penal.

➥ **Infrações administrativas**

CÓDIGO DE TRÂNSITO BRASILEIRO:

Art. 218. Transitar em velocidade superior à máxima permitida para o local, medida por instrumento ou equipamento hábil, em rodovias, vias de trânsito rápido, vias arteriais e demais vias:

I – quando a velocidade for superior à máxima em até 20% (vinte por cento):

Infração – média;

Penalidade – multa.

II – quando a velocidade for superior à máxima em mais de 20% (vinte por cento) até 50% (cinquenta por cento):

Infração – grave;

Penalidade – multa.

III – quando a velocidade for superior à máxima em mais de 50% (cinquenta por cento):

Infração – gravíssima;

Penalidade – multa [3 (três) vezes], suspensão imediata do direito de dirigir e apreensão do documento de habilitação.

Art. 220. Deixar de reduzir a velocidade do veículo de forma compatível com a segurança do trânsito:

I – quando se aproximar de passeatas, aglomerações, cortejos, préstitos e desfiles:

Infração – gravíssima;

Penalidade – multa.

II – nos locais onde o trânsito esteja sendo controlado pelo agente da autoridade de trânsito, mediante sinais sonoros ou gestos;

III – ao aproximar-se da guia da calçada (meio-fio) ou acostamento;

IV – ao aproximar-se de ou passar por interseção não sinalizada;

V – nas vias rurais cuja faixa de domínio não esteja cercada;

VI – nos trechos em curva de pequeno raio;

VII – ao aproximar-se de locais sinalizados com advertência de obras ou trabalhadores na pista;

VIII – sob chuva, neblina, cerração ou ventos fortes;

IX – quando houver má visibilidade;

X – quando o pavimento se apresentar escorregadio, defeituoso ou avariado;

XI – à aproximação de animais na pista;

XII – em declive;

XIII – ao ultrapassar ciclista:

Infração – grave;

Penalidade – multa.

XIV – nas proximidades de escolas, hospitais, estações de embarque e desembarque de passageiros ou onde haja intensa movimentação de pedestres:

Infração – gravíssima;

Penalidade – multa.

➥ Classificação

Crime comum; vago; doloso; formal; unissubjetivo.

É de perigo concreto: TJMG, ApCrim 1.0024.11.314335-8/001, 3ª CCrim, rela. Desa. Maria Luíza de Marilac, j. 14-8-2012; TJMG, ApCrim 1.0024.10.209025-5/001, 2ª CCrim, rel. Des. José Antonino Baía Borges, j. 18-10-2012.

➥ Objeto jurídico da tutela penal

É a incolumidade pública em sentido amplo, envolvendo a segurança no trânsito; a segurança viária.

➥ Sujeito ativo

Qualquer pessoa, habilitada ou não, proprietária ou não do veículo conduzido em velocidade incompatível com a segurança nas proximidades de qualquer dos locais indicados.

Não se exige qualquer qualidade especial do agente.

➥ Sujeito passivo

É a coletividade.

Cuida-se de crime vago, em que o sujeito passivo é a coletividade, assim compreendida a generalidade humana.

No mesmo sentido: Luiz Flávio Gomes, *Estudos de direito penal e processual penal*, São Paulo, Revista dos Tribunais, 1999, p. 84; Paulo José da Costa Jr. e Maria Elizabeth Queijo, *Comentários aos crimes do novo Código de Trânsito*, São Paulo, Saraiva, 1998, p. 87.

➥ Elemento subjetivo do tipo

É o dolo, que não se presume. Basta o dolo genérico.

Não há forma culposa.

Lecionam Alexandre de Moraes e Gianpaolo Poggio Smanio: "A conduta deve se dolosa, ou seja, praticada com vontade livre e consciente de trafegar nos locais indicados, em velocidade incompatível com a segurança das pessoas, gerando perigo de dano".[103]

➥ Objeto material

É o veículo automotor ao qual se imprimiu velocidade incompatível com a segurança dos locais indicados no tipo, gerando perigo concreto.

➥ Tipo objetivo

Andou mal o legislador ao empregar o vocábulo *trafegar*. Melhor seria referir-se a *conduzir*.

Novamente não andou bem ao deixar de fazer referência expressa a necessidade de utilização de *veículo automotor* para a prática do crime em testilha.

Trafegar é o mesmo que colocar o veículo em movimento mediante o acionamento dos mecanismos que a tanto se destinam.

Embora o legislador tenha dito menos do que devia, a conduta punível consiste em conduzir veículo automotor nos locais indicados, em velocidade incompatível com a segurança; excessiva, assim considerada aquela incompatível para o local e circunstâncias, culminando por acarretar perigo concreto.

➥ Trafegar na contramão

Por si, não configura o crime.

---

103 *Legislação penal especial*, 7. ed., São Paulo, Atlas, 2004, p. 256.

"O ato de trafegar na contramão não está compreendido pela norma do artigo 311 da Lei n. 9.503/97 – Código de Trânsito Brasileiro" (STF, HC 86.538-1/RJ, 1ª T., rel. Min. Marco Aurélio, *DJU* de 16-12-2005, *Revista Jurídica* n. 339, p. 131).

➥ Art. 34 da LCP

O art. 34 da LCP não foi ab-rogado pelo Código de Trânsito Brasileiro, mas apenas derrogado.

É certo que os arts. 306, 308 e 311 do CTB, que tratam respectivamente das condutas consistentes em embriaguez ao volante; participação em corrida, disputa ou competição não autorizada; e trafegar em velocidade incompatível em determinados locais, esvaziaram sobremaneira o alcance do art. 34 da LCP, mas disso não se extrai autorização para afirmar a inexistência de outras condutas aptas a ensejar conformação típica no modelo contravencional, como é exemplo a manobra conhecida como "cavalo de pau", ou, ainda, trafegar em "zigue-zague" ou em contramão de direção, dentre outras.

De ver, ainda, que o Código de Trânsito Brasileiro cuida apenas das condutas praticadas na direção de *veículo automotor*, enquanto o art. 34 da LCP se refere a *quaisquer veículos* e *embarcações*, o que sem sombra de dúvida possibilita extenso rol de condutas ensejadoras de imputação penal não alcançadas pelo CTB.

➥ Logradouro público

É o "espaço livre destinado pela municipalidade à circulação, parada ou estacionamento de veículos, ou à circulação de pedestres, tais como calçada, parques, áreas de lazer, calçadões" (Anexo I do Código de Trânsito Brasileiro).

➥ Velocidade

CÓDIGO DE TRÂNSITO BRASILEIRO:

Art. 61. A velocidade máxima permitida para a via será indicada por meio de sinalização, obedecidas suas características técnicas e as condições de trânsito.

§ 1º Onde não existir sinalização regulamentadora, a velocidade máxima será de:

I – nas vias urbanas:

a) oitenta quilômetros por hora, nas vias de trânsito rápido:

b) sessenta quilômetros por hora, nas vias arteriais;

c) quarenta quilômetros por hora, nas vias coletoras;

d) trinta quilômetros por hora, nas vias locais.

II – nas vias rurais:

a) nas rodovias de pista dupla:

1. 110 km/h (cento e dez quilômetros por hora) para automóveis, camionetas e motocicletas;

2. 90 km/h (noventa quilômetros por hora) para os demais veículos;

3. (revogado);

b) nas rodovias de pista simples:

1. 100 km/h (cem quilômetros por hora) para automóveis, camionetas e motocicletas;

2. 90 km/h (noventa quilômetros por hora) para os demais veículos;

c) nas estradas: 60 km/h (sessenta quilômetros por hora).

§ 2º O órgão ou entidade de trânsito ou rodoviário com circunscrição sobre a via poderá regulamentar, por meio de sinalização, velocidades superiores ou inferiores àquelas estabelecidas no parágrafo anterior.

➥ Velocidade incompatível

"A presença ou não de velocidade excessiva se mede pelas circunstâncias de fato do evento" (*RJDTACrim* 5/133).

"Velocidade 'inadequada' ou 'incompatível' com o local e o momento não se confunde obrigatoriamente com velocidade 'excessiva', 'elevada', 'exagerada', 'exorbitante', vez que a inadequação entre velocidade e circunstâncias é dado eminentemente relativo, indicado pelas particularidades de cada acontecimento e revelado pela impossibilidade de satisfatório domínio da máquina, diante de previsíveis vicissitudes do trânsito" (*RJTACrim* 62/37).

"A ideia de incompatibilidade entre velocidade e local raramente pode ser expressa em valores numéricos, ou, dito de outro modo, dificilmente, pode ser enunciada sob a forma convencional de relação espaço-tempo. Acontece que não se trata de conceito absoluto. Não é noção que se possa formular *a priori*, deduzida de abstratos padrões de quantização. É dado eminentemente relativo, indicado pelas circunstâncias e particularidades de cada acontecimento, e revelado pela impossibilidade de satisfatório domínio da máquina, diante de previsíveis vicissitudes do trânsito, entre as quais se insere a imobilização de veículo em razão de falha mecânica. Velocidade 'incompatível' aqui, não o será, ali, 'compatível', agora, não o será, sempre. A relação de compatibilidade, por seu imanente relativismo, e manifesta pelas singularidades do local, em momento determinado. Daí que não seja possível estabelecer *a priori* algo como um coeficiente de incompatibilidade válido para todas as variáveis de velocidade para todo e qualquer local, em todos os instantes" (*RJDTACrim* 12/95).

No mesmo sentido: *RJDTACrim* 17/130.

➥ Consumação

Com a efetiva *exposição* de qualquer pessoa a *perigo concreto*, pelo condutor do veículo que trafega em velocidade incompatível com a segurança, nos locais listados do tipo penal.

Não se exige comprovação de dano efetivo.

"Esse crime (trafegar em velocidade incompatível com o local) exige como condição indeclinável que haja perigo de dano concreto, não presumido, para um número considerável de pessoas, não se configurando, portanto, se o agente embora imprima velocidade incompatível, o local não está movimentado. Não se contenta a lei com a constatação apenas da velocidade incompatível. É necessário algo mais para a caracterização do perigo e isso consiste na comprovação de que a conduta do agente revelou-se potencialmente lesiva para a incolumidade pública" (TJSP, Ap. 990.08.139954-7, 16ª CCrim, rel. Des. Newton Neves, j. 1º-12-2009).

No mesmo sentido: ARIOSVALDO DE CAMPOS PIRES e SHEILA JORGE SELIM SALES, *Crimes de trânsito*, Belo Horizonte, Del Rey, 1998, p. 249; LUIZ FLÁVIO GOMES, *Estudos de direito penal e processual penal*, São Paulo, Revista dos Tribunais, 1999, p. 85; PAULO JOSÉ DA COSTA JR. e MARIA ELIZABETH QUEIJO, *Comentários aos crimes do novo Código de Trânsito*, São Paulo, Saraiva, 1998, p. 88.

➥ Tentativa

Não é possível, por se tratar de crime que exige perigo concreto para sua consumação.

O simples *trafegar* em velocidade incompatível com a segurança, ainda que nos locais indicados no tipo penal, sem que da condução efetiva do veículo decorra perigo concreto de dano, não enseja imputação do crime previsto no art. 311 do Código de Trânsito Brasileiro.

No mesmo sentido: ALEXANDRE DE MORAES e GIANPAOLO POGGIO SMANIO, *Legislação penal especial*, 7. ed., São Paulo, Atlas, 2004, p. 256; MAURÍCIO ANTONIO RIBEIRO LOPES, *Crimes de trânsito*, São Paulo, Revista dos Tribunais, 1998, p. 253; MARCELO CUNHA DE ARAÚJO, *Crimes de trânsito*, Belo Horizonte, Mandamentos, 2004, p. 121.

Em sentido contrário, entendendo que o crime é de perigo abstrato: FERNANDO Y. FUKASSAWA, *Crimes de trânsito*, 2. ed., São Paulo, Juarez de Oliveira, 2003, p. 241.

PAULO JOSÉ DA COSTA JR. e MARIA ELIZABETH QUEIJO entendem que o crime em testilha é "unissubsistente", e, por isso, "não admite tentativa".[104]

---

104 *Comentários aos crimes do novo Código de Trânsito*, São Paulo, Saraiva, 1998, p. 88.

➥ Ação penal

Pública incondicionada.

➥ Composição civil visando extinção da punibilidade

É incabível, pois o crime é de ação penal pública incondicionada (art. 74, parágrafo único, da Lei n. 9.099/95).

➥ Transação penal

É cabível, nos termos do art. 76 da Lei n. 9.099/95, pois estamos diante de infração penal de pequeno potencial ofensivo.

"A transação é instituto despenalizador, pré-processual, que deve ser ofertada pelo Ministério Público antes mesmo do início da ação penal, durante a audiência prévia de conciliação" (STJ, HC 201.310/SP, 5ª T., rel. Min. Adilson Vieira Macabu, j. 19-6-2012, *DJe* de 29-6-2012).

"A transação penal insere-se no âmbito das medidas despenalizadoras, de sorte que o órgão acusatório deve fundamentar adequadamente a sua recusa, não ficando essas razões alheias ao exame judicial" (STJ, RHC 34.866/MG, 5ª T., rela. Mina. Laurita Vaz, j. 17-12-2013, *DJe* de 3-2-2014).

"O oferecimento da transação penal revela-se poder-dever do *Parquet*" (STJ, RHC 31.932/SP, 6ª T., rela. Mina. Maria Thereza de Assis Moura, j. 12-3-2013, *DJe* de 25-3-2013).

➥ Transação penal descumprida

Doutrina e jurisprudência sempre debateram a respeito da possibilidade, ou não, de instauração de ação penal depois de feita e homologada transação penal em juízo, na hipótese de a avença restar injustificadamente descumprida.

Segundo pensamos, o descumprimento injustificado de transação penal *homologada* não autoriza instauração de ação penal de conhecimento. Em casos tais, restará ao legitimado promover a execução do título judicial que se forma com a homologação.

Com vistas a pacificar a divergência, o Supremo Tribunal Federal editou a Súmula Vinculante 35, que tem o seguinte teor: "A homologação da transação penal prevista no art. 76 da Lei n. 9.099/1995 não faz coisa julgada material e, descumpridas suas cláusulas, retoma-se a situação anterior, possibilitando-se ao Ministério Público a continuidade da persecução penal mediante oferecimento de denúncia ou requisição de inquérito policial".

A hipótese mencionada não se iguala àquela adotada por muitos, na qual, entabulada a transação, o juiz determina inicialmente que se aguarde seu cumprimento em certo prazo, para depois homologá-la e, então, extinguir a punibilidade.

Por aqui, não é difícil concluir que, não tendo ocorrido homologação judicial, é cabível posterior oferecimento de denúncia em caso de restar descumprida a avença.

É preciso considerar, entretanto, que a rigor não se poderia pensar no cumprimento do acordo feito em juízo antes de sua efetiva homologação. Ainda assim, tal prática é recorrente na rotina judiciária.

➥ Conversão de transação penal descumprida em prisão

Descumprida a transação penal, resulta inviável a conversão da pena transacionada em pena privativa de liberdade.

"A transformação automática da pena restritiva de direitos, decorrente de transação, em privativa do exercício da liberdade discrepa da garantia constitucional do devido processo legal" (STF, HC 79.572/GO, 2ª T., rel. Min. Marco Aurélio, j. 29-2-2000, *DJ* de 22-2-2002, p. 34).

No mesmo sentido: STF, HC 80.802/MS, 1ª T., rela. Mina. Ellen Gracie, j. 24-4-2001, *DJ* de 18-5-2001, p. 434; STF, RE 268.320/PR, 1ª T., rel. Min. Octávio Gallotti, j. 15-8-2000, *DJ* de 10-11-2000, p. 105; STF, HC 80.164/MS, 1ª T., rel. Min. Ilmar Galvão, j. 26-9-2000, *DJ* de 7-12-2000, p. 5.

➥ Suspensão condicional do processo

É cabível. A pena mínima cominada não é superior a 1 (um) ano (art. 89 da Lei n. 9.099/95).

Súmula 723 do STF: "Não se admite a suspensão condicional do processo por crime continuado, se a soma da pena mínima da infração mais grave com o aumento mínimo de um sexto for superior a um ano".

Súmula 243 do STJ: "O benefício da suspensão do processo não é aplicável em relação às infrações penais cometidas em concurso material, concurso formal ou continuidade delitiva, quando a pena mínima cominada, seja pelo somatório, seja pela incidência da majorante, ultrapassar o limite de um (01) ano".

"Em que pese a iniciativa da proposta da suspensão condicional do processo seja do Ministério Público, a adequação das condições ao fato e à situação pessoal do réu pode ser feita pelo Magistrado (art. 89, § 2º, da Lei n. 9.099/95)" (Turmas Recursais do RS, RCrim 71001409044, TRCrim, rela. Juíza Nara Leonor Castro Garcia, j. 7-9-2007).

"A apelação é o recurso cabível para atacar a decisão que homologa a suspensão condicional do processo por tratar-se de decisão interlocutória com conteúdo formal e material" (Turmas Recursais do RS, RCrim 71001409044, TRCrim, rela. Juíza Nara Leonor Castro Garcia, j. 7-9-2007).

➥ Procedimento

Na hipótese de processo por crime previsto no art. 311 do Código de Trânsito Brasileiro, adota-se o *procedimento comum, sumaríssimo*, previsto para as infrações penais de menor potencial ofensivo (arts. 77 e s. da Lei n. 9.099/95).

A conclusão decorre do disposto no art. 291, *caput*, do Código de Trânsito Brasileiro, c/c o art. 61 da Lei n. 9.099/95, e do art. 394, § 1º, III, do CPP, pois a pena máxima cominada não é superior a 2 (dois) anos.

➥ Penas

Detenção, de 6 (seis) meses a 1 (um) ano, *ou* multa.

"Inexiste previsão legal para a isenção da pena de multa, em razão da situação econômica do réu, devendo esta servir tão somente de parâmetro para a fixação de seu valor" (STJ, REsp 760.050/RS, 5ª T., rel. Min. Félix Fischer, j. 17-8-2006, *DJ* de 2-10-2006, p. 303).

➥ Circunstâncias agravantes

Nos termos do art. 298 do Código de Trânsito Brasileiro, são circunstâncias que sempre agravam as penalidades dos crimes de trânsito, ter o condutor do veículo cometido a infração:

I – com dano potencial para duas ou mais pessoas ou com grande risco de grave dano patrimonial a terceiros;

II – utilizando o veículo sem placas, com placas falsas ou adulteradas;

III – sem possuir Permissão para Dirigir ou Carteira de Habilitação;

IV – com Permissão para Dirigir ou Carteira de Habilitação de categoria diferente da do veículo;

V – quando a sua profissão ou atividade exigir cuidados especiais com o transporte de passageiros ou de carga;

VI – utilizando veículo em que tenham sido adulterados equipamentos ou características que afetem a sua segurança ou o seu funcionamento de acordo com os limites de velocidade prescritos nas especificações do fabricante;

VII – sobre faixa de trânsito temporária ou permanentemente destinada a pedestres.

➥ Suspensão ou proibição de se obter a permissão ou a habilitação para dirigir veículo automotor

Ver arts. 292 a 296 do Código de Trânsito Brasileiro, e conferir nossas precedentes anotações ao art. 302, no subtítulo "SUSPENSÃO OU PROIBIÇÃO DE SE OBTER A PERMISSÃO OU A HABILITAÇÃO PARA DIRIGIR VEÍCULO AUTOMOTOR".

➥ Suspensão ou proibição cautelar de se obter a permissão ou a habilitação para dirigir veículo automotor

Conferir o art. 294 do Código de Trânsito Brasileiro e nossas anotações precedentes ao art. 302, no subtítulo "SUSPENSÃO OU PROIBIÇÃO DE SE OBTER A PERMISSÃO OU A HABILITAÇÃO PARA DIRIGIR VEÍCULO AUTOMOTOR".

➥ Multa reparatória

Ver art. 297 do Código de Trânsito Brasileiro.

➥ Regime de pena

É possível o cumprimento da pena privativa de liberdade em regime semiaberto ou aberto, a depender do que resultar da incidência das norteadoras dos arts. 33 e 59 do Código Penal.

➥ Pena restritiva de direito

Observadas as regras do art. 44 do Código Penal, admite-se a substituição da pena privativa de liberdade por restritiva de direito.

A respeito dessa matéria, ver nossos comentários ao art. 312-A, inserido no Código de Trânsito Brasileiro pela Lei n. 13.281/2016.

Sobre penas restritivas de direitos, consultar: RENÉ ARIEL DOTTI, MIGUEL REALE JÚNIOR, FRANCISCO DE ASSIS TOLEDO, SÉRGIO SALOMÃO SHECAIRA, DAVID TEIXEIRA DE AZEVEDO e MAURÍCIO ANTONIO RIBEIRO LOPES, *Penas restritivas de direitos*, São Paulo, Revista dos Tribunais, 1999.

➥ Configuração. Hipóteses variadas

"Manobras realizadas em via pública e em terreno baldio, em sequência, gerando perigo de dano, porque havia outros veículos no primeiro local e pessoas que assistiam à exibição do acusado" (Turmas Recursais do RS, RCrim 71001554138, TRCrim, rela. Juíza Nara Leonor Castro Garcia, j. 11-2-2008).

"Comprovadas a existência e a autoria do delito, e a direção com velocidade incompatível à segurança, mediante manobras perigosas com o veículo, em via pública, onde havia circulação de pessoas, gerando perigo de dano" (Turmas Recursais do RS, RCrim 71001553239, TRCrim, rela. Juíza Nara Leonor Castro Garcia, j. 11-2-2008).

"Velocidade incompatível, demonstrado, quando o motorista ultrapassou vias preferenciais, sem parar em sinaleiras desfavoráveis, havendo movimento de pessoas" (Turmas Recursais do RS, RCrim 71001379502, TRCrim, rela. Juíza Nara Leonor Castro Garcia, j. 3-9-2007).

"Restando comprovado que o réu trafegava em velocidade incompatível com o local de grande concentração de pessoas, bem como realizando manobras perigosas como 'cavalo de pau', é de ser mantida a sentença penal condenatória" (Turmas Recursais do RS, RCrim 71001276013, TRCrim, rel. Juiz Alberto Delgado Neto, j. 25-6-2007).

"Restando comprovado que o réu trafegava em velocidade incompatível com o local de grande concentração de pessoal, amoldando-se ao tipo penal do artigo 311, do Código de Trânsito Brasileiro, por duas ocasiões, com tempo, modo e lugar em circunstâncias semelhantes, é de ser mantida a sentença penal condenatória com reconhecimento do crime continuado" (Turmas Recursais do RS, RCrim 71001258284, TRCrim, rel. Juiz Alberto Delgado Neto, j. 25-6-2007).

➥ Prova acusatória insuficiente

Determina a absolvição.

"Não comprovado desenvolvimento de velocidade incompatível com a via de trânsito, julga-se improcedente a denúncia quanto ao delito previsto no art. 311 do Código de Trânsito Brasileiro" (TJMG, Ap. 2.0000.00.512253-2/000, 4ª Câm., rel. Des. Eduardo Brum, j. 28-9-2005, *DOMG* de 13-1-2006, *RT* 847/629).

"Não havendo comprovação da velocidade em que o acusado trafegava, porque não a esclareceram as testemunhas, nem se a conduta gerou perigo de dano, em razão da incerteza sobre a existência de outras pessoas no local dos fatos, deve ser mantida a absolvição" (Turmas Recursais do RS, RCrim 71001051374, TRCrim, rela. Juíza Nara Leonor Castro Garcia, j. 26-2-2007).

No mesmo sentido: Turmas Recursais do RS, RCrim 71001357516, TRCrim, rela. Juíza Nara Leonor Castro Garcia, j. 16-7-2007.

➥ Prova. Depoimentos de policiais

"O valor do depoimento testemunhal de servidores policiais – especialmente quando prestados em juízo, sob a garantia do contraditório – reveste-se de inquestionável eficácia probatória, não se podendo desqualificá-lo pelo só fato de emanar de agentes estatais incumbidos, por dever de ofício, da repressão penal. O depoimento testemunhal do agente policial somente não terá valor, quando se evidenciar que esse servidor do Estado, por revelar interesse particular na investigação penal, age facciosamente ou quando se demonstrar – tal como ocorre com as demais testemunhas – que as suas declarações não encontram suporte e nem se harmonizam com outros elementos probatórios idôneos" (STF, HC 73.518/SP, 1ª T., rel. Min. Celso de Mello, j. 26-3-1996, *DJ* de 18-10-1996, p. 39846).

"Inexiste qualquer restrição a que servidores policiais sejam ouvidos como testemunhas. O valor de tais depoimentos testemunhais – especialmente quando prestados em juízo, sob a garantia do contraditório – reveste-se de inquestionável eficácia probatória, não se podendo desqualificá-los pelo só fato de emanarem de agentes estatais incumbidos, por dever de ofício, da repressão penal" (STF, HC 74.438/SP, 1ª T., rel. Min. Celso de Mello, j. 26-11-1996, *DJe* 047, de 14-3-2011).

➥ Doutrina

ALBERTO SILVA FRANCO, RUI STOCO, JEFFERSON NINNO, ROBERTO PODVAL, e MAURÍCIO ZANOIDE DE MORAES, *Leis penais especiais e sua interpretação jurisprudencial*, 7. ed., São Paulo, Revista dos Tribunais, 2001; ALEXANDRE DE MORAES e GIANPAOLO POGGIO SMANIO, *Legislação penal especial*, 7. ed., São Paulo, Atlas, 2004; ARNALDO RIZZARDO, *Comentários do Código de Trânsito Brasileiro*, 6. ed., São Paulo, Revista dos Tribunais, 2006; ARIOSVALDO DE CAMPOS PIRES e SHEILA JORGE SELIM SALES, *Crimes de trânsito*, Belo Horizonte, Del Rey, 1998; CÁSSIO MATTOS HONORATO, *Alterações introduzidas pelo novo Código de Trânsito Brasileiro*, São Paulo, Sugestões Literárias, 1998; DAMÁSIO E. DE JESUS, *Crimes de trânsito*, 7. ed., São Paulo, Saraiva, 2008; FERNANDO CAPEZ e VICTOR EDUARDO RIOS GONÇALVES, *Aspectos criminais do Código de Trânsito Brasileiro*, São Paulo, Saraiva, 1999; FERNANDO Y. FUKASSAWA, *Crimes de trânsito*, 2. ed., São Paulo, Juarez de Oliveira, 2003; GUILHERME DE SOUZA NUCCI, *Leis penais e processuais penais comentadas*, 3. ed., São Paulo, Revista dos Tribunais, 2008; JAIME PIMENTEL e WALTER FRANCISCO SAMPAIO FILHO, *Crimes de trânsito*, São Paulo, Editora Iglu, 1998; JOÃO ROBERTO PARIZATTO, *Delitos em acidentes de trânsito*, São Paulo, Leud, 1988; JOSÉ CARLOS GOBBIS PAGLIUCA, *Direito penal do trânsito*, São Paulo, Juarez de Oliveira, 2000; JOSÉ GERALDO DA SILVA, WILSON LAVORENTI e FABIANO GENOFRE, *Leis penais especiais anotadas*, 4. ed., Campinas, Millennium, 2003; JOSÉ MARCOS MARRONE, *Delitos de trânsito*, São Paulo, Atlas, 1998; LUIZ FLÁVIO GOMES, *Estudos de direito penal e processual penal*, São Paulo, Revista dos Tribunais, 1999; MARCELO CUNHA DE ARAÚJO, *Crimes de Trânsito*, Belo Horizonte, Mandamentos, 2004; MAURÍCIO ANTONIO RIBEIRO LOPES, *Crimes de trânsito*, São Paulo, Revista dos Tribunais, 1998; PAULO JOSÉ DA COSTA JR. e MARIA ELIZABETH QUEIJO, *Comentários aos crimes do novo Código de Trânsito*, São Paulo, Revista dos Tribunais, 1998; RICARDO ANTONIO ANDREUCCI, *Legislação penal especial*, 4. ed., São Paulo, Saraiva, 2008; RUY CARLOS DE BARROS MONTEIRO, *Crimes de trânsito*, São Paulo, Juarez de Oliveira, 1999; VALDIR SZNICK, *Novo Código de Trânsito*, São Paulo, Ícone, 1998; FERNANDO YUKIO FUKASSAWA, Crimes de trânsito (primeiras reflexões sobre a Lei 9.503/97), *RT* 749/520 e *Justitia* 179/11; BRUNO AMARAL MACHADO, Termo circunstanciado e delitos de trânsito, *Boletim IBCCrim* n. 62, p. 7; NEREU JOSÉ GIACOMOLLI, A Lei n. 9.099/95 e o Código de Trânsito Brasileiro, *Boletim IBCCrim* n. 69, p. 13; EDISON MIGUEL DA SILVA JR., Crimes de perigo no Código de Trânsito brasileiro, *Boletim IBCCrim* n. 76, p. 6; André Luís Callegari, Delitos de perigo concreto no Código de Trânsito Brasileiro, *Boletim IBCCrim* n. 76, p. 7; Geraldo de Faria Lemos Pinheiro, Uma pequena análise das penalidades e penas do Código de Trânsito Brasileiro, *Boletim IBCCrim* n. 100, p. 5; Geraldo de Faria Lemos Pinheiro, Breve cotejo de penas do Código de Trânsito Brasileiro, *Boletim IBCCrim* n. 128, p. 7; Jairo José Gênova, O perdão judicial nos crimes de trânsito e nos crimes de menor potencial ofensivo, *Boletim IBCCrim* n. 134, p. 12; Cássio M. Honorato, A banalização dos "crimes-obstáculo": um problema científico e de segurança no trânsito, *Boletim IBCCrim* n. 142, p. 16.

Inovação Artificiosa

Art. 312. Inovar artificiosamente, em caso de acidente automobilístico com vítima, na pendência do respectivo procedimento policial preparatório, inquérito policial ou processo penal, o estado de lugar, de coisa ou de pessoa, a fim de induzir a erro o agente policial, o perito, ou juiz:

Penas – detenção, de seis meses a um ano, ou multa.

***Parágrafo único.** Aplica-se o disposto neste artigo, ainda que não iniciados, quando da inovação, o procedimento preparatório, o inquérito ou o processo aos quais se refere.*

➥ **Ver:** arts. 4º a 10 do Código de Processo Penal; art. 347 do Código Penal.

➥ Fraude processual comum

Código Penal Brasileiro:

Art. 347. Inovar artificiosamente, na pendência de processo civil ou administrativo, o estado de lugar, de coisa ou de pessoa, com o fim de induzir a erro o juiz ou o perito:

Pena – detenção, de 3 (três) meses a 2 (dois) anos, e multa.

Parágrafo único. Se a inovação se destina a produzir efeito em processo penal, ainda que não iniciado, as penas aplicam-se em dobro.

➥ Classificação

Crime comum; vago; doloso; formal; unissubjetivo.

➥ Objeto jurídico da tutela penal

É a administração da justiça.

"Procura-se tutelar a fidedignidade da prova, objetivando que os meios probatórios não sejam modificados pela inovação artificiosa dos lugares, coisas ou pessoas, em acidente automobilístico".[105]

➥ Sujeito ativo

Qualquer pessoa.

Crime comum que é, não exige qualquer qualidade especial do agente.

[105] Paulo José da Costa Jr. e Maria Elizabeth Queijo, *Comentários aos crimes do novo Código de Trânsito*, cit., p. 89.

"Sujeito ativo do crime é o homem que o pratica".[106]

➥ Sujeito passivo

É o Estado.

"Sujeito passivo é o titular do bem jurídico ofendido ou ameaçado pelo crime".[107]

➥ Elemento subjetivo do tipo

É o dolo.

A conformação típica reclama dolo específico, pois a conduta deve ter por escopo "induzir a erro o agente policial, o perito, ou juiz".

Não há forma culposa.

➥ Objeto material

A inovação artificiosa, para os fins do art. 312 do Código de Trânsito brasileiro, pode recair sobre *lugar* (local ou cena do crime), *coisa* (objeto relacionado com o crime) ou *pessoa* (vítima), que revele interesse para a persecução penal relacionada a acidente automobilístico com vítima.

➥ Tipo objetivo

Inovar é o mesmo que restaurar; introduzir novidade; fazer algo como não era feito antes.[108]

Agir *artificiosamente* é usar de engenhosidade; astúcia a fim de enganar; sagacidade; simulação; processo pelo qual se procura disfarçar.[109]

O tipo penal exige que a inovação artificiosa esteja relacionada a acidente automobilístico com vítima, e que tal se verifique na pendência do correspondente procedimento policial preparatório, termo circunstanciado, inquérito policial ou processo penal, afetando o estado de lugar, de coisa ou de pessoa, com o fim específico de induzir a erro o agente policial, o perito, ou juiz.

A moldura temporal é ampla, na medida em que o crime também estará configurado mesmo antes de iniciados, quando da inovação artificiosa, o procedimento preparatório, o termo circunstanciado, o inquérito ou o processo aos quais se refere.

---

106 ANÍBAL BRUNO, *Direito penal*; parte geral, 3. ed., Rio de Janeiro, Forense, 1967, t. 2, p. 205.

107 ANÍBAL BRUNO, *Direito penal*; parte geral, 3. ed., Rio de Janeiro, Forense, 1967, t. 2, p. 208.

108 ANTÔNIO HOUAISS, *Dicionário Houaiss da língua portuguesa*, 1. ed., Rio de Janeiro, Objetiva, 2001, p. 1622.

109 ANTÔNIO HOUAISS, *Dicionário Houaiss da língua portuguesa*, 1. ed., Rio de Janeiro, Objetiva, 2001, p. 308.

Somente inovação apta a enganar é que configura o crime.

"A adequação típica é a congruência de uma ação concreta a um tipo de injusto. Essa ação concreta é descrita pelo tipo de forma paradigmática, de modo a revelar o valor que se tutela. A ação será típica se enquadrável no modelo e se realizada segundo um sentido valorado negativamente pelo direito, ou seja, dotado desse sentido contrário ao valor cuja positividade se impõe".[110]

Sobre investigação criminal, consultar: Aury Lopes Jr., *Sistemas de investigação preliminar do processo penal*, Rio de Janeiro, Lumen Juris, 2001; Marcelo Batlouni Mendroni, *Curso de investigação criminal*, São Paulo, Juarez de Oliveira, 2002; Paulo Rangel, *Investigação criminal direta pelo Ministério Público*, Rio de Janeiro, Lumen Juris, 2003; Valter Foleto Santin, *O Ministério Público na investigação criminal*, São Paulo, Edipro, 2001.

➥ Pressuposto do crime

É imprescindível que a inovação artificiosa esteja relacionada a acidente automobilístico *com vítima*.

Se do sinistro decorrerem apenas danos materiais resultará impossível a prática do crime em questão.

➥ Consumação

Com a efetiva inovação artificiosa, nos moldes do tipo penal, ainda que não se alcance a finalidade pretendida.

➥ Tentativa

É possível.

Sobre tentativa, consultar: Francesco Carrara, *Programa de derecho criminal*; parte general, Santa Fé de Bogotá, Colômbia, 1996, v. I, p. 246; Telles Barbosa, *A tentativa*, 2. ed., São Paulo, Saraiva, 1946.

➥ Ação penal

Pública incondicionada.

➥ Composição civil visando extinção da punibilidade

Não é possível. O crime em questão é de ação penal pública incondicionada (art. 74, parágrafo único, da Lei n. 9.099/95).

---

[110] Miguel Reale Júnior, *Instituições de direito penal*; parte geral, Rio de Janeiro, Forense, 2002, v. I, p. 146.

➥ Transação penal

É cabível (art. 76 da Lei n. 9.099/95). Cuida-se de infração penal de pequeno potencial ofensivo (art. 61 da Lei n. 9.099/95).

"A transação é instituto despenalizador, pré-processual, que deve ser ofertada pelo Ministério Público antes mesmo do início da ação penal, durante a audiência prévia de conciliação" (STJ, HC 201.310/SP, 5ª T., rel. Min. Adilson Vieira Macabu, j. 19-6-2012, *DJe* de 29-6-2012).

"A transação penal insere-se no âmbito das medidas despenalizadoras, de sorte que o órgão acusatório deve fundamentar adequadamente a sua recusa, não ficando essas razões alheias ao exame judicial" (STJ, RHC 34.866/MG, 5ª T., rela. Mina. Laurita Vaz, j. 17-12-2013, *DJe* de 3-2-2014).

"O oferecimento da transação penal revela-se poder-dever do *Parquet*" (STJ, RHC 31.932/SP, 6ª T., rela. Mina. Maria Thereza de Assis Moura, j. 12-3-2013, *DJe* de 25-3-2013).

➥ Transação penal descumprida

Doutrina e jurisprudência sempre debateram a respeito da possibilidade, ou não, de instauração de ação penal depois de feita e homologada transação penal em juízo, na hipótese de a avença restar injustificadamente descumprida.

Segundo pensamos, o descumprimento injustificado de transação penal *homologada* não autoriza instauração de ação penal de conhecimento. Em casos tais, restará ao legitimado promover a execução do título judicial que se forma com a homologação.

Com vistas a pacificar a divergência, o Supremo Tribunal Federal editou a Súmula Vinculante 35, que tem o seguinte teor: "A homologação da transação penal prevista no art. 76 da Lei n. 9.099/1995 não faz coisa julgada material e, descumpridas suas cláusulas, retoma-se a situação anterior, possibilitando-se ao Ministério Público a continuidade da persecução penal mediante oferecimento de denúncia ou requisição de inquérito policial".

A hipótese mencionada não se iguala àquela adotada por muitos, na qual, entabulada a transação, o juiz determina inicialmente que se aguarde seu cumprimento em certo prazo, para depois homologá-la e, então, extinguir a punibilidade.

Por aqui, não é difícil concluir que, não tendo ocorrido homologação judicial, é cabível posterior oferecimento de denúncia em caso de restar descumprida a avença.

É preciso considerar, entretanto, que a rigor não se poderia pensar no cumprimento do acordo feito em juízo antes de sua efetiva homologação. Ainda assim, tal prática é recorrente na rotina judiciária.

↪ Conversão de transação penal descumprida em prisão

Descumprida a transação penal, resulta inviável a conversão da pena transacionada em pena privativa de liberdade.

"A transformação automática da pena restritiva de direitos, decorrente de transação, em privativa do exercício da liberdade discrepa da garantia constitucional do devido processo legal" (STF, HC 79.572/GO, 2ª T., rel. Min. Marco Aurélio, j. 29-2-2000, *DJ* de 22-2-2002, p. 34).

No mesmo sentido: STF, HC 80.802/MS, 1ª T., rela. Mina. Ellen Gracie, j. 24-4-2001, *DJ* de 18-5-2001, p. 434; STF, RE 268.320/PR, 1ª T., rel. Min. Octávio Gallotti, j. 15-8-2000, *DJ* de 10-11-2000, p. 105; STF, HC 80.164/MS, 1ª T., rel. Min. Ilmar Galvão, j. 26-9-2000, *DJ* de 7-12-2000, p. 5.

↪ Suspensão condicional do processo

É objetivamente cabível (art. 89 da Lei n. 9.099/95).

Sobre a matéria, conferir:

SÚMULA 723 do STF: "Não se admite a suspensão condicional do processo por crime continuado, se a soma da pena mínima da infração mais grave com o aumento mínimo de um sexto for superior a um ano".

SÚMULA 243 do STJ: "O benefício da suspensão do processo não é aplicável em relação às infrações penais cometidas em concurso material, concurso formal ou continuidade delitiva, quando a pena mínima cominada, seja pelo somatório, seja pela incidência da majorante, ultrapassar o limite de um (01) ano".

↪ Procedimento

Na hipótese de crime previsto no art. 312 do Código de Trânsito Brasileiro, adota-se o *procedimento comum, sumaríssimo,* previsto para as infrações penais de menor potencial ofensivo (arts. 77 e s. da Lei n. 9.099/95), conforme se pode concluir do disposto no art. 291, *caput,* do Código de Trânsito Brasileiro, c/c o art. 61 da Lei n. 9.099/95, e do art. 394, § 1º, III, do CPP, pois a pena máxima cominada não é superior a 2 (dois) anos.

↪ Penas

Detenção, de 6 (seis) meses a 1 (um) ano, *ou* multa.

"Inexiste previsão legal para a isenção da pena de multa, em razão da situação econômica do réu, devendo esta servir tão somente de parâmetro para a fixação de seu valor" (STJ, REsp 760.050/RS, 5ª T., rel. Min. Felix Fischer, j. 17-8-2006, *DJ* de 2-10-2006, p. 303).

Para reflexões sobre o direito penal como instrumento de controle social, consultar: FRANCISCO MUÑOZ CONDE, *Direito penal e controle social*, trad. de Cíntia Toledo Miranda Chaves, Rio de Janeiro, Forense, 2005.

➥ Suspensão ou proibição de se obter a permissão ou a habilitação para dirigir veículo automotor

Ver arts. 292 a 296 do Código de Trânsito Brasileiro, e conferir nossas precedentes anotações ao art. 302, no subtítulo "Suspensão ou proibição de se obter a permissão ou a habilitação para dirigir veículo automotor".

➥ Suspensão ou proibição cautelar de se obter a permissão ou a habilitação para dirigir veículo automotor

Conferir o art. 294 do Código de Trânsito Brasileiro e nossas anotações precedentes ao art. 302, no subtítulo "Suspensão ou proibição de se obter a permissão ou a habilitação para dirigir veículo automotor".

➥ Multa reparatória

Ver art. 297 do Código de Trânsito Brasileiro.

➥ Regime de pena

Admite-se o cumprimento da pena privativa de liberdade em regime aberto ou semiaberto, a depender do que resultar da incidência das norteadoras dos arts. 33 e 59 do Código Penal.

➥ Pena restritiva de direito

Observadas as regras do art. 44 do Código Penal, admite-se a substituição da pena privativa de liberdade por restritiva de direito.

A respeito dessa matéria, ver nossos comentários ao art. 312-A, inserido no Código de Trânsito Brasileiro pela Lei n. 13.281/2016.

Sobre penas restritivas de direitos, consultar: René Ariel Dotti, Miguel Reale Júnior, Francisco de Assis Toledo, Sérgio Salomão Shecaira, David Teixeira de Azevedo e Maurício Antonio Ribeiro Lopes, *Penas restritivas de direitos*, São Paulo, Revista dos Tribunais, 1999.

➥ Doutrina

Alberto Silva Franco, Rui Stoco, Jefferson Ninno, Roberto Podval, e Maurício Zanoide de Moraes, *Leis penais especiais e sua interpretação jurisprudencial*, 7. ed., São Paulo, Revista dos Tribunais, 2001; Alexandre de Moraes e Gianpaolo Poggio Smanio, *Legislação penal especial*, 7. ed., São Paulo, Atlas, 2004; Arnaldo Rizzardo, *Comentários do Código de Trânsito Brasileiro*, 6. ed., São Paulo, Revista dos Tribunais, 2006; Ariosvaldo de Campos Pires e Sheila Jorge Selim Sales, *Crimes de trânsito*, Belo Horizonte, Del Rey, 1998; Cássio Mattos Honorato, *Alterações introduzidas pelo novo Código de Trânsito Brasileiro*, São Paulo, Sugestões

Literárias, 1998; DAMÁSIO E. DE JESUS, *Crimes de trânsito*, 7. ed., São Paulo, Saraiva, 2008; FERNANDO CAPEZ e VICTOR EDUARDO RIOS GONÇALVES, *Aspectos criminais do Código de Trânsito Brasileiro*, São Paulo, Saraiva, 1999; FERNANDO CÉLIO DE BRITO NOGUEIRA, *Crimes do Código de Trânsito*, 2. ed., São Paulo, Mizuno, 2010; FERNANDO Y. FUKASSAWA, *Crimes de trânsito*, 2. ed., São Paulo, Juarez de Oliveira, 2003; GUILHERME DE SOUZA NUCCI, *Leis penais e processuais penais comentadas*, 3. ed., São Paulo, Revista dos Tribunais, 2008; JAIME PIMENTEL e WALTER FRANCISCO SAMPAIO FILHO, *Crimes de trânsito*, São Paulo, Editora Iglu, 1998; JOÃO ROBERTO PARIZATTO, *Delitos em acidentes de trânsito*, São Paulo, Leud, 1988; JOSÉ CARLOS GOBBIS PAGLIUCA, *Direito penal do trânsito*, São Paulo, Juarez de Oliveira, 2000; JOSÉ GERALDO DA SILVA, WILSON LAVORENTI e FABIANO GENOFRE, *Leis penais especiais anotadas*, 4. ed., Campinas, Millennium, 2003; JOSÉ MARCOS MARRONE, *Delitos de trânsito*, São Paulo, Atlas, 1998; LUIZ FLÁVIO GOMES, *Estudos de direito penal e processual penal*, São Paulo, Revista dos Tribunais, 1999; MARCELO CUNHA DE ARAÚJO, *Crimes de Trânsito*, Belo Horizonte, Mandamentos, 2004; MAURÍCIO ANTONIO RIBEIRO LOPES, *Crimes de trânsito*, São Paulo, Revista dos Tribunais, 1998; PAULO JOSÉ DA COSTA JR. e MARIA ELIZABETH QUEIJO, *Comentários aos crimes do novo Código de Trânsito*, São Paulo, Revista dos Tribunais, 1998; RICARDO ANTONIO ANDREUCCI, *Legislação penal especial*, 4. ed., São Paulo, Saraiva, 2008; RUY CARLOS DE BARROS MONTEIRO, *Crimes de trânsito*, São Paulo, Juarez de Oliveira, 1999; VALDIR SZNICK, *Novo Código de Trânsito*, São Paulo, Ícone, 1998; FERNANDO YUKIO FUKASSAWA, Crimes de trânsito (primeiras reflexões sobre a Lei 9.503/97), *RT* 749/520 e *Justitia* 179/11; CEZAR ROBERTO BITENCOURT, Alguns aspectos penais controvertidos do Código de Trânsito, *RT* 754/480; WILLIAM TERRA DE OLIVEIRA, CTB – "Controvertido Natimorto Tumultuado", *Boletim IBCCrim* n. 61, p. 5; LUIZ OTAVIO DE OLIVEIRA ROCHA, Código de Trânsito Brasileiro: primeiras impressões, *Boletim IBCCrim* n. 61, p. 6; JULIO FABBRINI MIRABETE, Crimes de trânsito têm normas gerais específicas, *Boletim IBCCrim* n. 61, p. 13; BRUNO AMARAL MACHADO, Termo circunstanciado e delitos de trânsito, *Boletim IBCCrim* n. 62, p. 7; WALTER MARTINS MULLER e ALTAIR RAMOS LEON, Comentários ao novo Código de Trânsito Brasileiro, *Boletim IBCCrim* n. 63, p. 5; MARCELLUS POLASTRI LIMA, Crimes de trânsito e a transação penal, *Boletim IBCCrim* n. 66, p. 10; VITORE ANDRÉ ZILIO MAXIMIANO, O Juizado Especial Criminal e os novos delitos de trânsito, *Boletim IBCCrim* n. 67, p. 3; NEREU JOSÉ GIACOMOLLI, A Lei n. 9.099/95 e o Código de Trânsito Brasileiro, *Boletim IBCCrim* n. 69, p. 13; GERALDO DE FARIA LEMOS PINHEIRO, Uma pequena análise das penalidades e penas do Código de Trânsito Brasileiro, *Boletim IBCCrim* n. 100, p. 5; GERALDO DE FARIA LEMOS PINHEIRO, A reincidência no Código de Trânsito Brasileiro – breve estudo comparativo; *Boletim IBCCrim* n. 112, p. 8; GERALDO DE FARIA LEMOS PINHEIRO, Breve cotejo de penas do Código de Trânsito Brasileiro, *Boletim IBCCrim* n. 128, p. 7.

Art. 312-A. Para os crimes relacionados nos arts. 302 a 312 deste Código, nas situações em que o juiz aplicar a substituição de pena privativa de liberdade por pena restritiva de direitos, esta deverá ser de prestação de serviço à comunidade ou a entidades públicas, em uma das seguintes atividades:

I – trabalho, aos fins de semana, em equipes de resgate dos corpos de bombeiros e em outras unidades móveis especializadas no atendimento a vítimas de trânsito;

II – trabalho em unidades de pronto-socorro de hospitais da rede pública que recebem vítimas de acidente de trânsito e politraumatizados;

III – trabalho em clínicas ou instituições especializadas na recuperação de acidentados de trânsito;

IV – outras atividades relacionadas ao resgate, atendimento e recuperação de vítimas de acidentes de trânsito.

➞ Pena restritiva de direito, conforme o art. 312-A do Código de Trânsito

O princípio da individualização da pena está expresso no art. 5º, XLVI, da CF, nos seguintes termos: "a lei regulará a individualização da pena...".

Cabe ao Poder Legislativo Federal proceder à *individualização formal da pena*, e aos magistrados é conferida a individualização diante do caso concreto, vale dizer: efetivar a denominada *individualização judicial da pena*.

Dentro do processo individualizador, quando o magistrado proferir condenação e fixar pena privativa de liberdade deverá verificar se na hipótese se revela cabível a substituição desta por restritivas de direitos.

Nos precisos termos do art. 43 do Código Penal, as penas restritivas de direitos são: *1*) prestação pecuniária; *2*) perda de bens e valores; *3*) prestação de serviço à comunidade ou a entidades públicas; *4*) interdição temporária de direitos; e *5*) limitação de fim de semana.

O art. 44 do Código Penal estabelece balizas para a aplicação das penas restritivas de direitos, e de seu § 2º retiramos que:

1) Na condenação em que se imponha **pena privativa de liberdade igual ou inferior a um ano**, esta poderá ser substituída por uma pena de multa, *ou* por uma pena restritiva de direito (uma *ou* outra; alternativamente), conforme se revelar adequada e proporcional na hipótese.

2) Na condenação em que se imponha **pena privativa de liberdade superior a um ano**, esta poderá ser substituída por uma pena restritiva de direito *e* multa, ou por duas restritivas de direitos (sempre cumulativas).

Presentes os requisitos legais, em qualquer das situações tratadas, a substituição da pena privativa de liberdade por restritivas de direitos traduz direito subjetivo do réu, e, portanto, poder-dever conferido ao julgador. Não se trata de simples discricionariedade outorgada ao magistrado.

O art. 2º da Lei n. 13.281/2016, entre outras providências, acrescentou ao Código de Trânsito seu atual art. 312-A, que em linhas gerais determina que a pena restritiva de direito aplicada em substituição à privativa de liberdade seja sempre pena de prestação de serviço à comunidade ou a entidades públicas (CP, art. 43, IV), e fixa o tipo de atividade a ser desempenhada pelo condenado, o que inegavelmente restringe os contornos da individualização judicial, mas não enseja declaração de inconstitucionalidade.

A intenção do legislador é clara – fazer com que o apenado cumpra a reprimenda em permanente contato com pessoas acidentadas, *vítimas do trânsito*, de modo a sensibilizá-lo em relação ao grave problema –, mas a redação do tipo padece de injustificável equívoco.

De início cumpre observar que, nos moldes do art. 312-A, **se a pena privativa de liberdade for igual ou inferior a um ano**, caso venha a ser substituída por uma restritiva de direito, esta deverá ser cumprida em conformidade com as atividades listadas.

Igual raciocínio se impõe **se a privativa de liberdade for superior a um ano** e então substituída por uma restritiva de direito *e* multa.

Até aqui nenhum *problema aparente*.

Sabido que, nos contornos do art. 44, § 2º, do Código Penal, se a condenação resultar na imposição de pena privativa de liberdade superior a um ano o juiz também poderá substituí-la por duas restritivas de direitos, surge a seguinte indagação: ainda é possível assim proceder em face de condenação por crime tipificado no Código de Trânsito?

Entendemos que sim.

É verdade que o art. 312-A se refere à pena restritiva de direito no singular (esta deverá...), e com isso parece sugerir que em qualquer caso será apenas uma restritiva aplicada em substituição à privativa de liberdade, mas tal compreensão, lastreada em insuficiente interpretação gramatical (na hipótese), resulta em indevida violação ao disposto no art. 44, § 2º, do Código Penal.

A melhor interpretação leva à conclusão no sentido de que permanece possível, na condenação por crime tipificado no Código de Trânsito em que

seja fixada pena privativa de liberdade superior a um ano, a substituição desta por duas restritivas de direitos.

É importante verificar que o art. 312-A se refere à forma de cumprimento da pena restritiva de direito – prestação de serviço à comunidade ou entidades públicas – e diz respeito às atividades que devem ser desempenhadas. No que pertine à substituição, sob o enfoque tratado – pena privativa de liberdade superior a um ano – os parâmetros de individualização continuam fixados no § 2º do art. 44 do *Codex*.

Para uma primeira conclusão, combinadas as regras acima invocadas, é força convir que, nas condenações por crimes tipificados no Código de Trânsito, em que se imponha pena privativa de liberdade superior a um ano:

1) Poderá o julgador substituir a pena privativa de liberdade por uma restritiva de direito, a ser cumprida na forma do art. 312-A, *e* multa, cumulativamente;

2) Poderá o julgador substituir a pena privativa de liberdade por duas restritivas de direitos, sendo que uma delas deverá ser cumprida com atenção ao que determina o art. 312-A.

Mas o art. 312-A também remete a outras reflexões.

Diante do caso concreto, na individualização da pena de prestação de serviços à comunidade ou entidades públicas o julgador deve levar em conta as tarefas ou atividades que serão desempenhadas e, para tanto, dentre outras norteadoras, aquilatar as habilidades profissionais do sentenciado, seu nível sociocultural, limitações de cognição etc., de modo a permitir, inclusive, melhor eficácia execucional. Não é por razão diversa que o art. 46, § 3º, do Código Penal determina que *as tarefas* correspondentes à pena de prestação de serviço à comunidade ou a entidade pública *serão atribuídas conforme as aptidões do condenado.*

Na individualização da pena de prestação de serviços é imperioso que se observe as diretrizes apontadas (art. 5º, XLVI, da CF, c/c o art. 46, § 3º, do CP).

É sem sentido lógico imaginar, por exemplo, que em condenação pela prática do crime tipificado no art. 302 do Código de Trânsito, sendo o réu pessoa absolutamente rústica; desprovida de qualquer habilidade profissional específica; com alguma dificuldade motora; sem qualquer aptidão ou capacidade de desenvolver atividades cognitivas, ou que resida em área rural distante de qualquer centro urbano, a ele se imponha pena de prestação de serviço a ser cumprida mediante o exercício de tarefa listada no art. 312-A.

Impende considerar, ainda, que não raras vezes o cumprimento da pena restritiva, em qualquer das formas indicadas no art. 312-A, será absolutamente impossível em razão da inexistência de estrutura ou local adequado para tal tipo de prestação, ou como consequência da impossibilidade de acolhimento e inserção do apenado na estrutura existente, e é certo que não se revela juridicamente possível obrigar determinada entidade a receber e incluir qualquer apenado em seus quadros laborais.

Por tais razões, **concluímos que o art. 312-A, *caput*, deveria estar assim redigido**: "Para os crimes relacionados nos arts. 302 a 312 deste Código, nas situações em que o juiz aplicar a substituição de pena privativa de liberdade por pena restritiva de direitos, **a prestação de serviço à comunidade ou a entidade pública eventualmente fixada deverá ser cumprida, preferencialmente**, em uma das seguintes atividades:".

De qualquer modo, a deficiente redação do dispositivo em comento autoriza seja ele interpretado conforme a sugestão de redação que aqui apresentamos, e isso decorre de sua necessária adequação ao sistema normativo vigente, tal como analisado.